全国环境影响评价工程师职业资格考试系列参考教材

环境影响评价相关法律法规

（2019年版）

生态环境部环境工程评估中心　编

中国环境出版集团·北京

图书在版编目（CIP）数据

环境影响评价相关法律法规：2019 年版／生态环境部环境工程评估中心编．—12 版．—北京：中国环境出版集团，2019.2

全国环境影响评价工程师职业资格考试系列参考教材

ISBN 978-7-5111-3930-0

Ⅰ．①环…　Ⅱ．①生…　Ⅲ．①环境影响评价法—中国—资格考试—自学参考资料　Ⅳ．①D922.68

中国版本图书馆 CIP 数据核字（2019）第 025457 号

出 版 人　武德凯
责任编辑　黄晓燕
文字编辑　侯华华
责任校对　任　丽
封面制作　宋　瑞

更多信息，请关注
中国环境出版集团
第一分社

出版发行　中国环境出版集团
（100062　北京东城区广渠门内大街 16 号）
网　　址：http://www.cesp.com.cn
电子邮箱：bjgl@.cesp.com.cn
联系电话：010-67112765（编辑管理部）
联系电话　010-67112735（第一分社）
发行热线：010-67125803，010-67113405（传真）

印　　刷　北京市联华印刷厂
经　　销　各地新华书店
版　　次　2005 年 2 月第 1 版　2019 年 2 月第 12 版
印　　次　2019 年 2 月第 1 次印刷
开　　本　787×960　1/16
印　　张　16
字　　数　300 千字
定　　价　47.00 元

编 写 委 员 会

主　编　谭民强

副主编　王冬朴　苏　艺　蔡　梅　孙优娜

编　委　（以姓氏拼音字母排序）

初平平　陈宣颖　关　睢　李忠华　李宁宁

林玉玲　刘彩凤　刘金洁　刘海龙　乔　皎

邱秀珍　石静儒　史雪廷　宋若晨　谈　蕊

谭舟华　王文娟　谢琼立　杨申卉　杨玄道

叶　斌　张希柱　赵瑞霞　赵　晶　周申燕

张倩倩　郑　璐

前 言

为了满足环境影响评价工程师职业资格考试应试需求，我中心组织具有多年环境影响评价实践经验的专家于2005年编写了第一版环境影响评价工程师职业资格考试系列参考教材。《环境影响评价相关法律法规》是该套教材的其中一册，归纳整理了从事环境影响评价业务必备的法律法规基础知识，强调了其中的重点内容，同时对现行的主要环境政策和产业政策进行了说明。

根据全国统一考试实践和《全国环境影响评价工程师职业资格考试大纲》的要求，我们于2006—2018年多次组织对该册教材进行修订。2018年年底，根据最新修订和发布的环境影响评价相关法律法规、部门规章、规范性文件，我们再次对教材相关内容进行了修订。本版教材的编写人员为：第一章：李丽娜、胡颖华、石静儒、陈宣颖、侯正伟、李恒远、关雎；第二章：胡颖华、孙优娜、赵瑞霞、丁长印、初平平、张倩倩、谭周华；第三章：李丽娜、王羽、胡颖华、刘长兵、刘海龙、张利文、梁炜、刘冰燕、宋若晨；第四章：李丽娜、王羽、刘海龙、刘长兵、关晓东、牟眸、史雪廷、邱秀珍、侯正伟、郝春曦；第五章：李丽娜、丁长印、胡颖华、刘彩凤、乔皎、谈蕊。

书中不当之处，恳请读者批评指正。

编 者

2019年2月于北京

目　录

第一章　概　论

第一节　环境和环境影响评价

一、环境

1. 环境的含义

我们讨论的环境，是以人为主体的环境，即指围绕着人群的空间，直接或间接影响人类生活和发展的各种自然因素和社会因素的总体，是指人类以外的整个外部世界。生物科学和生态学通常所称的环境是以生物为主体，环境就是围绕着生物有机体的周围的一切。从某种意义上说，随着主体的不同，环境的各个组成因素或成分均可以是互为环境。人类与生物之间就是互为环境，离开主体的环境是没有意义的。

《中华人民共和国环境保护法》第二条规定的环境定义是：

本法所称环境，是指影响人类生存和发展的各种天然的和经过人工改造的自然因素的总体，包括大气、水、海洋、土地、矿藏、森林、草原、湿地、野生生物、自然遗迹、人文遗迹、自然保护区、风景名胜区、城市和乡村等。

这里的环境也就是环境保护的对象有三个特点：一是其主体是人类；二是既包括天然的自然环境，也包括人工改造后的自然环境；三是不含社会因素，所以，治安环境、文化环境、法律环境等均不属于《中华人民共和国环境保护法》所指的环境。

2. 环境质量和环境容量

环境质量表述环境优劣的程度，指一个具体的环境中，环境总体或某些要素对人群健康、生存和繁衍以及社会经济发展适宜程度的量化表达。环境质量是因人对环境的具体要求而形成的评定环境的一种概念，因此，环境质量包括综合环境质量和各要素的环境质量，如大气环境质量、水环境质量、土壤环境质量等。各种环境要素的优劣是根据人类要求进行评价的，所以环境质量又同环境质量评价联系在一起，即确定具体的环境质量要进行环境质量评价，用评价的结果表征环境质量。环境质量评价是确定环境质量的手段、方法，环境质量则是环境质量评价的结果。同时，要进行评价就必须有标准，这样就产生了与环境质量紧密相关的环境质量标准体系。

环境容量是指一定地区（一般应是地理单元）在特定的产业结构和污染源分布的条件下，根据地区的自然净化能力，为达到环境目标值，所能承受的污染物最大排放量。环境容量也可根据不同环境要素进行分类。

二、环境影响评价

1.《环境影响评价法》的立法目的

环境影响评价是针对人类的生产或生活行为（包括立法、规划和开发建设活动等）可能对环境造成的影响，在环境质量现状监测和调查的基础上，运用模式计算、类比分析等技术手段进行分析、预测和评估，提出预防和减缓不良环境影响措施的技术方法。环境影响评价一旦被法律所确立，规定环境影响评价的范围、内容和申报程序，就成为有约束力的管理制度。1979 年颁布的《中华人民共和国环境保护法（试行）》，首次确立了环境影响评价的法律地位，1989 年颁布的《中华人民共和国环境保护法》对环境影响评价的法律地位进行了重申。

随着环境影响评价制度在预防和减轻环境污染和生态破坏中发挥的作用日益明显，我国于 2002 年颁布并于 2003 年实施了《中华人民共和国环境影响评价法》，在第一条中明确规定了其立法目的：

为了实施可持续发展战略，预防因规划和建设项目实施后对环境造成不良影响，促进经济、社会和环境的协调发展，制定本法。

2．环境影响评价的法律定义和原则

《中华人民共和国环境影响评价法》第二条规定的环境影响评价定义是：

本法所称环境影响评价，是指对规划和建设项目实施后可能造成的环境影响进行分析、预测和评估，提出预防或者减轻不良环境影响的对策和措施，进行跟踪监测的方法与制度。

明确环境影响评价的适用范围是规划和建设项目，包括方法和制度两方面的含义。

- 按照评价对象，环境影响评价可以分为：

规划环境影响评价；

建设项目环境影响评价。

- 按照环境要素，环境影响评价可以分为：

大气环境影响评价；

地表水环境影响评价；

土壤环境影响评价；

地下水环境影响评价；

声环境影响评价；

固体废物环境影响评价；

生态环境影响评价等。

• 按照评价专题划分，环境影响评价还包括：

人群健康评价；

清洁生产与循环经济分析；

污染物排放总量控制；

环境风险评价等。

• 按照时间顺序，环境影响评价可分为：

环境质量现状评价；

环境影响预测评价；

规划环境影响跟踪评价；

建设项目环境影响后评价。

《中华人民共和国环境保护法》和其他相关法律还规定："建设项目中防治污染的设施，应当与主体工程同时设计、同时施工、同时投产使用。""三同时"制度和建设项目竣工环境保护验收是对环境影响评价中提出的预防和减轻不良环境影响对策和措施的具体落实和检查，是环境影响评价的延续。从广义上讲，也属于环境影响评价范畴。

《中华人民共和国环境影响评价法》第四条规定：

环境影响评价必须客观、公开、公正，综合考虑规划或者建设项目实施后对各种环境因素及其所构成的生态系统可能造成的影响，为决策提供科学依据。

环境影响评价的原则包括四个方面：一是客观、公开、公正；二是要综合考虑实施后可能造成的影响；三是在考虑环境影响时要兼顾各种环境因素和其所构成的生态系统；四是要为决策提供科学依据，这不仅是环境影响评价的原则，也是环境影响评价的目的之一。

第二节　环境影响评价的产生与发展

一、环境影响评价的由来

20 世纪中叶，科学、工业、交通迅猛发展，工业和城市人口过分集中，环境污染由局部扩大到区域，大气、水体、土壤、食品都出现了污染，公害事件不断发生。森林过度采伐、草原垦荒、湿地破坏，又带来一系列生态环境恶化问题。人们逐渐认识到，人类不能不加节制地开发利用环境，在寻求利用自然资源改善人类物质和精神生活的同时，必须尊重自然规律，在环境容量允许的范围内进行开发建设活动，否则，将会给自然环境带来不可逆转的破坏，最终毁了人类的家园。

随着社会发展和科技水平的提高，人类认识世界、改造世界的能力越来越强，对自身活动造成的环境影响也越来越重视，开始在活动之前进行环境影响评价。20世纪50年代初期，由于核设施环境影响的特殊性，开始系统地进行了辐射环境影响评价。20世纪60年代英国提出环境影响评价“三关键”，即关键因素、关键途径、关键居民区，明确提出污染源—污染途径（扩散迁移方式）—受影响人群的环境影响评价模式。但此时环境影响评价只是作为一种科学方法和技术手段，为人类开发活动提供指导依据，是自觉的和没有规范的，没有法律约束力或行政制约作用。

1969年，美国国会通过了《国家环境政策法》，1970年1月1日起正式实施。该法中第二节第二条的第三款规定：在对人类环境质量具有重大影响的每一生态建议或立法建议报告和其他重大联邦行动中，均应由负责官员提供一份包括下列各项内容的详细说明：拟议中的行动将会对环境产生的影响；如果建议付诸实施，不可避免地将会出现的任何不利于环境的影响；拟议中行动的各种选择方案；地方对人类环境的短期使用与维持和驾驭长期生产能力之间的关系；拟议中的行动如付诸实施，将要造成的无法改变和无法恢复的资源损失。在制作详细说明之前，联邦负责官员应同有管辖权或者有特殊的专门知识的任何联邦官员进行磋商，并取得他们对可能引起的任何环境影响所做的评价。应将该说明和负责制订、执行环境标准的相应联邦和州及地方官员所作的评价和意见书一并提交总统和环境质量委员会，并依照美国法律的有关规定向公众宣布。这些文件应随同建议一道按现行的官署审查办法审查通过。从而美国成为世界上第一个把环境影响评价用法律固定下来并建立环境影响评价制度的国家。

随后瑞典（1970年）、新西兰（1973年）、加拿大（1973年）、澳大利亚（1974年）、马来西亚（1974年）、德国（1976年）等国家也相继建立了环境影响评价制度。与此同时，国际上也设立了许多有关环境影响评价的机构，召开了一系列有关环境影响评价的会议，开展了环境影响评价的研究和交流，进一步促进了各国环境影响评价的应用与发展。1970年世界银行设立环境与健康事务办公室，对其每一个投资项目的环境影响作出审查和评价。1974年联合国环境规划署与加拿大联合召开了第一次环境影响评价会议。1984年5月联合国环境规划理事会第12届会议建议组织各国环境影响评价专家进行环境影响评价研究，为各国开展环境影响评价提供了方法和理论基础。1992年联合国环境与发展大会在里约热内卢召开，会议通过的《里约环境与发展宣言》和《21世纪议程》中都写入了有关环境影响评价内容。《里约环境与发展宣言》原则17宣告：对于拟议中可能对环境产生重大不利影响的活动，应进行环境影响评价，作为一项国家手段，应由国家主管当局作出决定。1994年由加拿大环境评价办公室（FERO）和国际影响评价学会（IAIA）在魁北克市联合召开了第一届国际环境影响评价部长级会议，有52个国家和组织机构参加了会议，会议作出了进行环境评价有效性研究的决议。

经过30多年的发展，现已有100多个国家建立了环境影响评价制度。环境影响评价的内涵不断扩大和增加，从自然环境影响评价发展到社会环境影响评价；自然环境的影响不仅考虑环境污染，还注重了生态影响；开展了风险评价；关注累积性影响并开始对环境影响进行后评估；环境影响评价从最初单纯的工程项目环境影响评价，发展到区域开发环境影响评价和战略影响评价，环境影响评价的技术方法和程序也在发展中不断地得以提高和完善。

二、我国环境影响评价的发展沿革

1. 引入和确立阶段

1973 年第一次全国环境保护会议后，我国环境保护工作全面起步。1974—1976 年开展了"北京西郊环境质量评价研究"和"官厅水系水源保护研究"工作，开始了环境质量评价及其方法的研究和探索。在此基础上，1977 年，中国科学院召开"区域环境保护学术交流研讨会议"，进一步推动了大中城市的环境质量现状评价和重要水域的环境质量现状评价。

1978 年 12 月 31 日，中发〔1978〕79 号文件批转的国务院环境保护领导小组《环境保护工作汇报要点》中，首次提出了环境影响评价的意向。1979 年 4 月，国务院环境保护领导小组在《关于全国环境保护工作会议情况的报告》中，把环境影响评价作为一项方针政策再次提出。1979 年 5 月，国家计委、国家建委（79）建发设字 280 号文《关于做好基本建设前期工作的通知》中，明确要求建设项目要进行环境影响预评价。

1979 年 9 月，《中华人民共和国环境保护法（试行）》颁布，规定：

一切企业、事业单位的选址、设计、建设和生产，都必须注意防止对环境的污染和破坏。在进行新建、改建和扩建工程中，必须提出环境影响报告书，经环境保护主管部门和其他有关部门审查批准后才能进行设计。

从此，标志着我国的环境影响评价制度正式确立。

2. 规范和建设阶段

环境影响评价制度确立后，相继颁布的各项环境保护法律、法规和部门行政规章，不断对环境影响评价进行规范。

1981 年，国家计委、国家经委、国家建委、国务院环境保护领导小组联合颁发的《基本建设项目环境保护管理办法》，明确把环境影响评价制度纳入基本建设项目审批程序中。1986 年原国家计委、国家经委、国务院环境保护委员会联合颁发的《建设项目环境保护管理办法》中，对建设项目环境影响评价的范围、内容、审批和环境影响报告书（表）的编制格式都做了明确规定，促进了环境影响评价制度的有效执行。1986 年，国家环境保护局颁布《建设项目环境影响评价证书管理办法（试行）》，在我国开始实行环境影响评价单位的资质管理。同期，环境影响评价的技术方法也得到不断探索和完善。

1982 年颁布的《中华人民共和国海洋环境保护法》、1984 年颁布的《中华人民共和国水污染防治法》、1987 年颁布的《中华人民共和国大气污染防治法》中，都有建设项目环境影响评价的法律规定。

1989 年 12 月 26 日颁布的《中华人民共和国环境保护法》第十三条规定：

建设污染环境的项目，必须遵守国家有关建设项目环境保护管理的规定。

建设项目的环境影响报告书，必须对建设项目产生的污染和对环境的影响作出评价，规定防治措施，经项目主管部门预审并依照规定的程序报环境保护行政主管部门批准。环境影响报告书经批准后，计划部门方可批准建设项目设计任务书。

此条中，对环境影响评价制度的执行对象和任务、工作原则和审批程序、执行时段和与基本建设程序之间的关系作了原则规定，再一次用法律确认了建设项目环境影响评价制度，并为行政法规中具体规范环境影响评价提供了法律依据和基础。

3. 强化和完善阶段

进入 20 世纪 90 年代，随着我国改革开放的深入发展和社会主义计划经济向市场经济转轨，建设项目的环境保护管理特别是环境影响评价制度得到强化，开展了区域环境影响评价，并针对企业长远发展计划进行了规划环境影响评价。针对投资多元化造成的建设项目多渠道立项和开发区的兴起，1993 年国家环境保护局下发了《关于进一步做好建设项目环境保护管理工作的几点意见》，提出先评价、后建设，并对环境影响评价分类指导和开发区区域环境影响评价作了规定。

在注重环境污染的同时，加强了生态影响项目的环境影响评价，防治污染和保护生态并重。通过国际金融组织贷款项目，在中国开始实行建设项目环境影响评价的公众参与，并逐步扩大和完善公众参与的范围。

1994 年起，开始了建设项目环境影响评价招标试点工作，并陆续颁布实施了《环境影响评价技术导则　总纲》《环境影响评价技术导则　地面水环境》《环境影响评价技术导则　大气环境》《电磁辐射环境影响评价方法与标准》《火电厂建设项目环境影响报告书编制规范》《环境影响评价技术导则　非污染生态影响》等。1996 年召开了第四次全国环境保护工作会议，发布了《国务院关于环境保护若干问题的决定》。各地加强了对建设项目的审批和检查，并实施污染物排放总量控制，增加了“清洁生产”和“公众参与”的内容，强化了生态环境影响评价，使环境影响评价的深度和广度得到进一步扩展。

1998 年 11 月 29 日，国务院 253 号令颁布实施《建设项目环境保护管理条例》，这是建设项目环境管理的第一个行政法规，对环境影响评价做了全面、详细、明确的规定。1999 年 3 月，依据《建设项目环境保护管理条例》，国家环境保护总局颁布第 2 号令，公布了《建设项目环境影响评价资格证书管理办法》，对评价单位的资质进行了规定；同年 4 月，国家环境保护总局《关于公布建设项目环境保护分类管理名录（试行）的通知》，公布了分类管理名录。

原国家环境保护总局加强了建设项目环境影响评价单位人员的资质管理，与国际金融组织合作，从1990年开始对环境影响评价人员进行培训，实行环境影响评价人员持证上岗制度。这一阶段，我国的建设项目环境影响评价从法规建设、评价方法建设、评价队伍建设，以及评价对象和评价内容的拓展等方面，取得了全面进展。

4．提高和拓展阶段

2002年10月28日，第九届全国人大常委会通过《中华人民共和国环境影响评价法》，环境影响评价从建设项目环境影响评价扩展到规划环境影响评价，使环境影响评价制度得到最新的发展。国家环境保护总局依照法律的规定，建立了环境影响评价的基础数据库，颁布了规划环境影响评价的技术导则，会同有关部门并经国务院批准制定了环境影响评价规划名录，制定了专项规划环境影响报告书审查办法，设立了国家环境影响评价审查专家库。

为了加强环境影响评价管理，提高环境影响评价专业技术人员素质，确保环境影响评价质量，2004年2月，原人事部、原国家环境保护总局在全国环境影响评价系统建立环境影响评价工程师职业资格制度，对从事环境影响评价工作的有关人员提出了更高的要求。

2009年8月17日，国务院颁布了《规划环境影响评价条例》，自2009年10月1日起施行。这是我国环境立法的重大进展，标志着环境保护参与综合决策进入了新阶段。

5．改革和优化阶段

进入“十三五”以来，环境影响评价进入了改革和优化阶段，原环境保护部于2016年7月15日印发了《“十三五”环境影响评价改革实施方案》（环环评〔2016〕95号），为在新时期发挥环境影响评价源头预防环境污染和生态破坏的作用，推动实现“十三五”绿色发展和改善生态环境质量总体目标，制定了实施方案。该方案主要内容如下：

一、总体思路

（一）指导思想

以改善环境质量为核心，以全面提高环评有效性为主线，以创新体制机制为动力，以“生态保护红线、环境质量底线、资源利用上线和环境准入负面清单”（以下简称“三线一单”）为手段，强化空间、总量、准入环境管理，划框子、定规则、查落实、强基础，不断改进和完善依法、科学、公开、廉洁、高效的环评管理体系。

（二）主要原则

坚持与相关重大改革任务相统筹。与排污许可制相融合，实现制度关联、目标措施一体。适应省以下环保机构监测监察执法垂直管理制度改革，调整优化分级审批和监管职责。落实行政审批改革和政府职能转变要求，统筹“放管服”。

坚持构建全链条无缝衔接预防体系。明确战略环评、规划环评、项目环评的定位、功能、相互关系和工作机制。战略环评重在协调区域或跨区域发展环境问题，划定红线，为“多规合一”和规划环评提供基础。规划环评重在优化行业的布局、规模、结构，拟定负面清单，指导项目环境准入。项目环评重在落实环境质量目标管理要求，优化环保措施，强化环境风险防控，做好与排污许可的衔接。

坚持问题导向补短板。针对规划环评落地难、项目环评“虚胖”、违法建设现象多发、“三同时”执行力不高、环评机构和人员水平参差不齐、公众参与不到位、不同层级环评管理沟通协调不够、基础支撑薄弱等问题，抓住基础性根本性原因，在重点领域取得实质性突破，加快形成科学合理、规范刚性的体制机制，强化落实执行。

坚持相关方共同参与共同落实。按照“党政同责”“一岗双责”要求，督促地方党委、政府和有关部门落实环保责任。落实建设单位的环保主体责任。提高各级环保部门管理能力，强化事中事后监管。深化环评信息公开，引导公众依法有序参与。鼓励支持各地区根据本方案，探索符合本地实际的环评改革措施。

（三）工作目标

制度日臻完善。源头严防、过程严管、违法严惩的环评管理制度更加完善，全社会环评守法意识不断提高，环评违法责任追究机制不断健全，规划“未评先批”“评而不用”、项目“未批先建”现象得到有效遏制，项目环评分类管理和分级审批更加科学，环评、“三同时”与排污许可管理有效衔接，夯实环评的制度基础。

机制更加合理。“三线一单”的管理机制逐步建立，规划环评和项目环评联动管理得到深化和规范，地方环评审批和监管能力不断提高，环评信息公开机制进一步强化，环评诚信体系不断完善，夯实环评的管理基础。

效能显著提高。战略和规划环评顶层设计更加完善，约束性得到加强，环评预警体系初步建立，基于环境容量和生态红线的开发建设预警开始发挥作用。项目环评管理重点进一步聚焦，“三同时”主体责任更加明确，排污许可普遍实施，夯实环评的执行基础。

保障科学有力。环评大数据系统初步建立，环评基础研究取得显著进展，导则规范体系进一步完善，评估队伍能力进一步提升，行业协会作用充分发挥，环评机构和人员管理更加规范，夯实环评的技术基础。

二、推动战略和规划环评“落地”

（四）推进战略环境评价

深入开展战略环评工作。制定落实“三线一单”的技术规范。完成京津冀、长三角、珠三角等三大地区战略环评，组织开展长江经济带和“一带一路”战略环评。完成连云港、鄂尔多斯等市域环评示范工作。

强化战略环评应用。健全成果应用落实机制，将生态保护红线作为空间管制要求，将环境质量底线和资源利用上线作为容量管控和环境准入要求。各级环保部门在编制有关区域和流域生态环保规划时，应充分吸收战略环评成果，强化生态空间保护，优化产业布局、规模、结构。

开展政策环境评价试点。完成新型城镇化、发展转型等重大政策环评试点研究，初步建立政策制定机关为主体、有关方面和专家充分参与的政策环评机制及技术框架体系。

（五）强化规划环境影响评价

强化规划环评的约束和指导作用。不断强化“三线一单”在优布局、控规模、调结构、促转型中的作用，以及对项目环境准入的强制约束作用。积极参与“多规合一”、京津冀空间规划编制。深入开展城市、新区等规划环评。开展流域综合规划环评，确定开发边界和开发强度。完成长江经济带重点产业园区规划环境影响跟踪评价与核查。健全与发展改革、工业和信息化、国土资源、城乡住房建设、交通运输、水利等部门协同推进规划环评机制。

推行规划环评清单式管理。根据改善环境质量目标，制定空间开发规划的生态空间清单和限制开发区域的用途管制清单。制定产业开发规划的产业、工艺环境准入清单。实现重点产业园区规划环评全覆盖，强化清单式管理。

严格规划环评违法责任追究。适时组织规划环评结论及审查意见落实情况核查，将地方政府及其有关部门规划环评工作开展情况纳入环境保护督察。研究建立规划环评违法责任调查移交机制，配合相关部门依法严肃追究有关党政领导干部责任。

强化规划环评公众参与。完善公众参与机制，落实规划编制机关主体责任，提高部门及专家参与的程度和水平，发挥媒体舆论科学引导作用。完善规划环评会商机制，对可能产生跨界环境影响的重大规划，指导规划编制机关实施跨行政区域环境影响会商，强化区域联防联控。

加强规划环评与项目环评联动。依法将规划环评作为规划所包含项目环评文件审批的刚性约束。对已采纳规划环评要求的规划所包含的建设项目，简化相应环评内容。对高质量完成规划环评、各类管理清单清晰可行的产业园区，试点降低园区内部分行业项目环评文件的类别。项目环评中发现规划实施造成重大不利环境影响的，应及时反馈规划编制机关。

三、提高建设项目环评效能

（六）改革管理方式

突出管理重点。重点把握选址选线环境论证、环境影响预测和环境风险防控等方面，剥离市场主体自主决策的内容以及依法由其他部门负责的事项。环评与选址意见、用地预审、水土保持等实施并联审批。涉及自然保护区、饮用水水源保护区、风景名胜区等法定保护区域的项目，在符合法律法规规定的前提下，不将主管部门意见作为环评审批的前置。对环境影响登记表实行告知性备案管理。

科学调整分级分类管理。合理划分审批权限，环境保护部主要负责审批涉及跨省（区、市）、可能产生重大环境影响或存在重大环境风险的建设项目环评文件；省级环保部门应结合垂直管理改革要求和地方承接能力，依法划分行政区域内环评分级审批权限。动态调整分类管理名录。对未列入分类管理名录且环境影响或环境风险较大的新兴产业，由省级环保部门确定其环评分类，报环境保护部备案；对未列入分类管理名录的其他项目，无需履行环评手续。

加强环评信息直报和监督指导。建立全国环评审批信息联网系统。强化环保部门环评管理联动。支持基层提高环评审批和监管能力，及时督促建设单位解决项目建设、运行中出现的环境问题。研究环评信息与建设单位环境信用以及其他企业信用信息连通。

（七）严格项目管理

提升环评管理人员综合素质。开展省、市、县三级环评工作人员轮训，优先安排西部地区轮训。建立全国性和区域性环评管理研讨平台，定期开展专题性、行业性业务交流。制定环评领域党风廉政责任清单，完善廉洁自律制度，严格执行环评权力运行监控机制。

优化环评审批。修订《国家环境保护总局建设项目环境影响评价文件审批程序规定》。建立健全国家、省、市三级环评审批原则框架体系。更新和补充项目环评重大变动清单。制定重点行业环境准入条件。

严格环境准入。在项目环评中建立“三线一单”约束机制，强化准入管理。建立项目环评审批与规划环评、现有项目环境管理、区域环境质量联动机制，强化改善环境质量目标管理。细化污染物排放方式、浓度和排放量，严格建设项目污染物排放要求。严格高能耗、高物耗、高水耗和产能过剩、低水平重复建设项目，以及涉及危险化学品、重金属和其他具有重大环境风险建设项目的环评审批。

开展关停、搬迁企业环境风险评估。对排放重金属、持久性有机污染物、危险废物、“致癌、致畸、致突变”化学污染物的有色金属冶炼、石油加工、化工、焦化、电镀、制革等重点企业，研究开展企业关停、搬迁的环境风险评估。

（八）提高公众参与有效性

探索更为有效和可操作的公众参与模式。制定《建设项目环境影响评价公众参与办法》，明确建设单位的主体责任。建立公参意见采纳反馈机制。将公参意见作为完善和强化建设项目环保措施的重要手段。加大惩处公参弄虚作假。建设单位编制公众参与说明，与环境影响报告书一并公开。

落实建设单位环评信息公开主体责任。推进建设项目选址、建设、运营全过程环境信息公开，建设项目环境影响报告书（表）相关信息和审批后环保措施落实情况公开。强化建设单位“三同时”信息公开制度。

强化环评宣传和舆论引导。建立反应迅速、组织科学、运转高效的环评媒体沟通和舆情应对机制。推动企业、行业组织落实社会环境责任，加强与社区和公众的良性互动。广泛利用权威媒体和有影响力的新媒体等信息渠道，正面、科学加强舆论引导。发挥专家学者作用，通过既接地气又专业准确的讲解、实验演示、国内外对比等方式，答疑解惑。

积极化解环境社会风险。建立政府、部门、企业环境社会风险预防和化解机制。指导地方政府加强舆情研判和处置。环保部门应严格依法环评管理，加大环境违法查处力度。建设单位应畅通环评公众参与渠道，保障公众依法有序行使环境保护知情权、参与权和监督权。

四、不断强化事中事后监管

（九）创新“三同时”管理

取消环保竣工验收行政许可。建立环评、“三同时”和排污许可衔接的管理机制。对建设项目环评文件及其批复中污染物排放控制有关要求，在排污许可证中载明。将企业落实“三同时”作为申领排污许可证的前提。鼓励建设单位委托具备相应技术条件的第三方机构开展建设期环境监理。建设项目在投入生产或者使用前，建设单位应当依据环评文件及其审批意见，委托第三方机构编制建设项目环境保护设施竣工验收报告，向社会公开并向环保部门备案。

强化环境影响后评价。对长期性、累积性和不确定性环境影响突出，有重大环境风险或者穿越重要生态环境敏感区的重大项目，应开展环境影响后评价，落实建设项目后续环境管理。

（十）落实监管责任

强化属地管理及环保层级监督。落实《建设项目环境保护事中事后监督管理办法》，强化建设项目环境保护的属地管理，加强核设施等特殊领域中央政府直接监管。属地环保部门要按随机抽查制度要求，对“三同时”执行情况开展现场核查，对建设项目运营期环保要求落实情况进行监督检查，对发现的环境违法行为依法处罚。

严肃查处项目环评违法行为。按照国务院办公厅《关于加强环境监管执法的通知》完成违法违规建设项目清理，加大监管力度，坚决遏制新的“未批先建”违法行为，对违法项目严格依法处罚，建立投诉举报的快速响应和公开处理机制。对不符合环境准入要求或已造成严重环境污染和生态破坏的违法项目，责令恢复原状。督促地方政府和部门落实承诺事项。公开曝光查处的典型违法案例，配合有关部门严肃追究有关责任人员违法违纪责任。

五、开展重大环境影响预警

（十一）建立预警体系

建立基于大数据的环境影响预警体系。完善全国环评基础数据库。建设“智慧环评”综合监管平台，开发环评质量校核、分析统计、预测预警、信息公开、诚信记录等功能。研究制定预警指标体系、预警模型和技术方法，探索建立环境数据与经济社会发展数据以及土地、城市等空间管理数据的集成应用机制，实现“三线一单”监督性监测和预警。

（十二）开展预警试点

开展区域环境影响预警试点。以改善环境质量为目标，开展区域环境容量匡算和预警。开展长江经济带和京津冀协同发展战略环境影响预警。开展典型重点开发区域和优化开发区域资源环境承载预警试点。开展典型限制开发区域和禁止开发区域空间红线预警。

六、深化政府信息公开

（十三）健全环评政府信息公开机制

建立以各级环保部门政府网站为主渠道的环评政府信息公开机制。全面公开环评文件、申请受理情况、审查或审批意见。公开项目环评以及环评机构和人员有关违法违规及处罚情况，有关信息纳入环境诚信管理体系，并与银行、证券、保险、商务等部门联动。定期开展环评政府信息公开督察工作。

推动相关政府信息公开。推动地方政府和有关部门公开区域污染物削减和其他环保承诺落实情况，公开规划环评落实情况。推进规划编制和审批机关主动开展规划环评信息公开，编制重大敏感规划的环评信息公开预案。

七、营造公平公开的环评技术服务市场

（十四）规范环评市场秩序

推进环评技术服务市场化进程。加快完成环保系统环评机构脱钩，确保2016年年底前全部完成，到期未完成的一律取消资质。完成其他事业单位环评体制改革，资质到期后不予延续。

健全统一开放的环评市场。清理地方环保部门设置准入条件、限制外埠环评机构在本地承接环评业务等不当管理方式。支持行业协会等社会组织加强对环评机构和人员的行业自律管理。严厉打击出租、出借资质等扰乱市场秩序的违法行为。

（十五）强化环评机构和人员管理

严格环评资质管理。完善环评机构工作能力、人员专业结构等准入要求，改革环评工程师职业资格管理，研究提出以强化环评文件质量为重点的环评机构准入条件。支持环评机构做大做强，走专业化、规模化发展道路。建立健全退出机制，完善环评机构随机抽查制度和省级环保部门年度检查制度。强化质量监管，对环评文件质量低劣的，实行环评机构和人员双重责任追究。

加强诚信体系建设。制定《全国环评机构和环评工程师诚信管理办法》。在“智慧环评”综合监管平台中建立全国统一的环评机构和环评工程师诚信管理系统，将各级环保部门监管中发现的环评机构及人员违法违规行为和处罚情况及时纳入诚信记录，并向社会公开。对在多地出现不良诚信记录的环评机构和人员，限制或禁止从业范围从当地扩大至全国。

八、夯实技术支撑

（十六）优化技术导则体系

加强环评技术导则体系顶层设计。建立以改善环境质量为核心的源强、要素、专题技术导则体系。修订《环境影响评价技术导则 总纲》《规划环境影响评价技术导则 总纲》。建立技术导则实施效果评估与反馈机制，定期对现行技术导则的适用性、有效性、可操作性进行跟踪评估，并开展滚动修订。

（十七）加强技术评估队伍建设

发挥技术评估重要作用。编制环境影响报告书（表）的建设项目应开展技术评估。加强环评专家队伍建设，实现国家和地方专家库共享。改进技术评估方式、方法，完善专家随机抽取机制，建立专家信用档案。将技术评估相关事项纳入政府购买服务范围。

（十八）加大基础性科研力度

加强环评重大宏观政策、基础理论及技术方法研究。强化国家环评重点实验室能力建设。开展环境影响评价模型标准化建设。开展涉及改善环境质量的环评基础性问题及关键技术研究。加强环评领域前沿科学国际合作研究。引进国际先进环评技术方法并开展本地化应用。

广泛动员社会科研力量参与环评研究。强化人才培养机制，打造具有创新力和影响力的环评科研团队。联合技术能力强、研究基础好的高校和科研院所，建立国家环评技术研发和应用创新平台，全面推进环评技术创新、能力建设和应用示范工作。

6．全面深化改革阶段

《全国人民代表大会常务委员会关于修改〈中华人民共和国劳动法〉等七部法律的决定》（中华人民共和国主席令第二十四号）于 2018 年 12 月 29 日公布施行，对《中华人民共和国环境影响评价法》作出修改。修改后的《环境影响评价法》取消了建设项目环境影响评价资质行政许可事项，不再强制要求由具有资质的环评机构编制建设项目环境影响报告书（表），规定建设单位既可以委托技术单位为其编制环境影响报告书（表），如果自身就具备相应技术能力也可以自行编制。《环境影响评价法》第十九条规定：

建设单位可以委托技术单位对其建设项目开展环境影响评价，编制建设项目环境影响报告书、环境影响报告表；建设单位具备环境影响评价技术能力的，可以自行对其建设项目开展环境影响评价，编制建设项目环境影响报告书、环境影响报告表。

编制建设项目环境影响报告书、环境影响报告表应当遵守国家有关环境影响评价标准、技术规范等规定。

国务院生态环境主管部门应当制定建设项目环境影响报告书、环境影响报告表编制的能力建设指南和监管办法。

接受委托为建设单位编制建设项目环境影响报告书、环境影响报告表的技术单位，不得与负责审批建设项目环境影响报告书、环境影响报告表的生态环境主管部门或者其他有关审批部门存在任何利益关系。

在全面深化“放管服”改革的新形势下，随着环评技术校核等事中事后监管的力度越来越大，放开事前准入的条件逐步成熟，此次修法标志着环评资质管理的改革瓜熟蒂落。

第三节 环境保护法律法规体系

我国目前建立了由法律、国务院行政法规、政府部门规章、地方性法规和地方政府规章、环境标准、环境保护国际条约组成的完整的环境保护法律法规体系。

一、环境保护法律法规体系

1. 法律

（1）宪法

该体系以《中华人民共和国宪法》中对环境保护的规定为基础。《中华人民共和国宪法》2018 年修正案序言明确“推动物质文明、政治文明、精神文明、社会文明、生态文明协调发展”。1982 年通过的《中华人民共和国宪法》在 2004 年修正案第九条第二款规定：

国家保障自然资源的合理利用，保护珍贵的动物和植物。禁止任何组织或者个人用任何手段侵占或者破坏自然资源。

第二十六条第一款规定：

国家保护和改善生活环境和生态环境，防治污染和其他公害。

《中华人民共和国宪法》中的这些规定是环境保护立法的依据和指导原则。

（2）环境保护法律

包括环境保护综合法、环境保护单行法和环境保护相关法。

环境保护综合法是指 2014 年修订的《中华人民共和国环境保护法》，环境保护单行法包括污染防治法（《中华人民共和国水污染防治法》《中华人民共和国大气污染防治法》《中华人民共和国土壤污染防治法》《中华人民共和国固体废物污染环境防治法》《中华人民共和国环境噪声污染防治法》《中华人民共和国放射性污染防治法》等），生态保护法（《中华人民共和国水土保持法》《中华人民共和国野生动物保护法》《中华人民共和国防沙治沙法》等），《中华人民共和国海洋环境保护法》和《中华人民共和国环境影响评价法》。

环境保护相关法是指一些自然资源保护和其他有关部门法律，如《中华人民共和国森林法》《中华人民共和国草原法》《中华人民共和国渔业法》《中华人民共和国矿产资源法》《中华人民共和国水法》《中华人民共和国清洁生产促进法》等都涉及环境保护的有关要求，也是环境保护法律法规体系的一部分。

2．环境保护行政法规

环境保护行政法规是由国务院制定并公布或经国务院批准有关主管部门公布的环境保护规范性文件。一是根据法律授权制定的环境保护法的实施细则或条例；二是针对环境保护的某个领域而制定的条例、规定和办法，如《建设项目环境保护管理条例》和《规划环境影响评价条例》。

3．政府部门规章

政府部门规章是指国务院生态环境主管部门单独发布或与国务院有关部门联合发布的环境保护规范性文件，以及政府其他有关行政主管部门依法制定的环境保护规范性文件。政府部门规章是以环境保护法律和行政法规为依据而制定的，或者是针对某些尚未有相应法律和行政法规调整的领域作出的相应规定。

4．环境保护地方性法规和地方性规章

环境保护地方性法规和地方性规章是享有立法权的地方权力机关和地方政府机关依据《中华人民共和国宪法》和相关法律制定的环境保护规范性文件。这些规范性文件是根据本地实际情况和特定环境问题制定的，并在本地区实施，有较强的可操作性。环境保护地方性法规和地方性规章不能和法律、国务院行政规章相抵触。

5．环境标准

环境标准是环境保护法律法规体系的一个组成部分，是环境执法和环境管理工作的技术依据。我国的环境标准分为国家环境标准、地方环境标准和生态环境部标准。

6．环境保护国际公约

环境保护国际公约是指我国缔结和参加的环境保护国际公约、条约和议定书。国际公约与我国环境法有不同规定时，优先适用国际公约的规定，但我国声明保留的条款除外。

二、环境保护法律法规体系中各层次间的关系

《中华人民共和国宪法》是环境保护法律法规体系建立的依据和基础，法律层次不管是环境保护的综合法、单行法还是相关法，其中对环境保护的要求，法律效力是一样的。如果法律规定中有不一致的地方，应遵循后法大于先法（图 1-1）。

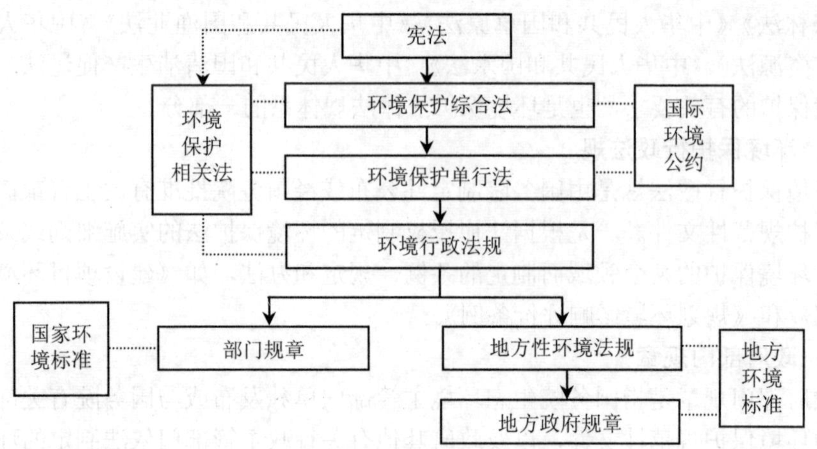

图 1-1 环境保护法律法规体系框架

国务院环境保护行政法规的法律地位仅次于法律。部门行政规章、地方环境法规和地方政府规章均不得违背法律和行政法规的规定。地方法规和地方政府规章只在制定法规、规章的辖区内有效。

我国的环境保护法律法规如与参加和签署的国际公约有不同规定时，应优先适用国际公约的规定，但我国声明保留的条款除外。

第四节 环境影响评价制度体系

环境影响评价是一种科学的方法和严格的管理制度，作为一个完整体系，应包括健全的环境影响评价管理制度，实用完善的环境影响评价技术导则、评价标准和评价方法研究成果，一支高素质的为环境影响评价提供技术服务的机构和人员队伍。我国的环境影响评价经过 30 多年的发展，目前已基本具备了上述条件，有多部法律规范环境影响评价，并制定了专门的环境影响评价法；有配套的规范环境影响评价的国务院行政法规；有涉及有关区域、行业环境影响评价的部门规章和地方发布的法规规章，初步形成了我国环境影响评价制度体系（图 1-2）。

1979 年《中华人民共和国环境保护法（试行）》颁布，第一次用法律规定了建设项目环境影响评价，在我国开始确立了环境影响评价制度。1989 年颁布的《中华人民共和国环境保护法》（2014 年修订），进一步用法律确立和规范了我国的环境影响评价制度。2002 年 10 月 28 日通过的《中华人民共和国环境影响评价法》，用法律把环境影响评价从项目环境影响评价拓展到规划环境影响评价，成为我国环境影响评价史的重要里程碑，中国的环境影响评价制度跃上新台阶，发展到一个新阶段。

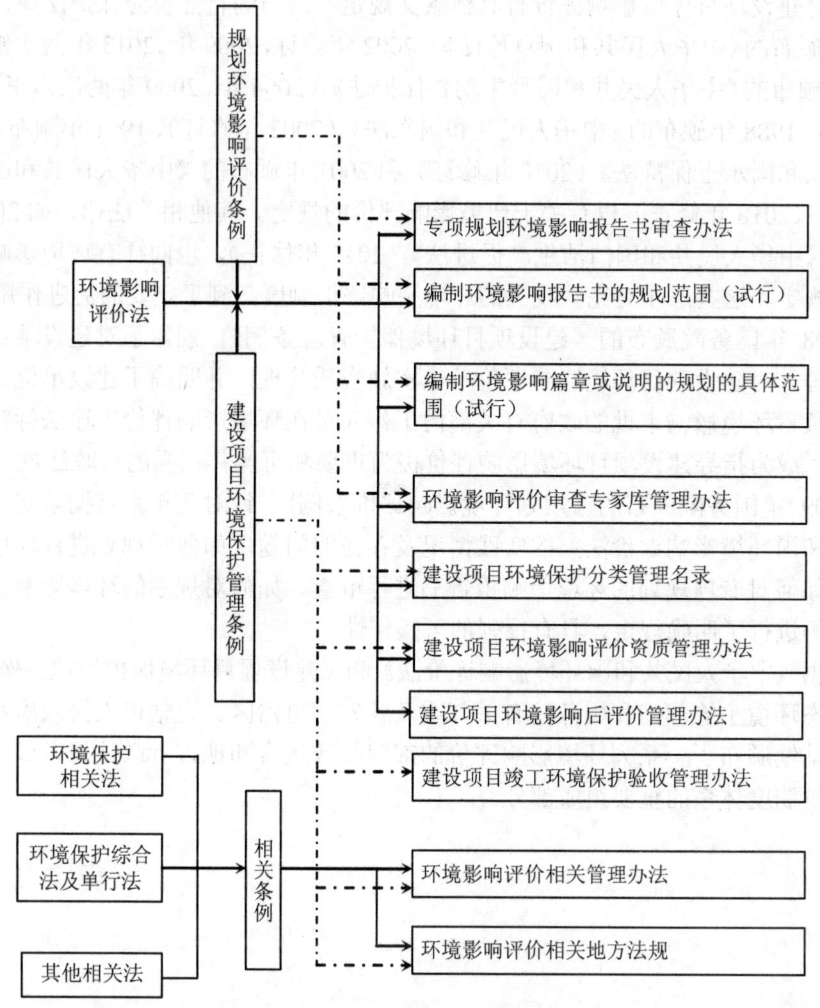

图 1-2 环境影响评价制度体系框架

1979 年之后，国家陆续颁布的各项环境保护单行法，如：1982 年颁布的《中华人民共和国海洋环境保护法》（1999 年修订，2013 年、2016 年和 2017 年三次修正）、1984 年颁布的《中华人民共和国水污染防治法》（1996 年修正，2008 年修订、2017 年第二次修正）、1987 年颁布的《中华人民共和国大气污染防治法》（1995 年修正、2000 年修订、2015 年第二次修订，2018 年第二次修正）、1995 年颁布的《中华人民共和国固体废物污染环境防治法》（2004 年修订，2013 年、2015 年和 2016 年三次修正）、1996 年颁布的《中华人民共和国环境噪声污染防治法》、2003 年颁布的《中华人民共和国放射性污染防治法》和 2018 年颁布的《中华人民共和国土壤污染防治法》都对建设项目环境影响评价有具体条文规定。颁布的自然资源保护法律，如：1985年颁布的《中华人民共和国草原法》（2002年修订，2009年、2013年两次修正）、1988年颁布的《中华人民共和国野生动物保护法》（2004年、2009年两次修正，2016年修订）、1988年颁布的《中华人民共和国水法》（2002年修订）、1991年颁布的《中华人民共和国水土保持法》（2010年修订）和2001年颁布的《中华人民共和国防沙治沙法》（2018年修正）也有关于环境影响评价的规定。其他相关法律，如2002年颁布的《中华人民共和国清洁生产促进法》（2012年修正），也同样有环境影响评价的相应规定。这些法律对完善我国的环境影响评价制度起到了重要的促进作用。

1998年国务院颁布的《建设项目环境保护管理条例》，规定了对建设项目实行分类管理，对建设项目环境影响评价单位实施资质管理，并明确了建设单位、评价单位、负责环境影响审批的政府有关部门工作人员在环境影响评价中违法行为的法律责任，成为指导建设项目环境影响评价极为重要和可操作性强的行政法规。

2009年国务院颁布的《规划环境影响评价条例》，针对几年来贯彻落实《中华人民共和国环境影响评价法》的实践情况及存在的问题，如何对规划进行环境影响评价、如何对专项规划的环境影响报告书进行审查、如何对规划的环境影响进行跟踪评价等进行了明确规定，具有很强的可操作性。

依据《中华人民共和国环境影响评价法》和《建设项目环境保护管理条例》，国务院生态环境主管部门和国务院有关部委及各省、自治区、直辖市人民政府和有关部门，陆续颁布了一系列环境影响评价的部门行政规章和地方行政法规，成为环境影响评价制度体系的重要组成部分。

第二章　规划的环境影响评价

为了实施可持续发展战略，预防因规划和建设项目实施后对环境造成不良影响，促进经济、社会和环境的协调发展，2003 年实施的《中华人民共和国环境影响评价法》，对环境影响评价制度进行了重大拓展。第一章“总则”中明确规定规划要进行环境影响评价；第二章“规划的环境影响评价”中对规划环境影响评价的适用范围、评价内容和工作程序作出了规定；第四章“法律责任”中对规划环境影响评价的法律责任也作了规定。我国环境影响评价已从建设项目延伸到规划，从决策源头防治环境污染和生态破坏，全面实施可持续发展战略。2009 年 8 月 17 日，国务院颁布了《规划环境影响评价条例》，标志着环境保护参与综合决策进入了新阶段。

第一节　规划环境影响评价的适用范围和评价要求

规划是指比较全面、长远的发展计划。“计划”一词，是指人们对未来事业发展所作的预见、部署和安排，具有很大的决策性。它一般具有明确的预期目标，规定具体的执行者及应采取的措施，以保证预定目标的实现。我国的一般情况是，凡调控期间为五年或者五年以上的部署和安排，不论名称为计划还是规划，均属于规划。在国外，规划指的就是计划。随着社会生产力的发展，社会化程度的提高，经济生活和社会生活日趋复杂和多样化，计划和规划日益成为人类组织社会生产活动的重要管理方法，规划的实施往往会给经济、社会和环境带来广泛和深远的影响。因此规划的环境影响评价对促进社会、经济和环境的协调发展具有更重要的作用。

一、规划环境影响评价的适用范围

1. 需要进行环境影响评价的规划类别

《中华人民共和国环境影响评价法》第七条第一款规定：

国务院有关部门、设区的市级以上地方人民政府及其有关部门，对其组织编制的土地利用的有关规划，区域、流域、海域的建设、开发利用规划，应当在规划编制过程中组织进行环境影响评价，编写该规划有关环境影响的篇章或者说明。

《中华人民共和国环境影响评价法》第八条规定：

国务院有关部门、设区的市级以上地方人民政府及其有关部门，对其组织编制的工业、农业、畜牧业、林业、能源、水利、交通、城市建设、旅游、自然资源开发的有关专项规划（以下简称专项规划），应当在该专项规划草案上报审批前，组织进行环境影响评价，并向审批该专项规划的机关提出环境影响报告书。

前款所列专项规划中的指导性规划，按照本法第七条的规定进行环境影响评价。

《规划环境影响评价条例》第二条也对需进行环境影响的规划的类别进行了相同的规定。

“国务院有关部门”是指：国务院组成部门、直属机构、办事机构、直属事业单位和部委管理的国家局。“设区的市级以上地方人民政府及其有关部门”是指：各省、自治区、直辖市人民政府和设区的市（通常为省辖市、州、盟）人民政府及其组成部门、直属机构和特设机构及政府议事协调机构的常设办事机构。

《中华人民共和国环境影响评价法》中只对这些政府和部门组织编制的有关规划提出了开展规划环境影响评价的要求，这些规划主要分为三类：第一类是“一地”即土地利用的有关规划；第二类是“三域”即区域、流域及海域的建设开发利用规划；第三类是“十个专项”即工业、农业、畜牧业、林业、能源、水利、交通、城市建设、旅游、自然资源开发的有关专项规划，又分为指导性规划和非指导性规划。

《中华人民共和国环境影响评价法》第三十六条规定：

省、自治区、直辖市人民政府可以根据本地的实际情况，要求对本辖区的县级人民政府编制的规划进行环境影响评价。具体办法由省、自治区、直辖市参照本法第二章的规定制定。

对县级（含县级市）人民政府组织编制的规划是否应进行环境影响评价，法律没有强求一律。至于县级人民政府所属部门及乡、镇级人民政府组织编制的规划，法律没有规定进行环境影响评价。

2．进行规划环境影响评价的规划的具体范围

《中华人民共和国环境影响评价法》第九条规定：

依照本法第七条、第八条的规定进行环境影响评价的规划的具体范围，由国务院生态环境主管部门会同国务院有关部门规定，报国务院批准。

依据此规定，经国务院批准，国家环境保护总局2004年7月3日颁布了《关于印发〈编制环境影响报告书的规划的具体范围（试行）〉和〈编制环境影响篇章或说明的规划的具体范围（试行）〉的通知》（环发〔2004〕98号），对编制环境影响报告书的规划和编制环境影响篇章或说明的规划划定了具体范围。

（1）编制环境影响报告书的规划的具体范围

① 工业的有关专项规划：

- 省级及设区的市级工业各行业规划。

② 农业的有关专项规划：

- 设区的市级以上种植业发展规划；

- 省级及设区的市级渔业发展规划；
- 省级及设区的市级乡镇企业发展规划。

③ 畜牧业的有关专项规划：

- 省级及设区的市级畜牧业发展规划；
- 省级及设区的市级草原建设、利用规划。

④ 能源的有关专项规划：

- 油（气）田总体开发方案；
- 设区的市级以上流域水电规划。

⑤ 水利的有关专项规划：

- 流域、区域涉及江河、湖泊开发利用的水资源开发利用综合规划和供水、水力发电等专业规划；
- 设区的市级以上跨流域调水规划；
- 设区的市级以上地下水资源开发利用规划。

⑥ 交通的有关专项规划：

- 流域（区域）、省级内河航运规划；
- 国道网、省道网及设区的市级交通规划；
- 主要港口和地区性重要港口总体规划；
- 城际铁路网建设规划；
- 集装箱中心站布点规划；
- 地方铁路建设规划。

⑦ 城市建设的有关专项规划：

- 直辖市及设区的市级城市专项规划。

⑧ 旅游的有关专项规划：

- 省级及设区的市级旅游区的发展总体规划。

⑨ 自然资源开发的有关专项规划：

- 矿产资源：设区的市级以上矿产资源开发利用规划；
- 土地资源：设区市级以上土地开发整理规划；
- 海洋资源：设区的市级以上海洋自然资源开发利用规划；
- 气候资源：气候资源开发利用规划。

（2）编制环境影响篇章或说明的规划的具体范围

① 土地利用的有关规划：

- 设区的市级以上土地利用总体规划。

② 区域的建设、开发利用规划：

- 国家经济区规划。

③ 流域的建设、开发利用规划：

- 全国水资源战略规划；
- 全国防洪规划；
- 设区的市级以上防洪、治涝、灌溉规划。

④ 海域的建设、开发利用规划：

- 设区的市级以上海域建设、开发利用规划。

⑤ 工业指导性专项规划：

- 全国工业有关行业发展规划。

⑥ 农业指导性专项规划：

- 设区的市级以上农业发展规划；
- 全国乡镇企业发展规划；
- 全国渔业发展规划。

⑦ 畜牧业指导性专项规划：

- 全国畜牧业发展规划；
- 全国草原建设、利用规划。

⑧ 林业指导性专项规划：

- 设区的市级以上商品林造林规划（暂行）；
- 设区的市级以上森林公园开发建设规划。

⑨ 能源指导性专项规划：

- 设区的市级以上能源重点专项规划；
- 设区的市级以上电力发展规划（流域水电规划除外）；
- 设区的市级以上煤炭发展规划；
- 油（气）发展规划。

⑩ 交通指导性专项规划：

- 全国铁路建设规划；
- 港口布局规划；
- 民用机场总体规划。

⑪ 城市建设指导性专项规划：

- 直辖市及设区的市级城市总体规划（暂行）；
- 设区的市级以上城镇体系规划；
- 设区的市级以上风景名胜区总体规划。

⑫ 旅游指导性专项规划：

- 全国旅游区的总体发展规划。

⑬ 自然资源开发指导性专项规划：

- 设区的市级以上矿产资源勘查规划。

二、规划环境影响评价要求

1. 规划环境影响评价的内容

规划编制机关应当在规划编制过程中对规划组织进行环境影响评价，《规划环境影响评价条例》第八条明确规定了对规划进行环境影响评价，应当分析、预测和评估的主要内容：

对规划进行环境影响评价，应当分析、预测和评估以下内容：

（一）规划实施可能对相关区域、流域、海域生态系统产生的整体影响；

（二）规划实施可能对环境和人群健康产生的长远影响；

（三）规划实施的经济效益、社会效益与环境效益之间以及当前利益与长远利益之间的关系。

规划环境影响评价文件的具体形式有两类，即对综合性规划和专项规划中的指导性规划编写环境影响篇章或者说明，对其他专项规划编制环境影响报告书。《中华人民共和国环境影响评价法》第七条第二款和第十条分别规定了规划有关环境影响的篇章或者说明的内容以及专项规划环境影响报告书内容，《规划环境影响评价条例》第十一条在此基础上进一步明确了相关内容：

环境影响篇章或者说明应当包括下列内容：

（一）规划实施对环境可能造成影响的分析、预测和评估。主要包括资源环境承载能力分析、不良环境影响的分析和预测以及与相关规划的环境协调性分析。

（二）预防或者减轻不良环境影响的对策和措施。主要包括预防或者减轻不良环境影响的政策、管理或者技术等措施。

环境影响报告书除包括上述内容外，还应当包括环境影响评价结论。主要包括规划草案的环境合理性和可行性，预防或者减轻不良环境影响的对策和措施的合理性和有效性，以及规划草案的调整建议。

无论是篇章或说明还是环境影响报告书，都要求对规划实施后可能造成的环境影响作出分析、预测和评价（估），并且提出预防或者减轻不良环境影响的对策和措施，同时在专项规划的环境影响报告书中，还必须有环境影响评价的明确结论。

2. 规划环境影响评价的责任主体

《规划环境影响评价条例》第十二条规定：

环境影响评价篇章或者说明、环境影响报告书，由规划编制机关编制或者组织规划环境影响评价技术机构编制。规划编制机关应当对环境影响评价文件的质量负责。

规划环境影响评价文件可由规划编制机关编制，也可由规划编制机关组织规划环境影响评价技术机构编制。为推动和促进规划环境影响评价的开展，提高规划环境影响评价的科学性和总体质量，经国务院有关部门和省级环保部门推荐，国家环境保护总局审核与筛选后，于2003—2006年分四批公布了规划环境影响评价推荐单位名单。但无论规划环境影响评价文件由谁编制完成，规划环境影响评价的责任主体都是规划编制机关。

3．规划环境影响评价的依据

《规划环境影响评价条例》第九条规定：

对规划进行环境影响评价，应当遵守有关环境保护标准以及环境影响评价技术导则和技术规范。

规划环境影响评价技术导则由国务院环境保护主管部门会同国务院有关部门制定；规划环境影响评价技术规范由国务院有关部门根据规划环境影响评价技术导则制定，并抄送国务院环境保护主管部门备案。

目前已发布实施的规划环境影响评价技术导则主要有：《规划环境影响评价技术导则 总纲》（HJ/T 130—2014）、《规划环境影响评价技术导则 煤炭工业矿区总体规划》（HJ 463—2009）。

4．规划环境影响评价的公众参与

《中华人民共和国环境影响评价法》第五条规定：

国家鼓励有关单位、专家和公众以适当方式参与环境影响评价。

环境影响评价是为环境决策提供科学依据的过程，鼓励公众参与的主体即有关单位、专家和公众以适当方式参与环境影响评价，是决策民主化的体现，也是决策科学化的必要环节。因此，不仅针对建设项目，对涉及国民经济发展的有关规划的环境影响评价开展公众参与，更有必要。

《中华人民共和国环境影响评价法》第十一条第一款规定：

专项规划的编制机关对可能造成不良环境影响并直接涉及公众环境权益的规划，应当在该规划草案报送审批前，举行论证会、听证会，或者采取其他形式，征求有关单位、专家和公众对环境影响报告书草案的意见。但是，国家规定需要保密的情况除外。

《规划环境影响评价条例》第十三条规定：

规划编制机关对可能造成不良环境影响并直接涉及公众环境权益的专项规划，应当在规划草案报送审批前，采取调查问卷、座谈会、论证会、听证会等形式，公开征求有关单位、专家和公众对环境影响报告书的意见。但是，依法需要保密的除外。

有关单位、专家和公众的意见与环境影响评价结论有重大分歧的，规划编制机关应当采取论证会、听证会等形式进一步论证。

规划编制机关应当在报送审查的环境影响报告书中附具对公众意见采纳与不采纳情况及其理由的说明。

生态环境部于2018年7月16日公布《环境影响评价公众参与办法》（生态环境部令 第4号），并于2018年10月12日发布《关于发布〈环境影响评价公众参与办法〉配套文件的公告》（公告2018年第48号），自2019年1月1日起施行。《环境影响评价公众参与办法》规定：

第四条 专项规划编制机关应当在规划草案报送审批前，举行论证会、听证会，或者采取其他形式，征求有关单位、专家和公众对环境影响报告书草案的意见。

第六条 专项规划编制机关和建设单位负责组织环境影响报告书编制过程的公众参与，对公众参与的真实性和结果负责。

专项规划编制机关和建设单位可以委托环境影响报告书编制单位或者其他单位承担环境影响评价公众参与的具体工作。

第三十三条 土地利用的有关规划和区域、流域、海域的建设、开发利用规划的编制机关，在组织进行规划环境影响评价的过程中，可以参照本办法的有关规定征求公众意见。

法律只规定了专项规划环境影响评价的公众参与，是规划实施可能造成不良环境影响、直接涉及公众环境权益，并只限于编制环境影响报告书的专项规划环境影响评价，不包括编写环境影响篇章或者说明的规划。公众参与的实施主体是规划编制机关，公众参与的时间是在规划草案报送审批机关审批之前，公众参与的对象是规划的环境影响报告书草案，公众参与的形式包括调查问卷、座谈会、论证会、听证会或者其他形式。论证会主要是对规划的环境影响报告书草案涉及的有关专门问题，邀请有关专家和具有一定专门知识的公民和有关单位代表进行论证；听证会是指按照规范的程序，听取与规划的环境影响有利害关系的有关单位、专家和公众代表对规划环境影响报告书草案意见的一种会议形式，可进行辩论和举证。

组织编制规划的政府及其有关部门，在组织征求公众对规划草案的环境影响报告书草案意见之前，应当事先把该环境影响报告书草案公开或发送给前来提出意见的有关单位、专家和公众，在他们发表意见后，要认真予以考虑，对环境影响报告书草案进行修改完善，并应当在向规划的审批机关报送环境影响报告书时附具对公众意见已采纳或者不采纳的说明。对公众提出的意见，采纳的要说明，不采纳的也要说明，供审批机关充分考虑各方面的意见，在民主科学的基础上做出正确决策。

有些规划涉及国家机密，不能公开，或因其他原因，国家规定需要保密，不宜公开的专项规划，规划编制过程中不实行公众参与。

5. 生态环境部关于加强规划环境影响评价工作的要求

（1）完善规划环评与项目环评联动机制

2009年9月2日，原环境保护部印发了《关于学习贯彻〈规划环境影响评价条例〉加强规划环境影响评价工作的通知》（环发〔2009〕96号），提出了完善规划环评与项目环评联动机制，主要内容如下：

按照《规划环境影响评价条例》规定，将规划环评结论作为规划所包含建设项目环评的重要依据，建立规划环评与项目环评的联动机制。未进行环境影响评价的规划所包含的建设项目，不予受理其环境影响评价文件。已经批准的规划在实施范围、适用期限、规模、结构和布局等方面进行重大调整或者修订的，应当重新或者补充进行环境影响评价，未开展环评的，不予受理其规划中建设项目的环境影响评价文件。已经开展了环境影响评价的规划，其包含的建设项目环境影响评价的内容可以根据规划环境影响评价的分析论证情况予以适当简化，简化的具体内容以及需要进一步深入评价的内容都应在审查意见中明确。

原环境保护部于2015年12月30日发布了《关于加强规划环境影响评价与建设项目环境影响评价联动工作的意见》（环发〔2015〕178号），要求按照国务院简政放权、放管结合的总体部署，为落实《环境保护法》《环境影响评价法》和《规划环境影响评价条例》的有关规定，加强规划环境影响评价对建设项目环境影响评价工作的指导和约束，推动在项目环评审批及事中、事后监督管理中落实规划环评成果，实现强化宏观指导、简化微观管理的目标。主要内容如下：

一、开展联动工作的总体要求

（一）切实加强规划环评工作，从决策源头预防环境污染，是创新管理方式，做好项目环评审批简政放权、加强事中事后监管的有效手段。加强规划环评与项目环评联动，是指进一步强化规划环评对项目环评的指导和约束作用，并在建设项目环境保护管理中落实规划环评的成果，切实发挥规划和项目环评预防环境污染和生态破坏的作用。

（二）加强规划环评与项目环评联动，必须以提高规划环评工作的质量为前提。各级环保部门在召集审查小组对规划环境影响报告书进行审查时，应将规划环评工作任务完成情况及规划环评结论的科学性作为审查的重点，充分关注规划环评结论对于建设项目环评的指导和约束作用。

（三）对于已经完成规划环评主要工作任务的重点领域规划，可以实施规划环评与规划所包含的项目环评的联动工作。经审查小组审查发现规划环评没有完成主要工作任务的，应采用适当方式建议有关部门对规划环评进行完善并经审查小组审查后方能开展联动工作。

（四）本意见所指重点领域的规划环评是指包含重大项目布局、结构、规模等的规划环评，暂限定于本意见（五）至（九）中所列的相关领域规划环评。对于具有指导意义的综合性规划，其规划环评原则上不作为与项目环评联动的依据。

二、重点领域规划环评的主要工作任务

（五）产业园区规划环评。应以推进区域环境质量改善以及做好园区环境风险防控为目标，在判别园区现有资源、环境重大问题的基础上，基于区域资源环境承载能力，针对园区规划方案，在主体功能区规划、城市总体规划尺度上判定园区选址、布局和主导产业选择的环境合理性，提出优化产业定位、布局、结构、规模以及重大环境基础设施建设方案的建议；提出园区污染物排放总量上限要求和环境准入条件，并结合城市或区域环境目标提出园区产业发展的负面清单。

（六）公路、铁路及轨道交通规划环评。目前主要包括城市轨道交通建设规划、区域城际铁路建设规划及国家和省级公路网规划等，其环评应结合线路走向及规模，从维护区域生态系统完整性和稳定性、协调与城镇生活空间布局关系的角度，论证线网规模、布局、敷设方式和重要站场的环境合理性，提出选址、选线及避让生态环境敏感目标和重要生态环境功能区等要求，明确生态环境保护的对策措施。

（七）港口、航道规划环评。应结合流域、海域资源环境承载能力，从维护生态系统安全、促进区域岸线资源可持续利用、严守生态保护红线等角度，明确提出优化港口和航道功能与作业区布局方案，对规划所含或所涉及项目的布局、规模、结构、货种及建设时序等提出优化调整建议，明确预防和减缓不利环境影响的对策措施。

（八）矿产资源开发规划环评。应结合区域资源环境特征，主体功能区规划和生态保护红线管理等要求，从维护生态系统完整性和稳定性的角度，明确禁止开发的红线区域和规划实施的关键性制约因素，提出优化矿产资源开发的布局、规模、开发方式、建设时序等建议，合理确定开发方案，明确预防和减缓不利环境影响的对策措施。

（九）水利水电开发规划环评。应加强规划实施对区域、流域生态系统及生态环境敏感目标造成的长期累积性影响评价，提出区域资源环境要素的优化配置方案，结合生态保护红线和生态系统整体性保护要求，划定禁止或限制开发的红线区域、流域范围，控制开发强度，优化开发方案。

（十）重点领域的规划环境影响报告书，应结合具体规划特征和环评工作成果，在环评结论中提出对规划所包含的项目环评的指导意见。对于项目环评可以简化的内容，应提出合理的简化清单；对于需在项目环评阶段深入论证的，应提出论证的重点内容。

（十一）各级环保部门在召集审查重点领域规划环境影响报告书时，应将对项目环评的指导意见作为审查的重要内容，并在审查意见中给予明确。经审查小组认可的对项目环评的指导意见，可以作为开展规划环评与项目环评联动的依据。

三、加强项目环评对规划环评落实情况的联动反馈

（十二）各级环保部门在审批项目环评文件前，应认真分析项目涉及的规划及其环评情况，并将与规划环评结论及审查意见的符合性作为项目环评文件审批的重要依据。

（十三）对符合规划环评结论及审查意见要求的建设项目，其环评文件应按照规划环评的意见进行简化；对于明显不符合相关规划环评结论及审查意见的项目环评

文件，各级环保部门应将与规划环评结论的符合性作为项目审批的依据之一；对于要求项目环评中深入论证的内容，应强化论证。

（十四）按照规划环评结论和审查意见，对于相关项目环评应简化的内容，可采用在项目环评文件中引用规划环评结论、减少环评文件内容或章节等方式实现。

（十五）对于在项目环评审查中，发现规划环境影响报告书经审查没有完成相应工作任务、不能为项目环评提供指导和约束的，或是发现相关规划在实施过程中产生重大不良影响的，或是规划环评结论与审查意见未得到有效落实的，有关单位和各级环保部门不得以规划已开展环评为理由，随意简化规划所包含项目环评的工作内容，甚至降低评价类别。环保部门可以向有关规划审批机关提出相关改进措施或建议。

（十六）关于重点产业园区项目环评的管理方式，我部将组织推动开展产业园区规划环评"清单管理"和与项目环评联动的试点工作，鼓励地方环保部门向我部申请组织开展试点，针对试点园区，稳步推进园区项目环评审批改革。

（2）规划环评加强空间管制、总量管控和环境准入

2016年2月24日，原环境保护部按照《关于加快推进生态文明建设的意见》《生态文明体制改革总体方案》的总体部署，根据《环境保护法》《环境影响评价法》《规划环境影响评价条例》等规定，为进一步提升规划环境影响评价（以下简称规划环评）质量，充分发挥规划环评优化空间开发布局、推进区域（流域）环境质量改善以及推动产业转型升级的作用，现就规划环评加强空间管制、总量管控和环境准入，提出了以下指导意见：

一、总体要求和适用范围

（一）规划环评应充分发挥优化空间开发布局、推进区域（流域）环境质量改善以及推动产业转型升级的作用，并在执行相关技术导则和技术规范的基础上，将空间管制、总量管控和环境准入作为评价成果的重要内容。

（二）加强空间管制，是指在明确并保护生态空间的前提下，提出优化生产空间和生活空间的意见和要求，推进构建有利于环境保护的国土空间开发格局。加强总量管控，是指应以推进环境质量改善为目标，明确区域（流域）及重点行业污染物排放总量上限，作为调控区域内产业规模和开发强度的依据。加强环境准入，是指在符合空间管制和总量管控要求的基础上，提出区域（流域）产业发展的环境准入条件，推动产业转型升级和绿色发展。

（三）规划环评工作要尽早介入规划编制，并将空间管制、总量管控和环境准入成果充分融入规划编制、决策和实施的全过程，切实发挥优化规划目标定位、功能分区、产业布局、开发规模和结构的作用，推进区域（流域）环境质量改善，维护生态安全。

（四）本指导意见适用于具有明确空间范围并涉及具体开发建设行为的规划环

评。其他规划环评可根据规划特点有针对性地执行本指导意见的有关规定；区域战略环境评价可参照执行。

二、强化空间管制，优化空间开发格局

（五）规划环评应结合区域特征，从维护生态系统完整性的角度，识别并确定需要严格保护的生态空间，作为区域空间开发的底线，并据此优化相关生产空间和生活空间布局，强化开发边界管制。当生产、生活空间与生态空间发生冲突时，按照“优先保障生态空间，合理安排生活空间，集约利用生产空间”的原则，对规划空间布局提出优化调整意见，以保障生态空间性质不转换、面积不减少、功能不降低。

（六）应在生态空间明确的基础上，结合环境质量目标及环境风险防范要求，对规划提出的生产空间、生活空间布局的环境合理性进行论证，基于环境影响的范围和程度，对生产空间和生活空间布局提出优化调整建议，避免或减缓生产活动对人居环境和人群健康的不利影响。

（七）应在全面分析区域生态重要性和生态敏感性空间分布规律的基础上，结合区域经济发展规划、土地利用规划、城乡规划、生态环境保护规划等综合确定生态空间，并与全国和省级主体功能区规划、生态功能区划、水生态环境功能区划、生物多样性保护优先区域保护规划、自然保护区发展规划等相协调。生态空间应包括重点生态功能区、生态敏感区、生态脆弱区、生物多样性保护优先区和自然保护区等法定禁止开发区域，以及其他对于维持生态系统结构和功能具有重要意义的区域。

（八）规划区域已经划定生态保护红线的，应将生态保护红线区作为生态空间的核心部分。同时，应根据规划特点、区域生态敏感性和环境保护要求，将其他需要重点保护的区域一并纳入生态空间。规划区域尚未划定生态保护红线的，要提出禁止开发和重点保护的生态空间，为划定生态保护红线提供参考依据。

（九）规划环评的空间管制成果，应包括生态空间分布图和优化后的生活空间、生产空间分布图，生产、生活、生态空间及其组成区块开发管制总图，以及其他必要的支撑性图件。有关图件应配套编制空间区块说明表，详细说明各空间区块的地理位置、面积、现状、保护对象、准入要求和管制措施等。

三、严格总量管控，推进环境质量改善

（十）根据规划区域及上下游、下风向等周边地区环境质量现状和目标，考虑气象条件、水文条件等相关因素，按照最不利条件分析并预留一定的安全余量，提出区域（流域）污染物排放总量控制上限的建议，作为区域（流域）污染物排放总量管控限值。综合分析环境质量改善目标、排放现状、减排成本和技术可行性，确定区域污染物排放总量削减的阶段性目标。

（十一）根据国家、地方环境质量改善目标及相关行业污染控制要求，结合现状环境污染特征和突出环境问题，确定纳入排放总量管控的主要污染物。一般应包括化学需氧量、氨氮、总磷/磷酸盐等水污染因子，二氧化硫、氮氧化物、挥发性有机物、烟粉尘等大气污染因子，以及其他与区域突出环境问题密切相关的主要特征污染因子。

（十二）针对重点控制污染物，逐一估算每个区域（流域）控制单元内各项污染物的总量管控限值。根据流域特征、水文情势、水质监测和断面设置等划定适当的水体控制单元；水体控制单元应与已有水（环境）功能区、水生态环境功能区相衔接。根据区域大气传输扩散条件、自然地形、土地利用和地表覆盖等划定适当的大气污染控制单元。估算污染物排放总量管控限值，应综合考虑污染源排放强度和特征、最不利排放位置、污染治理设施运行状况，以及环境监测水平、污染物排放监管能力等；还应选择较小的时间尺度开展估算，有条件的可采用以天为单位提出污染物排放总量管控限值。

（十三）综合考虑污染排放量、排放强度、特征污染物以及规划主导产业等，确定区域内纳入总量管控的重点行业。基于行业生产工艺水平、污染控制技术水平以及技术进步、污染控制成本等，筛选最佳适用技术（BAT），分析和测算重点行业的减排潜力。根据重点行业污染排放基数、减排潜力和技术经济等因素，提出该行业的污染物排放总量管控要求。

（十四）当区域环境质量现状超标或重点行业污染物排放已超出总量管控要求时，应根据环境质量改善目标，提出区域或者行业污染物减排任务，推动制定污染物减排方案以及加快淘汰落后产能、促进产业结构调整、提升技术工艺、加强节能节水控污等措施。必要时，可提出暂缓区域内新增相关污染物排放项目建设等建议，控制行业发展规模，推动环境质量改善。

（十五）对于区域（流域）内的产业发展，在满足环境质量目标的前提下，可以赋予地方在具体建设项目污染物排放总量分配上的主动权。在产业技术水平提高、清洁生产水平提高、区域污染治理水平提高的情况下，产业发展规模可以在污染物排放总量不突破上限的情况下适当扩大。

（十六）当规划区域环境目标、产业结构和生产力布局以及水文、气象条件等发生重大变化时，应动态调整区域行业污染物总量管控要求，结合规划和规划环评的修编或者跟踪评价对区域能够承载的污染物排放总量重新进行估算，不断完善相关总量管控要求。

四、明确环境准入，推动产业转型升级

（十七）在综合考虑规划空间管制要求、环境质量现状和目标等因素的基础上，论证区域产业发展定位的环境合理性，提出环境准入负面清单和差别化环境准入条件，发挥对规划编制、产业发展和建设项目环境准入的指导作用。

（十八）根据区域资源禀赋和生态环境保护要求，选取单位面积（单位产值）的水耗、能耗、污染物排放量、环境风险等一项或多项指标，作为制定规划区域行业环境准入负面清单的否定性指标并确定其限值。如果规划拟发展的行业不满足上述指标的要求，应将其直接列入环境准入负面清单，禁止规划建设。

（十九）建立包括环境影响、资源消耗强度、土地利用效率、经济社会贡献等指标在内的评价指标体系，对重点行业进行综合评价。对规划区域资源环境影响突出、经济社会贡献偏小的行业原则上应列入禁止准入类。限制准入类行业应进一步结合区域环境保护目标和要求、资源环境承载能力、产业现状等确定。

（二十）根据环境保护政策规划、总量管控要求、清洁生产标准等，明确应限制或禁止的生产工艺或产品清单。通过列表的方式，提出规划范围内禁止准入及限制准入的行业清单、工艺清单、产品清单等环境负面清单，并说明清单制定的主要依据、标准和参考指标。

（二十一）当区域（流域）环境质量现状超标时，应在推动落实污染物减排方案的同时，根据环境质量改善目标，针对超标因子涉及的行业、工艺、产品等，提出更加严格的环境准入要求。

在前述要求的基础上，为适应以改善环境质量为核心的环境管理要求，原环境保护部于 2016 年 10 月 26 日发布了《关于以改善环境质量为核心加强环境影响评价管理的通知》（环环评〔2016〕150 号），其中与规划环评相关的内容和要求主要体现在强化“三线一单”约束作用和加强规划环评与建设项目环评联动上：

（一）生态保护红线是生态空间范围内具有特殊重要生态功能必须实行强制性严格保护的区域。相关规划环评应将生态空间管控作为重要内容，规划区域涉及生态保护红线的，在规划环评结论和审查意见中应落实生态保护红线的管理要求，提出相应对策措施。除受自然条件限制、确实无法避让的铁路、公路、航道、防洪、管道、干渠、通讯、输变电等重要基础设施项目外，在生态保护红线范围内，严控各类开发建设活动，依法不予审批新建工业项目和矿产开发项目的环评文件。

（二）环境质量底线是国家和地方设置的大气、水和土壤环境质量目标，也是改善环境质量的基准线。有关规划环评应落实区域环境质量目标管理要求，提出区域或者行业污染物排放总量管控建议以及优化区域或行业发展布局、结构和规模的对策措施。项目环评应对照区域环境质量目标，深入分析预测项目建设对环境质量的影响，强化污染防治措施和污染物排放控制要求。

（三）资源是环境的载体，资源利用上线是各地区能源、水、土地等资源消耗不得突破的“天花板”。相关规划环评应依据有关资源利用上线，对规划实施以及规划内项目的资源开发利用，区分不同行业，从能源资源开发等量或减量替代、开采方式和规模控制、利用效率和保护措施等方面提出建议，为规划编制和审批决策提供重要依据。

（四）环境准入负面清单是基于生态保护红线、环境质量底线和资源利用上线，以清单方式列出的禁止、限制等差别化环境准入条件和要求。要在规划环评清单式管理试点的基础上，从布局选址、资源利用效率、资源配置方式等方面入手，制定环境准入负面清单，充分发挥负面清单对产业发展和项目准入的指导和约束作用。

二、建立“三挂钩”机制

（五）加强规划环评与建设项目环评联动。规划环评要探索清单式管理，在结论和审查意见中明确“三线一单”相关管控要求，并推动将管控要求纳入规划。规划环评要作为规划所包含项目环评的重要依据，对于不符合规划环评结论及审查意见的项目环评，依法不予审批。规划所包含项目的环评内容，应当根据规划环评结论和审查意见予以简化。

（3）重点领域规划环评有关要求

① 推进重点领域规划环评相关要求。《关于学习贯彻〈规划环境影响评价条例〉加强规划环境影响评价工作的通知》（环发〔2009〕96 号）中明确提出了大力推进重点领域规划环评的相关要求：

切实加强区域、流域、海域规划环评，把区域、流域、海域生态系统的整体性、长期性环境影响作为评价的关键点。努力提高城市规划环评质量，把规划环评早期介入城市总体规划及有关建设规划编制，实现与规划的全过程互动作为切入点。不断强化矿产资源开发规划环评的实效性，把保障资源开发区域的生态服务功能作为落脚点。认真做好交通及重要基础设施规划环评，把协调好规划布局与重要生态环境敏感区的关系作为着力点。严格规范各类开发区及工业园区规划环评，把园区布局、产业结构和重要环保基础设施建设方案的环境合理性作为评价工作的重中之重。当前，要进一步加强对钢铁、水泥等产能过剩行业规划的环境影响评价。将区域产业规划环评作为受理审批区域内高耗能项目环评文件的前提，避免产能过剩、重复建设引发新的区域性环境问题。

② 产业园区规划环评相关要求。为进一步加强和规范产业园区的规划环评工作，原环境保护部于 2011 年发布了《关于加强产业园区规划环境影响评价有关工作的通知》（环发〔2011〕14 号），主要内容包括：

一、国务院及省、自治区、直辖市人民政府批准设立的经济技术开发区、高新技术开发区、保税区、出口加工区、边境经济合作区等开发区以及设区的市级以上地方人民政府批准设立的各类产业集聚区、工业园区等产业园区，在新建、改造、升级时均应依法开展规划环境影响评价工作，编制开发建设规划的环境影响报告书。产业园区定位、范围、布局、结构、规模等发生重大调整或者修订的，应当及时重新开展规划环境影响评价工作。

二、产业园区开发建设规划的环境影响报告书由批准设立该产业园区人民政府所属的环境保护行政主管部门负责组织审查。各省（区、市）对于省级以下产业园区规划环境影响报告书审查另有规定的按照地方有关规定执行。

三、产业园区规划的环境影响评价需重点做好以下工作：（一）规划与相关政策、法律法规以及其他相关规划的协调性分析。重点分析规划与主体功能区划、区域发展规划、土地利用总体规划、城市总体规划、环境保护规划等相关规划的协调性；（二）规划实施的资源环境制约因素分析。根据区域经济、社会和环境现状及规划方案，筛选和识别产业园区所在区域主要环境问题，可能影响的环境敏感目标和主要资源环境制约因素；（三）资源环境承载力评估和环境影响预测分析。根据产业园区主导产业和区域资源环境特点，开展主要污染物的影响预测，分析规划实施可能造成的直接、间接或累积不良环境影响，论证规划实施的区域资源环境承载能力，提出产业园区污染物总量控制方案；（四）公众参与。根据规划的具体内容和涉及的对象，采取调查问卷、座谈会、论证会、听证会等适当形式，对有关部门、专家和公众的意见进行调查，梳理和说明意见采纳与否情况；（五）规划的环境合理性综合分析。从环境保护角度综合论证产业园区选址，产业定位、布局、结构和规模以及污染集中治理设施选址、工艺和规模、集中排放口位置及排放方式等的环境合理性；（六）规划优化调整建议和预防或减缓不良环境影响的对策措施。在上述分析论证的基础上，提出规划的优化调整建议和预防或减缓不良环境影响的对策措施，以及规划包含的近期建设项目环境影响评价要求、跟踪评价计划和环境管理要求。

四、化工石化园区和其他排放挥发性有机物、重金属等有毒有害物质的高环境风险产业园区，应在规划环境影响评价中强化环境风险评价，根据风险识别、区域重大风险源分析和综合预测分析结果，评价产业布局、产业结构和规模、运输和贮存等可能对区域生态系统和人群健康的影响，提出园区环境风险防范对策建议和跟踪监测计划。对于环境风险隐患突出的化工石化园区，环境保护行政主管部门应责令园区管理部门限期整改。

五、实施五年以上的产业园区规划，规划编制部门应组织开展环境影响的跟踪评价，编制规划的跟踪环境影响报告书，由相应的环境保护行政主管部门组织审核。对规划实施过程中产生重大不良环境影响的，环境保护行政主管部门应当及时进行核查　并向规划审批机关提出采取改进措施或者修订规划的建议。

六、产业园区规划环境影响评价结论应作为审批入园建设项目环境影响评价的重要依据。入园建设项目环境影响评价的内容可以根据规划环境影响评价的分析论证情况适当简化，具体简化的内容应在规划环境影响报告书审查意见中予以明确。

七、产业园区规划环境影响评价提出的环境保护基础设施，包括污水集中处理、固体废物集中处置、集中供热、集中供气、风险应急等设施　应与园区同步规划、同步建设。污水集中处理和固体废物集中处理设施建设暂时滞后的，在加快环保设施建设的同时，必须采取临时性措施，确保入区建设项目污染物排放符合国家和地方规定的标准要求。产业园区污染物排放总量控制应纳入当地政府的污染物排放总量控制计划。产业园区污染集中治理设施建设滞后或不能稳定达标排放，造成环境污染的，环境保护行政主管部门应责令园区管理部门限期治理。

八、产业园区存在下列问题之一的，环境保护行政主管部门将暂停受理除污染治理、生态恢复建设和循环经济类以外的入园建设项目环境影响评价文件：（一）未依法开展规划环境影响评价；（二）环境风险隐患突出且未完成限期整改；（三）未按期完成污染物排放总量控制计划；（四）污染集中治理设施建设滞后或不能稳定达标排放，且未完成限期治理。

③ 规划环评中强化环境风险评价的有关要求。为有效防范环境风险，原环境保护部于 2012 年 7 月发布了《关于进一步加强环境影响评价管理防范环境风险的通知》（环发〔2012〕77 号）；8 月发布了《关于切实加强风险防范严格环境影响评价管理的通知》（环发〔2012〕98 号），其中均涉及规划环评的有关要求，相关内容如下：

充分发挥规划环境影响评价的指导作用，源头防范环境风险。（一）石化化工建设项目原则上应进入依法合规设立、环保设施齐全的产业园区，并符合园区发展规划及规划环境影响评价要求。涉及港区、资源开采区和城市规划区的建设项目，应符合相关规划及规划环境影响评价的要求。（二）产业园区应认真贯彻落实我部《关于加强产业园区规划环境影响评价有关工作的通知》（环发〔2011〕14 号）要求，在规划环境影响评价中强化环境风险评价，优化园区选址及产业定位、布局、结构和规模，从区域角度防范环境风险。涉及重点行业建设项目的港区、资源开采区规划环境影响评价也应强化环境风险评价工作。（三）已经开展战略环境影响评价工作的重点区域内的产业园区、港区、资源开采区等，其规划环境影响评价应以战略环境影响评价结论为指导和依据，并符合战略环境影响评价提出的布局、结构、规模及环境风险防范等要求。

化工石化、有色冶炼、制浆造纸等可能引发环境风险的项目，在符合国家产业政策和清洁生产水平要求、满足污染物排放标准以及污染物排放总量控制指标的前提下，必须在依法设立、环境保护基础设施齐全并经规划环评的产业园区内布设。

④ 涉及水生生物资源和生境的规划环评有关要求。为进一步加强水生生物资源及其生境保护，严格环境影响评价管理，原环境保护部联合原农业部于 2013 年 8 月 5 日发布了《关于进一步加强水生生物资源保护　严格环境影响评价管理的通知》（环发〔2013〕86 号），其中对相关环评提出明确要求：

一、编制区域、流域、海域的建设、开发利用规划等综合性规划，以及工业、农业、畜牧业、林业、能源、水利、交通、城市建设、旅游、自然资源开发等专项规划，应依法开展环境影响评价。其中，对水生生物产卵场、索饵场、越冬场以及洄游通道可能造成不良影响的开发建设规划，在环境影响评价中应进一步强化以下内容：

（一）将重要水生物种资源及其关键栖息场所列为敏感目标，开展重要水生物种资源及其关键栖息场所等调查监测，科学客观地评价规划实施可能带来的长期影响，并按照避让、减缓、恢复的顺序提出切实可行的建议和对策措施。

（二）规划涉及港口、码头、桥梁、航道整治疏浚等涉水工程以及围填海等海岸工程的，应综合评估规划实施可能造成的底栖生物、鱼卵、仔稚鱼等水生生物资源的损失和长期影响。

（三）规划涉及水利、水电、航电等筑坝工程的，应调查洄游性水生生物情况，调查影响区域内漂流性鱼卵的生产和生长习性、调查影响区域内水生生物产卵场等关键栖息场所分布状况，全面评估规划实施对洄游性水生生物和生物种群结构的影响。

二、各级环境保护部门在召集港口、码头、桥梁、航道、水电、航电、水利等开发建设规划环境影响报告书审查时，涉及可能对水生生物资源及其生境造成不良影响的，应严格执行以下要求：

（一）将渔业部门以及水生生态、水生生物资源、渔业资源（重点是鱼类）保护等方面的专家纳入审查小组。

（二）审查小组应将水生生物影响评价内容和有关结论作为审查重点之一，对可能造成重大不良环境影响的规划方案，应在书面审查意见中给出明确结论。

（三）审查小组成员应当客观、公正、独立地对环境影响报告书提出书面审查意见，规划审批机关、规划编制机关、审查小组的召集部门不得干预。

⑤矿产资源规划环境影响评价工作的有关要求。为进一步指导和规范矿产资源规划环境影响评价工作，切实统筹好资源开发与环境保护，大力推进生态文明建设，2015年12月7日，原环境保护部、原国土资源部发布了《关于做好矿产资源规划环境影响评价工作的通知》（环发〔2015〕158号），对相关矿产资源规划环评提出了明确要求：

一、切实加强矿产资源规划环境影响评价工作

（二）分类开展矿产资源规划环评工作。需编写环境影响篇章或说明的矿产资源规划包括：全国矿产资源规划，全国及省级地质勘查规划，设区的市级矿产资源总体规划，重点矿种等专项规划。需编制环境影响报告书的矿产资源规划包括：省级矿产资源总体规划，设区的市级以上矿产资源开发利用专项规划，国家规划矿区、大型规模以上矿产地开发利用规划。县级矿产资源规划原则上不开展规划环境影响评价，各省级人民政府有规定的按照其规定执行。

二、准确把握矿产资源规划环境影响评价的基本要求

（四）总体要求。矿产资源规划环境影响评价，应符合《规划环境影响评价技术导则　总纲》（HJ 130—2014）和有关技术规范。（后文略）

（五）全国矿产资源规划环境影响评价。应结合相关主体功能区规划、环境功能区划、生态功能区划、土地利用总体规划及其他相关规划，综合评判矿产资源开发布局与经济社会、生态环境功能格局的协调性、一致性；预测规划实施和资源开发

对区域生态系统、环境质量等造成的重大影响，提出预防或减轻不良环境影响的对策措施；论证资源差别化管理政策和开发负面清单的合理性与有效性，从源头预防资源开发带来的不利环境影响。

（六）省级矿产资源规划环境影响评价。应以资源环境承载能力为基础，科学评价矿产资源勘查开发总体布局与区域经济社会发展、生态安全格局的协调性、一致性；从经济社会可持续发展、矿产资源可持续利用和维护区域生态安全的角度，评价规划定位、目标、任务的环境合理性；重点识别规划实施可能影响的自然保护区、风景名胜区、饮用水水源保护区、地质公园、历史文化遗迹等重要环境敏感区及其他资源环境制约因素；结合本行政区重要环境保护目标，预测规划实施可能对区域生态系统产生的整体影响、对环境产生的长远影响；提出规划优化调整建议和减轻不良环境影响的对策措施。省级矿产资源总体规划环境影响评价技术要点由环境保护部会同国土资源部联合制定，另行印发。

（七）设区的市级矿产资源规划环境影响评价。主要是围绕沙石粘土及小型非金属矿等资源的开发利用与保护活动，评价规划部署与区域经济发展、民生改善和生态保护的协调性；预测规划实施和资源开发可能对生态环境造成的直接和间接影响；评价矿山地质环境治理恢复与矿区土地复垦重点项目安排的合理性，以及开采规划准入条件的有效性。

6. 开展规划环境影响评价会商

为从规划决策的源头预防和减缓跨界不利环境影响，在环境问题较为突出的区域、流域推进联防联控，推动环境质量改善，2015年12月30日，原环境保护部发布了《关于开展规划环境影响评价会商的指导意见（试行）》（环发〔2015〕179号），就开展规划环境影响评价会商工作提出如下主要指导意见：

一、明确参与会商各方职责

（一）会商主体。规划编制机关是依法组织开展规划环评和会商的主体，应在环境影响报告书报送审查前组织完成会商，并将会商意见与环境影响报告书一并报送环境保护主管部门（以下称环保部门）。

（二）会商对象。会商对象一般为会商范围内省（区、市）人民政府或者相关部门，由规划编制机关根据规划特点和可能产生的跨省（区、市）界环境影响情况具体确定。

（三）环保部门。环保部门协助指导规划编制机关组织开展规划环评会商，在召集审查过程中充分关注会商意见的采纳落实情况。

二、合理确定会商范围

（四）界定应开展会商的规划环评范围。位于京津冀、长三角、珠三角区域内的，主导产业包括石化、化工、有色冶炼、钢铁、水泥的国家级产业园区规划环境影响报告书；京津冀及周边地区的煤电基地规划环境影响报告书；国家级流域综合规划、水电开发规划环境影响报告书，应在规划环评编制阶段进行会商。

（五）确定规划环评会商对象。规划环境影响报告书应根据跨界环境影响分析预测，按不利影响大小程度对区域（流域）内及相邻的省（区、市）进行排序。国家级产业园区规划环评一般应会商受影响最大的省（区、市），跨界影响轻微的也可会商主要受影响的相邻地级城市；京津冀及周边地区的煤电基地规划环评应会商受影响最大的两个省（区、市）；流域综合规划环评、水电开发规划环评应会商规划涉及的所有省（区、市），也可根据需要适当扩大会商范围。

三、规范会商程序要求

（六）提高会商材料质量。会商材料包括规划环境影响报告书等相关文件。会商材料应采用科学合理的方法评价跨界环境影响的程度和范围，提出拟采取的规划优化调整方案，以及最大程度预防、减缓跨界影响的对策措施。对不同类型的规划，会商材料还可结合跨界影响和资源环境承载情况，提出禁止开发的生态空间红线、区域污染物行业排放总量、禁止新建的产业以及适宜发展产业的环境准入要求等，便于规划采纳和实施。

（七）规范会商流程和时限。规划编制机关应在启动会商时正式函告会商对象，受邀单位在收到函件之日起 5 个工作日内做出是否参与会商的决定并通知对方，同意参加会商的应明确联系人和联系方式。规划编制机关应在确定会商对象后 10 个工作日内确定会商形式并通知会商对象，向其提供会商材料。完成会商后应在 15 个工作日内形成会商意见。

（八）确定会商开展形式。规划编制机关可采取书面征求意见、召开座谈会、启动区域和流域污染防治协作机制等形式组织开展会商。

（九）明确会商意见内容。会商意见应聚焦跨界环境影响，明确说明规划实施可能产生环境影响的范围和程度；评价预防和减缓跨界环境影响对策措施的有效性；提出优化调整规划方案的具体建议，以及进一步完善和加强联防联控的措施建议。

四、充分发挥会商作用

（十）根据会商成果完善规划环境影响报告书。规划环境影响报告书应根据会商意见完善相关内容，说明会商意见采纳情况，不采纳的应逐项就不予采纳的理由作出书面说明；在此基础上提出有针对性的规划优化调整建议以及预防或减缓区域性流域性生态环境影响的对策措施。

（十一）根据会商成果提升规划科学性。规划编制机关应当将规划环境影响报告书结论、会商意见作为完善规划编制的重要依据，对规划草案进行优化调整，完善区域和流域污染联防联控的对策措施，并在规划实施中做好贯彻落实。

（十二）在审查管理时纳入会商意见。环保部门在召集规划环境影响报告书审查时，应邀请参与会商的代表参加审查会，并将会商意见作为审查意见的重要内容，推动优化开发布局、合理调控规模和转型升级发展，强化联防联控，维护和改善环境质量。

（十三）由省级环保部门召集审查的规划环评，可能造成跨区域（流域）环境影响的，鼓励开展会商工作。具体办法可参照本意见执行，也可制定相关办法确定具体会商区域、流域范围，会商对象，规划环评领域等，加强对会商工作的指导和规范。

第二节　规划环境影响评价的审查

一、需进行环境影响评价的规划草案的报送

《中华人民共和国环境影响评价法》第七条中规定了国务院有关部门、设区的市级以上地方人民政府及其有关部门，对其组织编制的“一地”“三域”有关规划及“十个专项”规划中的指导性规划，应当在规划编制过程中组织进行环境影响评价，编写该规划有关环境影响的篇章或者说明。在报送审批规划草案时，将环境影响的篇章或者说明作为规划草案的组成部分一并报送规划审批机关。因为环境影响的篇章或者说明不是一个独立的文件，而是规划草案的一部分，因此，必须在规划编制过程中同时进行环境影响评价。《规划环境影响评价条例》第十五条还补充规定：未编写环境影响篇章或者说明的，规划审批机关应当要求其补充；未补充的，规划审批机关不予审批。

《中华人民共和国环境影响评价法》第八条中规定了国务院有关部门、设区的市级以上地方人民政府及其有关部门，对其组织编制的“十个专项”规划中的非指导性规划，应当在该专项规划草案上报审批前，组织进行环境影响评价，并向审批该专项规划的机关提出环境影响报告书。《规划环境影响评价条例》第十六条也对此进行了规定：规划编制机关在报送审批专项规划草案时，应当将环境影响报告书一并附送规划审批机关审查；未附送环境影响报告书的，规划审批机关应当要求其补充；未补充的，规划审批机关不予审批。

规划的环境影响报告书是一个独立的文件，它应该在专项规划基本编制完成，针对规划进行环境影响评价，才能实现环境影响评价的目的。如果专项规划尚未编制完成就开始进行环境影响评价，评价对象不明确，针对性不强，就达不到评价预期的效果；如果在专项规划上报后再进行环境影响评价，就不能及时给上级审批机关提供科学决策的依据，同样使评价工作失去意义。对专项规划环境影响报告书与规划草案一并送审的规定，目的在于确保规划环境影响评价制度的执行，确保规划环境影响评价发挥作用。规划审批机关在审批规划时，能够全面了解所审批的规划是否真正符合可持续发展战略和环境保护法律、法规要求，所采取的环境保护对策

和措施是否合理可行，以便及时作出正确决策。

二、专项规划环境影响报告书的审查

1．审查主体和程序

《中华人民共和国环境影响评价法》第十三条规定：

设区的市级以上人民政府在审批专项规划草案，作出决策前，应当先由人民政府指定的生态环境主管部门或者其他部门召集有关部门代表和专家组成审查小组，对环境影响报告书进行审查。审查小组应当提出书面审查意见。

参加前款规定的审查小组的专家，应当从按照国务院生态环境主管部门的规定设立的专家库内的相关专业的专家名单中，以随机抽取的方式确定。

由省级以上人民政府有关部门负责审批的专项规划，其环境影响报告书的审查办法，由国务院生态环境主管部门会同国务院有关部门制定。

为提高可操作性，并进一步保证审查的客观公正性，《规划环境影响评价条例》第十七条和和十八条在法律基础上进一步明确了审查小组的召集部门及审查小组的构成：

第十七条　设区的市级以上人民政府审批的专项规划，在审批前由其环境保护主管部门召集有关部门代表和专家组成审查小组，对环境影响报告书进行审查。审查小组应当提交书面审查意见。

省级以上人民政府有关部门审批的专项规划，其环境影响报告书的审查办法，由国务院环境保护主管部门会同国务院有关部门制定。

第十八条　审查小组的专家应当从依法设立的专家库内相关专业的专家名单中随机抽取。但是，参与环境影响报告书编制的专家，不得作为该环境影响报告书审查小组的成员。

审查小组中专家人数不得少于审查小组总人数的二分之一；少于二分之一的，审查小组的审查意见无效。

环境影响评价政策性和技术性较强，上级审批机关很难对与规划草案一起报送的环境影响报告书进行细致的专业审查。为了不使规划审批机关对规划草案环境影响报告书的审查流于形式，法律规定由有关部门的代表和专家组成审查小组先行把关，从专业技术角度对环境影响报告书提出审查意见，这是实现政府决策科学化的一项重要制度安排。

设区的市级以上人民政府审批专项规划草案，作出决策前，由其生态环境主管部门召集有关部门代表和专家组成审查小组。审查小组的有关部门代表主要是生态环境部门、规划的编制机关、规划实施机关以及涉及的其他有关部门代表；审查小组的专家，从国务院生态环境主管部门设立的专家库内选择确定。为保证召集单位公平、公正遴选参加规划环境影响报告书审查的专家，国家环境保护总局于 2003 年发布了《环境影响评价审查专家库管理办法》，要求召集单位应根据规划涉及的专业和行业，从专家库中以随机抽取的方式确定。

省级以上人民政府有关部门负责审批的专项规划，其环境影响报告书的审查办法没有作具体规定，授权国务院生态环境主管部门会同国务院有关部门制定。据此，国家环境保护总局于 2003 年制定发布了《专项规划环境影响报告书审查办法》，对省级以上人民政府有关部门负责审批的专项规划环境影响报告书的审查程序和时限作出了规定。专项规划的审批机关在作出审批专项规划草案的决定前，应当将专项规划环境影响报告书送同级生态环境主管部门，由同级生态环境主管部门会同专项规划的审批机关对环境影响报告书进行审查。生态环境主管部门应当自收到专项规划环境影响报告书之日起 30 日内，会同专项规划审批机关召集有关部门代表和专家组成审查小组，对专项规划环境影响报告书进行审查，并在审查小组提出书面审查意见之日起 10 日内将审查意见提交专项规划审批机关。

2．审查内容

审查小组应当对环境影响报告书的基础资料、数据，评价方法，分析、预测和评估情况，提出的对策和措施，公众意见情况，环境影响评价结论等六个方面的内容进行审查。发现规划存在重大环境问题的，审查小组应当提出不予通过环境影响报告书的意见；发现规划环境影响报告书质量存在重大问题的，审查小组应当提出对环境影响报告书进行修改并重新审查的意见。审查意见应当经审查小组四分之三以上成员签字同意。

《规划环境影响评价条例》第十九条规定：

审查意见应当包括下列内容：

（一）基础资料、数据的真实性；

（二）评价方法的适当性；

（三）环境影响分析、预测和评估的可靠性；

（四）预防或者减轻不良环境影响的对策和措施的合理性和有效性；

（五）公众意见采纳与不采纳情况及其理由的说明的合理性；

（六）环境影响评价结论的科学性。

《规划环境影响评价条例》第二十条规定：

有下列情形之一的，审查小组应当提出对环境影响报告书进行修改并重新审查的意见：

（一）基础资料、数据失实的；

（二）评价方法选择不当的；

（三）对不良环境影响的分析、预测和评估不准确、不深入，需要进一步论证的；

（四）预防或者减轻不良环境影响的对策和措施存在严重缺陷的；

（五）环境影响评价结论不明确、不合理或者错误的；

（六）未附具对公众意见采纳与不采纳情况及其理由的说明，或者不采纳公众意见的理由明显不合理的；

（七）内容存在其他重大缺陷或者遗漏的。

《规划环境影响评价条例》第二十一条规定：

有下列情形之一的，审查小组应当提出不予通过环境影响报告书的意见：

（一）依据现有知识水平和技术条件，对规划实施可能产生的不良环境影响的程度或者范围不能作出科学判断的；

（二）规划实施可能造成重大不良环境影响，并且无法提出切实可行的预防或者减轻对策和措施的。

环境影响报告书结论及审查意见是决策的重要依据，是要存档备查的。审查小组提出的审查意见应当全面表述专家和代表的意见，特别是要如实记录和反映有保留的不同意见，供审批部门决策参考。

3. 审查效力

《中华人民共和国环境影响评价法》第十四条第二款和第三款规定：

设区的市级以上人民政府或者省级以上人民政府有关部门在审批专项规划草案时，应当将环境影响报告书结论以及审查意见作为决策的重要依据。

在审批中未采纳环境影响报告书结论以及审查意见的，应当作出说明，并存档备查。

《规划环境影响评价条例》第二十二条第二款进一步细化的相关规定：

规划审批机关对环境影响报告书结论以及审查意见不予采纳的，应当逐项就不予采纳的理由作出书面说明，并存档备查。有关单位、专家和公众可以申请查阅；但是，依法需要保密的除外。

专项规划的环境影响报告书结论和审查小组审查意见具有重要的作用。专项规划的审批机关在审批规划草案时应将环境影响报告书结论以及审查意见作为决策的重要依据。要达到法律的这一要求，就需要审批机关在审查规划草案，作出批准或者不批准决定时，认真考虑规划的环境影响报告书结论以及审查意见。对环境影响报告书结论以及审查意见认为该规划草案符合环境保护要求，与规划审批机关审查认为该规划实施与环境保护目标一致的，就应当将上述结论和审查意见作为批准该规划草案的重要依据；对于环境影响报告书结论以及审查意见认为该规划实施将会对环境造成严重不良影响，并且规划草案的审批机关进行综合审查，认为规划不合理，可作出不予批准该规划草案或者要求编制机关进一步修改、完善，使其符合环境保护要求后重新报批的决定。

规划草案审批机关在考虑环境保护的同时，从国民经济和社会发展特别是国家安全的全局进行综合平衡，虽然环境影响报告书结论和审查意见认为规划需要进行重大修改或不宜实施，审批机关也可以决定不采纳该结论和审查意见。但是，规划草案审批机关在审批中未采纳环境影响报告书结论以及审查意见的，必须做出说明并按照程序存档备查。

第三节 规划环境影响的跟踪评价

一、跟踪评价的内容

《中华人民共和国环境影响评价法》第十五条规定：

对环境有重大影响的规划实施后，编制机关应当及时组织环境影响的跟踪评价，并将评价结果报告审批机关；发现有明显不良环境影响的，应当及时提出改进措施。

《规划环境影响评价条例》第二十五条对跟踪评价的内容进行了规定：

规划环境影响的跟踪评价应当包括下列内容：

（一）规划实施后实际产生的环境影响与环境影响评价文件预测可能产生的环境影响之间的比较分析和评估；

（二）规划实施中所采取的预防或者减轻不良环境影响的对策和措施有效性的分析和评估；

（三）公众对规划实施所产生的环境影响的意见；

（四）跟踪评价的结论。

《规划环境影响评价条例》第二十六条对跟踪评价的公众参与进行了规定：

规划编制机关对规划环境影响进行跟踪评价，应当采取调查问卷、现场走访、座谈会等形式征求有关单位、专家和公众的意见。

对环境有重大影响的规划实施后，规划编制机关应及时组织力量，对该规划实施后实际产生的环境影响与环境影响评价文件预测可能产生的环境影响之间进行比较分析和评估，对预防或减轻不良环境影响对策和措施的有效性进行分析和评估，发现对环境有明显不良影响的，应及时提出并采取新的相应改进措施。

规划的实施和运作是一个长期的过程，由于人类认知水平限制、社会经济生活以及自然条件的变化，即使规划编制者对规划做出了详尽的环境影响评价，仍然难以保证实施后该规划不会产生新的环境问题。对环境有重大影响的规划，在规划审批前进行了评价，规划实施后仍可能会出现一些未曾预料到的环境问题。因此，规划编制机关应进行环境影响的跟踪评价，有助于及时发现规划实施后出现的环境问题，采取相应措施及时加以解决。同时也有利于总结和积累经验，进一步完善规划环境影响评价的方法与制度。

二、规划实施过程中产生重大不良环境影响时的应对措施

规划实施过程中产生重大不良环境影响的，规划编制机关、环境保护部门、规划审批机关等部门应及时采取措施，减轻不良影响。《规划环境影响评价条例》第二十七条至第三十条对此进行了明确规定：

第二十七条　规划实施过程中产生重大不良环境影响的，规划编制机关应当及时提出改进措施，向规划审批机关报告，并通报环境保护等有关部门。

第二十八条　环境保护主管部门发现规划实施过程中产生重大不良环境影响的，应当及时进行核查。经核查属实的，向规划审批机关提出采取改进措施或者修订规划的建议。

第二十九条　规划审批机关在接到规划编制机关的报告或者环境保护主管部门的建议后，应当及时组织论证，并根据论证结果采取改进措施或者对规划进行修订。

第三十条　规划实施区域的重点污染物排放总量超过国家或者地方规定的总量控制指标的，应当暂停审批该规划实施区域内新增该重点污染物排放总量的建设项目的环境影响评价文件。

规划编制机关组织规划环境影响的跟踪评价，发现产生重大不良环境影响的，应当及时提出改进措施，向规划审批机关报告；环境保护主管部门发现产生重大不良环境影响的，也应当及时向规划审批机关提出采取改进措施或者修订规划的建议。规划审批机关应当及时组织论证，并根据论证结果采取改进措施或者对规划进行修订。为了保证规划环境影响评价对策、措施落到实处，《规划环境影响评价条例》建立了区域限批制度。

第四节　规划环境影响评价的法律责任

一、规划编制机关有关人员的法律责任

1．规划编制机关的违法行为

《中华人民共和国环境影响评价法》第二十九条规定：

规划编制机关违反本法规定，组织环境影响评价时弄虚作假或者有失职行为，造成环境影响评价严重失实的，对直接负责的主管人员和其他直接责任人员，由上级机关或者监察机关依法给予行政处分。

规划编制单位组织环境影响评价时弄虚作假或有失职行为，一般有下列 5 种情况：

① 应当在规划编制过程中组织进行环境影响评价而未做环境影响评价的；

② 按规定应提交环境影响报告书而未编制环境影响报告书，只在规划中编写该规划有关环境影响的篇章或说明的；

③ 应征求有关单位、专家和公众对环境影响报告书草案的意见而未征求的；

④ 报送审查的环境影响报告书中不附公众意见是否采纳说明的；

⑤ 规划编制机关组织进行环境影响评价时，提供虚假情况或资料，或者工作不负责任，致使评价结论失实的。

法律中还规定，规划编制机关除有违法事实外，还必须有违法后果，即规划编制机关组织环境影响评价时弄虚作假或者有失职行为，造成环境影响评价严重失实的，才承担法律责任。环境影响评价严重失实一般认为是评价结论与实际情况严重不符。环境影响评价是否严重失实可从 3 方面判定：

① 以有关部门代表和专家组成的审查小组对环境影响报告书进行审查时，认为规划编制机关组织的环境影响评价有弄虚作假或者有失职行为，环境影响评价结果有误，严重失实，审查小组有上述明确的书面审查意见的；

② 规划实施后，编制机关组织环境影响跟踪评价时，发现规划实施后产生的社会效益或环境效益与环境影响评价结果有明显差异，严重失实，带来不良的社会影响或环境影响的；

③ 规划实施后，产生的社会效益或环境效益与环境影响评价结果明显不同，造成不良的社会影响或环境影响，被公众举报的。

2．规划编制机关责任人员的处罚

规划编制机关具有上述违法事实和违法后果，直接负责的主管人员（指在规划编制机关中直接负责规划编制并对规划编制违法行为负有直接领导责任的人员，包括对违法行为做出决定或者事后对违法行为予以认可和支持，或因疏于管理和放任，对违法行为有不可推卸责任的领导人员）和其他责任人员（指在规划编制过程中没有依法组织进行环境影响评价、直接实施违法行为的规划编制工作人员），要承担法律责任，由上级机关或监察机关依法给予行政处分。

上级机关系指规划编制机关的上级行政主管部门。国务院是国务院有关部门和省、自治区、直辖市人民政府的上级机关；省、自治区人民政府是其所属有关部门和设区的市级人民政府的直接上级机关；设区的市级人民政府是其所属有关部门的直接上级机关。

根据《中华人民共和国公务员法》，国家公务员行政处分包括：警告、记过、记大过、降级、撤职、开除六种。规划编制机关违反《中华人民共和国环境影响评价法》规定，上级机关根据违法人员违法行为的情节轻重，对直接负责的主管人员和其他直接责任人员，按照干部管理权限，做出具体处罚决定。

依据《中华人民共和国行政监察法》，人民政府的行政监察机关对国家公务员和国家行政机关任命的其他人员实施监察。根据检查、调查结果，对规划编制机关违反《中华人民共和国环境影响评价法》规定，在组织环境影响评价时弄虚作假或者有失职行为，造成环境影响评价严重失实的，对直接负责的主管人员和其他直接责任人员，监察机关根据违法人员违法行为的情节轻重，依法作出处罚的监察决定或监察建议，按国家人事管理权限和处理程序的规定办理。

二、规划审批机关有关人员的法律责任

《中华人民共和国环境影响评价法》第三十条规定：

规划审批机关对依法应当编写有关环境影响的篇章或者说明而未编写的规划草案，依法应当附送环境影响报告书而未附送的专项规划草案，违法予以批准的，对直接负责的主管人员和其他直接责任人员，由上级机关或者监察机关依法给予行政处分。

《规划环境影响评价条例》第三十二条进一步细化了规划审批机关的违规行为：

规划审批机关有下列行为之一的，对直接负责的主管人员和其他直接责任人员，依法给予处分：

（一）对依法应当编写而未编写环境影响篇章或者说明的综合性规划草案和专项规划中的指导性规划草案，予以批准的；

（二）对依法应当附送而未附送环境影响报告书的专项规划草案，或者对环境影响报告书未经审查小组审查的专项规划草案，予以批准的。

违法责任由规划审批机关直接负责该规划审批的主管人员和其他与该规划审批有关的直接责任人员承担。直接负责的主管人员应是审批机关中由于疏于管理或放任，对违法审批负有不可推卸责任的直接负责人。对直接负责的主管人员和其他责任人员的违法审批行为，由其上级行政机关依据《中华人民共和国公务员法》的规定，视违法情节，对违法人员予以警告、记过、记大过、降级、撤职或开除的行政处分；或者由监察机关，依据《中华人民共和国行政监察法》的规定，视违法情节，对违法人员予以警告、记过、记大过、降级、撤职或开除的监察决定或建议，按照国家有关人事管理权限和处理程序的规定办理。

三、审查小组和规划环境影响评价技术机构的法律责任

《规划环境影响评价条例》在《中华人民共和国环境影响评价法》的基础上，补充规定了审查小组和规划环境影响评价技术机构的法律责任。

《规划环境影响评价条例》第三十三条规定：

审查小组的召集部门在组织环境影响报告书审查时弄虚作假或者滥用职权，造成环境影响评价严重失实的，对直接负责的主管人员和其他直接责任人员，依法给予处分。

审查小组的专家在环境影响报告书审查中弄虚作假或者有失职行为，造成环境

影响评价严重失实的，由设立专家库的环境保护主管部门取消其入选专家库的资格并予以公告；审查小组的部门代表有上述行为的，依法给予处分。

《规划环境影响评价条例》第三十四条规定：

规划环境影响评价技术机构弄虚作假或者有失职行为，造成环境影响评价文件严重失实的，由国务院环境保护主管部门予以通报，处所收费用1倍以上3倍以下的罚款；构成犯罪的，依法追究刑事责任。

第三章　建设项目环境影响评价

我国现行的法律法规都没有对建设项目下定义解释，在不同的文件中有大致相同的范围列举。1986 年，国家计委、国家经委、国务院环境保护委员会发布的《建设项目环境保护管理办法》第二条列举了“工业、交通、水利、农林、商业、卫生、文教、科研、旅游、市政等对环境有影响的一切基本建设项目和技术改造项目以及区域开发建设项目”。1987 年，国家计委、国务院环境保护委员会颁布的《建设项目环境保护设计规定》又补充了“机场”，并对项目类型拓展为“新建、扩建、改建”项目以及“中外合资、中外合作、外商独资”等项目。

基本建设项目的概念来自固定资产投资扩大再生产，凡是属于固定资产投资的活动方式，大都可以纳入建设项目的管理范畴，如房地产开发等。上述概念国家有关管理部门和地方各级人民政府在理解和实施上都没有异议，建设项目环境保护管理也在这个范畴内实施。

第一节　建设项目环境影响评价的分类管理

一、环境影响评价分类管理的原则规定

建设项目对环境的影响千差万别，不仅不同的行业、不同的产品、不同的规模、不同的工艺、不同的原材料产生的污染物种类和数量不同，对环境的影响不同，而且即使是相同的企业处于不同的地点、不同的区域，对环境的影响也不一样。《中华人民共和国环境影响评价法》第十六条和《建设项目环境保护管理条例》第七条中具体规定了国家对建设项目的环境保护实行分类管理：

《中华人民共和国环境影响评价法》第十六条规定：

国家根据建设项目对环境的影响程度，对建设项目的环境影响评价实行分类管理。

建设单位应当按照下列规定组织编制环境影响报告书、环境影响报告表或者填报环境影响登记表（以下统称环境影响评价文件）：

（一）可能造成重大环境影响的，应当编制环境影响报告书，对产生的环境影响进行全面评价；

（二）可能造成轻度环境影响的，应当编制环境影响报告表，对产生的环境影响进行分析或者专项评价；

（三）对环境影响很小、不需要进行环境影响评价的，应当填报环境影响登记表。

建设项目的环境影响评价分类管理名录，由国务院生态环境主管部门制定并公布。

《建设项目环境保护管理条例》对分类管理也有相同的规定，但提法是环境保护分类管理。《建设项目环境保护管理条例》第七条规定：

国家根据建设项目对环境的影响程度，按照下列规定对建设项目的环境保护实行分类管理：

（一）建设项目对环境可能造成重大影响的，应当编制环境影响报告书，对建设项目产生的污染和对环境的影响进行全面、详细的评价；

（二）建设项目对环境可能造成轻度影响的，应当编制环境影响报告表，建设项目产生的污染和对环境的影响进行分析或者专项评价；

（三）建设项目对环境影响很小、不需要进行环境影响评价的，应当填报环境影响登记表。

建设项目环境影响评价分类管理名录，由国务院环境保护行政主管部门在组织专家进行论证和征求有关部门、行业协会、企事业单位、公众等意见的基础上制定并公布。

分类管理体现了环境保护工作既要促进经济发展，又要保护好环境的“双赢”理念。对环境影响大的建设项目从严把关管理，坚决防治对环境的污染和生态的破坏；对环境影响小的建设项目适当简化评价内容和审批程序，促进经济的快速发展。

二、环境影响评价分类管理的具体要求

根据上述法律法规的规定，原国家环境保护总局于 2002 年 10 月以第 14 号令颁布《建设项目环境保护分类管理名录》，之后分别于 2008 年 9 月 2 日原环境保护部第 2 号令，2015 年 4 月 9 日原环境保护部第 33 号令对其进行了修订。2017 年 6 月 29 日原环境保护部第 44 号令修订通过《建设项目环境影响评价分类管理名录》，2018 年 4 月 28 日生态环境部发布生态环境令第 1 号对其部分内容进行修改。

1. 建设项目环境影响评价分类管理类别确定

根据建设项目特征和所在区域的环境敏感程度，综合考虑建设项目可能对环境产生的影响，对建设项目的环境影响评价实行分类管理。

建设单位应当按照本名录的规定，分别组织编制建设项目环境影响报告书、环境影响报告表或者填报环境影响登记表。

建设单位应当严格按照本名录确定建设项目环境影响评价类别，不得擅自改变环境影响评价类别。

环境影响评价文件应当就建设项目对环境敏感区的影响作重点分析。

跨行业、复合型建设项目，其环境影响评价类别按其中单项等级最高的确定。《建设项目环境影响评价分类管理名录》未作规定的建设项目，其环境影响评价类别由省级生态环境主管部门根据建设项目的污染因子、生态影响因子特征及其所处环境的敏感性质和敏感程度提出建议，报生态环境部认定。

2．环境敏感区的界定

《建设项目环境影响评价分类管理名录》第三条内容为：

本名录所称环境敏感区是指依法设立的各级各类保护区域和对建设项目产生的环境影响特别敏感的区域，主要包括生态保护红线范围内或者其外的下列区域：

（一）自然保护区、风景名胜区、世界文化和自然遗产地、海洋特别保护区、饮用水水源保护区；

（二）基本农田保护区、基本草原、森林公园、地质公园、重要湿地、天然林、野生动物重要栖息地、重点保护野生植物生长繁殖地、重要水生生物的自然产卵场、索饵场、越冬场和洄游通道、天然渔场、水土流失重点防治区、沙化土地封禁保护区、封闭及半封闭海域；

（三）以居住、医疗卫生、文化教育、科研、行政办公等为主要功能的区域，以及文物保护单位。

第二节　建设项目环境影响评价文件的编制要求

一、环境影响评价文件的基本内容

建设项目环境影响评价文件分为环境影响报告书、环境影响报告表和环境影响登记表。根据建设项目环境保护分类管理的要求，不以投资主体、资金来源、项目性质和投资规模，而以建设项目对环境可能造成影响的程度来划分。为保证环境影响评价的工作质量，督促建设单位认真履行环境影响评价义务，规范环境影响评价文件的编制，《中华人民共和国环境影响评价法》第十七条和《建设项目环境保护管理条例》第八条对建设项目环境影响报告书的内容以及环境影响报告表、环境影响登记表的内容和格式作出了规定。

1．环境影响报告书的内容

《中华人民共和国环境影响评价法》第十七条：

建设项目的环境影响报告书应当包括下列内容：

（一）建设项目概况；

（二）建设项目周围环境现状；

（三）建设项目对环境可能造成影响的分析、预测和评估；

（四）建设项目环境保护措施及其技术、经济论证；

（五）建设项目对环境影响的经济损益分析；

（六）对建设项目实施环境监测的建议；

（七）环境影响评价的结论。

环境影响报告表和环境影响登记表的内容和格式，由国务院生态环境主管部门制定。

除上述评价内容外，根据形势的发展，鉴于建设项目风险事故对环境会造成危害，对存在风险事故的建设项目，特别是在原料、生产、产品、储存、运输中涉及危险化学品的建设项目，在环境影响报告书的编制中，还须有环境风险评价的内容。

2．环境影响报告表的内容和填报要求

根据以上要求，原国家环境保护总局于1999年8月以“环发〔1999〕178号”公布了《建设项目环境影响报告表（试行）》《建设项目环境影响登记表（试行）》的内容及格式。

《建设项目环境影响报告表（试行）》填报内容包括建设项目的基本情况、建设项目所在地自然环境和社会环境简况、环境质量状况、评价适用标准、建设项目工程分析、项目主要污染物产生及预计排放情况、环境影响分析、建设项目拟采取的防治措施及预期治理效果和结论与建议。特别要注意，环境影响报告表如不能说明项目产生的污染及对环境造成的影响，应进行专项评价。根据建设项目的特点和当地环境特征，可进行1～2项专项评价，专项评价按环境影响评价技术导则中的要求进行。环境影响报告表同时应有必要的附件和附图。

二、重点领域建设项目环评有关要求

为加强对建设项目环评工作的指导，针对环评管理中发现的问题，近年来生态环境部发布了一列相关管理文件，明确了环评工作的有关要求。

1．水电建设项目环评的有关要求

2012年1月6日，原环境保护部发布了《关于进一步加强水电建设环境保护工作的通知》，其中对水电建设项目的环境影响评价提出要求：

要规范水电项目“三通一平”工程环境影响评价工作。水电项目筹建及准备期相关工程应作为一个整体项目纳入“三通一平”工程开展环境影响评价。水生生态保护的相关措施应列为水电项目筹建及准备期工作内容；围堰工程（包括分期围堰）和河床内导流工程作为主体工程内容，不纳入“三通一平”工程范围。在水电建设项目环境影响评价中要有“三通一平”工程环境影响回顾性评价内容。

水电建设项目环境影响评价要重点论证和落实生态流量、水温恢复、鱼类保护、陆生珍稀动植物保护等措施，明确流域生态保护对策措施的设计、建设、运行以及生态调度工作要求。要重视并做好移民安置的环境保护措施，落实项目业主和地方政府的相关责任。要维护群众环境权益，完善信息公开和公众参与机制。要加强小水电资源开发环境影响评价工作，防止不合理开发活动造成生态破坏，切实保护和改善生态环境。

2. 涉及水生生物资源和生境的建设项目环评有关要求

为进一步加强水生生物资源及其生境保护，严格环境影响评价管理，原环境保护部联合原农业部于 2013 年 8 月 5 日发布了《关于进一步加强水生生物资源保护　严格环境影响评价管理的通知》（环发〔2013〕86 号），其中涉及水生生物自然保护区或水产种质资源保护区的建设项目环评提出明确要求：

（一）水利工程、航道、闸坝、港口建设及矿产资源勘探和开采等建设项目涉及水生生物自然保护区或种质资源保护区的，或者在保护区外从事有关工程建设活动可能损害保护区功能的，应当按照国家有关规定进行专题评价或论证，并将有关报告作为建设项目环境影响报告书的重要内容。

（二）国家级水生生物自然保护区影响专题评价应当按照农业部《建设项目对水生生物国家级自然保护区影响专题评价管理规范》（农渔发〔2009〕4 号）执行。地方级水生生物自然保护区影响专题评价可参照上述管理规范执行。

（三）水产种质资源保护区影响专题论证的重点是种质资源保护区主要物种资源和功能分区等情况，建设项目对保护区功能影响及建设项目优化布局方案，拟采取的避让、减缓、补救和生态补偿措施等。

（四）涉及水生生物自然保护区的建设项目环境影响报告书在报送环境保护部门审批前，应征求渔业部门意见。涉及水产种质资源保护区的建设项目，应按照《渔业法》和《水产种质资源保护区管理暂行办法》（农业部令 2011 年第 1 号）等相关规定执行。

3. 建设项目环境风险防范和环境风险评价

为有效防范环境风险，原环境保护部于 2012 年 7 月发布了《关于进一步加强环境影响评价管理防范环境风险的通知》（环发〔2012〕77 号），关于防范建设项目环境风险的有关要求如下：

（一）突出重点，全程监管。对石油天然气开采、油气/液体化工仓储及运输、石化化工等重点行业建设项目，应进一步加强环境影响评价管理，针对环境影响评价文件编制与审批、工程设计与施工、试运行、竣工环保验收等各个阶段实施全过程监管，强化环境风险防范及应急管理要求。其他存在易燃易爆、有毒有害物质（如危险化学品、危险废物、挥发性有机物、重金属等）的建设项目，其环境管理工作可参照本通知执行。

（二）明确责任，强化落实。建设单位及其所属企业是环境风险防范的责任主体，应建立有效的环境风险防范与应急管理体系并不断完善。环评单位要加强环境风险评价工作，并对环境影响评价结论负责；环境监理单位要督促建设单位按环评及批复文件要求建设环境风险防范设施，并对环境监理报告结论负责；验收监测或验收调查单位要全面调查环境风险防范设施建设和应急措施落实情况，并对验收监测或验收调查结论负责。各级环保部门要严格建设项目环境影响评价审批和监管，在环境影响评价文件审批中对环境风险防范提出明确要求。

（三）环境风险评价的有关要求。建设项目环境风险评价是相关项目环境影响评价的重要组成部分。新、改、扩建相关建设项目环境影响评价应按照相应技术导则要求，科学预测评价突发性事件或事故可能引发的环境风险，提出环境风险防范和应急措施。论证重点如下：（1）从环境风险源、扩散途径、保护目标三方面识别环境风险。环境风险识别应包括生产设施和危险物质的识别、有毒有害物质扩散途径的识别（如大气环境、水环境、土壤等）以及可能受影响的环境保护目标的识别。（2）科学开展环境风险预测。环境风险预测设定的最大可信事故应包括项目施工、营运等过程中生产设施发生火灾、爆炸，危险物质发生泄漏等事故，并充分考虑伴生/次生的危险物质等，从大气、地表水、海洋、地下水、土壤等环境方面考虑并预测评价突发环境事件对环境的影响范围和程度。（3）提出合理有效的环境风险防范和应急措施。结合风险预测结论，有针对性地提出环境风险防范和应急措施，并对措施的合理性和有效性进行充分论证。

改、扩建相关建设项目应按照现行环境风险防范和管理要求，对现有工程的环境风险进行全面梳理和评价，针对可能存在的环境风险隐患，提出相应的补救或完善措施，并纳入改、扩建项目“三同时”验收内容。对存在较大环境风险的相关建设项目，应严格按照《环境影响评价公众参与暂行办法》（环发〔2006〕28 号）做好环境影响评价公众参与工作。项目信息公示等内容中应包含项目实施可能产生的环境风险及相应的环境风险防范和应急措施。

环境风险评价结论应作为相关建设项目环境影响评价文件结论的主要内容之一。无环境风险评价专章的相关建设项目环境影响评价文件不予受理；经论证，环境风险评价内容不完善的相关建设项目环境影响评价文件不予审批。环保部门在相关建设项目环境影响评价文件审批中，对存在较大环境风险隐患的，应提出环境影响后评价的要求。相关建设项目的环境影响评价文件经批准后，环境风险防范设施发生重大变动的，建设单位应按《环境影响评价法》要求重新办理报批手续。

原环境保护部于 2012 年 8 月发布了《关于切实加强风险防范严格环境影响评价管理的通知》（环发〔2012〕98 号），其中强化环境影响评价全过程监管的有关内容如下：

各级环保部门要按照我部《关于加强产业园区规划环境影响评价有关工作的通知》（环发〔2011〕14 号）等文件要求，以化工石化园区和其他排放持久性有机物、重金属等有毒有害物质的高风险产业园区为重点，进一步严格产业园区规划环评管理，强化规划环评和项目环评的联动机制。

化工石化、有色冶炼、制浆造纸等可能引发环境风险的项目，在符合国家产业政策和清洁生产水平要求、满足污染物排放标准以及污染物排放总量控制指标的前提下，必须在依法设立、环境保护基础设施齐全并经规划环评的产业园区内布设。在环境风险防控重点区域如居民集中区、医院和学校附近、重要水源涵养生态功能区等，以及因环境污染导致环境质量不能稳定达标的区域内，禁止新建或扩建可能引发环境风险的项目。

各级环保部门在环评受理和审批中，要重点关注环境敏感目标保护、所涉及环境敏感区的主管部门相关意见、规划调整控制、防护距离内的居民搬迁安置方案和项目依托的公用环保设施或工程是否可行、是否存在环评违法行为等内容；对可能引发环境风险的项目，还要重点关注环境风险评价专章和环境风险防范措施；对水利水电、铁路、公路、机场、轨道交通、污水处理、垃圾处理处置、固废处理处置等社会关注度高的项目，还要重点关注选址选线是否具有环境优化空间。

三、建设项目规划的环境影响评价

1. 整体建设项目的规划环境影响评价

《中华人民共和国环境影响评价法》第十八条第二款、第三款规定：

作为一项整体建设项目的规划，按照建设项目进行环境影响评价，不进行规划的环境影响评价。

已经进行了环境影响评价的规划包含具体建设项目的，规划的环境影响评价结论应当作为建设项目环境影响评价的重要依据，建设项目环境影响评价的内容应当根据规划的环境影响评价审查意见予以简化。

《规划环境影响评价条例》第二十三条规定：

已经进行环境影响评价的规划包含具体建设项目的，规划的环境影响评价结论应当作为建设项目环境影响评价的重要依据，建设项目环境影响评价的内容可以根据规划环境影响评价的分析论证情况予以简化。

一项整体建设项目的规划是指一个具体的建设发展规划，规划中一般包括多个建设项目。规划中建设项目建设的地点、规模、产品、工艺都比较具体，尽管是在一段时间内陆续建设，但可以运用建设项目环境影响评价方法来预测其最终建成规模对环境可能造成的影响程度，也可以提出具体的防治污染及保护生态的措施，可视为分期建设、分期投产的一揽子项目。对这种建设项目规划，采用建设项目环境影响评价技术导则和管理程序更有利于做好规划项目的环境保护，因此应按建设项目进行环境影响评价，不按规划环境影响评价的程序进行规划环境影响评价。

以上建设项目的规划环境影响评价中，如果包含了一些具体的建设项目，规划的环境影响评价结论应当作为建设项目环境影响评价的重要依据，这些建设项目开始建设时与规划环境影响评价中的规模、产品、工艺没有变化的，其环境影响评价内容可以根据规划的环境影响评价审查意见予以简化。

2. 区域性开发建设规划的环境影响评价

《建设项目环境保护管理条例》第二十七条规定：

流域开发、开发区建设、城市新区建设和旧区改建等区域性开发，编制建设规划时，应当进行环境影响评价。具体办法由国务院环境保护行政主管部门会同国务院有关部门另行规定。

这是在《中华人民共和国环境影响评价法》出台前，为了落实“完善环境影响评价制度从对单个建设项目的环境影响进行评价向对各项资源开发活动、经济开发区建设和重大经济决策的环境影响评价拓展”以及“对区域和资源开发，要进行环境论证，建立有效的环境管理程序，使环境与发展综合决策科学化、规范化”的有关要求而制定的，目的是为了提高环境影响评价从建设项目向更高层次发展，推进规划环境影响评价立法。

四、建设项目环境影响评价的公众参与和信息公开机制

环境影响评价公众参与和信息公开是保障公众环境保护权益、构建共同参与的环境治理体系的有效途径。2006 年 2 月，原国家环保总局发布了《环境影响评价公众参与暂行办法》（环发〔2006〕28 号），首次对环境影响评价公众参与进行了全面系统规定。为了健全环境治理体系，建立全过程、全覆盖的建设项目环评信息公开机制，保障公众对项目建设的环境影响知情权、参与权和监督权，原环境保护部于 2015 年 12 月 10 日发布了《建设项目环境影响评价信息公开机制方案》（环发〔2015〕162 号）。2018 年 7 月 16 日，生态环境部发布《环境影响评价公众参与办法》（生态环境部令　第 4 号），对原暂行办法进行了全面修订，并于 2018 年 10 月 12 日发布《关于发布〈环境影响评价公众参与办法〉配套文件的公告》（公告 2018 年　第 48 号），2019 年 1 月 1 日起施行。

1. 法律和行政法规有关规定

《中华人民共和国环境影响评价法》规定：

第五条　国家鼓励有关单位、专家和公众以适当方式参与环境影响评价。

第二十一条　除国家规定需要保密的情形外，对环境可能造成重大影响、应当编制环境影响报告书的建设项目，建设单位应当在报批建设项目环境影响报告书前，举行论证会、听证会，或者采取其他形式，征求有关单位、专家和公众的意见。

建设单位报批的环境影响报告书应当附具对有关单位、专家和公众的意见采纳或者不采纳的说明。

《建设项目环境保护管理条例》规定：

第十四条　建设单位编制环境影响报告书，应当依照有关法律规定，征求建设项目所在地有关单位和居民的意见。

2．环境影响评价公众参与的原则

《环境影响评价公众参与办法》规定环境影响评价公众参与应当遵循以下原则：

第三条　国家鼓励公众参与环境影响评价。

环境影响评价公众参与遵循依法、有序、公开、便利的原则。

3．建设单位听取意见的范围

《环境影响评价公众参与办法》规定：

第五条　建设单位应当依法听取环境影响评价范围内的公民、法人和其他组织的意见，鼓励建设单位听取环境影响评价范围之外的公民、法人和其他组织的意见。

第三十二条　核设施建设项目建造前的环境影响评价公众参与依照本办法有关规定执行。

堆芯热功率 300 兆瓦以上的反应堆设施和商用乏燃料后处理厂的建设单位应当听取该设施或者后处理厂半径 15 公里范围内公民、法人和其他组织的意见；其他核设施和铀矿冶设施的建设单位应当根据环境影响评价的具体情况，在一定范围内听取公民、法人和其他组织的意见。

大型核动力厂建设项目的建设单位应当协调相关省级人民政府制定项目建设公众沟通方案，以指导与公众的沟通工作。

4．建设单位公开环境影响评价信息的方式、内容和程序

《环境影响评价公众参与办法》规定：

第八条　建设项目环境影响评价公众参与相关信息应当依法公开，涉及国家秘密、商业秘密、个人隐私的，依法不得公开。法律法规另有规定的，从其规定。

生态环境主管部门公开建设项目环境影响评价公众参与相关信息，不得危及国家安全、公共安全、经济安全和社会稳定。

第九条　建设单位应当在确定环境影响报告书编制单位后 7 个工作日内，通过其网站、建设项目所在地公共媒体网站或者建设项目所在地相关政府网站（以下统称网络平台），公开下列信息：

（一）建设项目名称、选址选线、建设内容等基本情况，改建、扩建、迁建项目应当说明现有工程及其环境保护情况；

（二）建设单位名称和联系方式；

（三）环境影响报告书编制单位的名称；

（四）公众意见表的网络链接；

（五）提交公众意见表的方式和途径。

在环境影响报告书征求意见稿编制过程中，公众均可向建设单位提出与环境影响评价相关的意见。

公众意见表的内容和格式，由生态环境部制定。

第十条　建设项目环境影响报告书征求意见稿形成后，建设单位应当公开下列信息，征求与该建设项目环境影响有关的意见：

（一）环境影响报告书征求意见稿全文的网络链接及查阅纸质报告书的方式和途径；

（二）征求意见的公众范围；

（三）公众意见表的网络链接；

（四）公众提出意见的方式和途径；

（五）公众提出意见的起止时间。

建设单位征求公众意见的期限不得少于10个工作日。

第十一条　依照本办法第十条规定应当公开的信息，建设单位应当通过下列三种方式同步公开：

（一）通过网络平台公开，且持续公开期限不得少于10个工作日；

（二）通过建设项目所在地公众易于接触的报纸公开，且在征求意见的10个工作日内公开信息不得少于2次；

（三）通过在建设项目所在地公众易于知悉的场所张贴公告的方式公开，且持续公开期限不得少于10个工作日。

鼓励建设单位通过广播、电视、微信、微博及其他新媒体等多种形式发布本办法第十条规定的信息。

第十二条　建设单位可以通过发放科普资料、张贴科普海报、举办科普讲座或者通过学校、社区、大众传播媒介等途径，向公众宣传与建设项目环境影响有关的科学知识，加强与公众互动。

5．公众意见收集整理和公众参与说明的规定

《环境影响评价公众参与办法》规定：

第十三条　公众可以通过信函、传真、电子邮件或者建设单位提供的其他方式，在规定时间内将填写的公众意见表等提交建设单位，反映与建设项目环境影响有关的意见和建议。

公众提交意见时，应当提供有效的联系方式。鼓励公众采用实名方式提交意见并提供常住地址。

对公众提交的相关个人信息，建设单位不得用于环境影响评价公众参与之外的用途，未经个人信息相关权利人允许不得公开。法律法规另有规定的除外。

第十八条　建设单位应当对收到的公众意见进行整理，组织环境影响报告书编制单位或者其他有能力的单位进行专业分析后提出采纳或者不采纳的建议。

建设单位应当综合考虑建设项目情况、环境影响报告书编制单位或者其他有能力的单位的建议、技术经济可行性等因素，采纳与建设项目环境影响有关的合理意见，并组织环境影响报告书编制单位根据采纳的意见修改完善环境影响报告书。

对未采纳的意见，建设单位应当说明理由。未采纳的意见由提供有效联系方式的公众提出的，建设单位应当通过该联系方式，向其说明未采纳的理由。

第十九条　建设单位向生态环境主管部门报批环境影响报告书前，应当组织编写建设项目环境影响评价公众参与说明。公众参与说明应当包括下列主要内容:

(一) 公众参与的过程、范围和内容;

(二) 公众意见收集整理和归纳分析情况;

(三) 公众意见采纳情况，或者未采纳情况、理由及向公众反馈的情况等。

公众参与说明的内容和格式，由生态环境部制定。

第二十条　建设单位向生态环境主管部门报批环境影响报告书前，应当通过网络平台，公开拟报批的环境影响报告书全文和公众参与说明。

第二十一条　建设单位向生态环境主管部门报批环境影响报告书时，应当附具公众参与说明。

第三十条　公众提出的涉及征地拆迁、财产、就业等与建设项目环境影响评价无关的意见或者诉求，不属于建设项目环境影响评价公众参与的内容。公众可以依法另行向其他有关主管部门反映。

6. 公众座谈会、专家论证会和听证会程序

《环境影响评价公众参与办法》规定:

第十四条　对环境影响方面公众质疑性意见多的建设项目，建设单位应当按照下列方式组织开展深度公众参与:

(一) 公众质疑性意见主要集中在环境影响预测结论、环境保护措施或者环境风险防范措施等方面的，建设单位应当组织召开公众座谈会或者听证会。座谈会或者听证会应当邀请在环境方面可能受建设项目影响的公众代表参加。

(二) 公众质疑性意见主要集中在环境影响评价相关专业技术方法、导则、理论等方面的，建设单位应当组织召开专家论证会。专家论证会应当邀请相关领域专家参加，并邀请在环境方面可能受建设项目影响的公众代表列席。

建设单位可以根据实际需要，向建设项目所在地县级以上地方人民政府报告，并请求县级以上地方人民政府加强对公众参与的协调指导。县级以上生态环境主管部门应当在同级人民政府指导下配合做好相关工作。

第十五条　建设单位决定组织召开公众座谈会、专家论证会的，应当在会议召开的10个工作日前，将会议的时间、地点、主题和可以报名的公众范围、报名办法，通过网络平台和在建设项目所在地公众易于知悉的场所张贴公告等方式向社会公告。

建设单位应当综合考虑地域、职业、受教育水平、受建设项目环境影响程度等因素，从报名的公众中选择参加会议或者列席会议的公众代表，并在会议召开的5个工作日前通知拟邀请的相关专家，并书面通知被选定的代表。

第十六条　建设单位应当在公众座谈会、专家论证会结束后5个工作日内，根据现场记录，整理座谈会纪要或者专家论证结论，并通过网络平台向社会公开座谈会纪要或者专家论证结论。座谈会纪要和专家论证结论应当如实记载各种意见。

第十七条　建设单位组织召开听证会的，可以参考环境保护行政许可听证的有关规定执行。

7. 建设项目环境影响评价公众参与简化规定

《环境影响评价公众参与办法》规定：

第三十一条　依法批准设立的产业园区内的建设项目，若该产业园区已依法开展了规划环境影响评价公众参与且该建设项目性质、规模等符合经生态环境主管部门组织审查通过的规划环境影响报告书和审查意见，建设单位开展建设项目环境影响评价公众参与时，可以按照以下方式予以简化：

（一）免予开展本办法第九条规定的公开程序，相关应当公开的内容纳入本办法第十条规定的公开内容一并公开；

（二）本办法第十条第二款和第十一条第一款规定的10个工作日的期限减为5个工作日；

（三）免予采用本办法第十一条第一款第三项规定的张贴公告的方式。

8. 生态环境主管部门建设项目环境影响评价公众参与

《环境影响评价公众参与办法》规定：

第二十二条　生态环境主管部门受理建设项目环境影响报告书后，应当通过其网站或者其他方式向社会公开下列信息：

（一）环境影响报告书全文；

（二）公众参与说明；

（三）公众提出意见的方式和途径。

公开期限不得少于10个工作日。

第二十三条 生态环境主管部门对环境影响报告书作出审批决定前，应当通过其网站或者其他方式向社会公开下列信息：

（一）建设项目名称、建设地点；

（二）建设单位名称；

（三）环境影响报告书编制单位名称；

（四）建设项目概况、主要环境影响和环境保护对策与措施；

（五）建设单位开展的公众参与情况；

（六）公众提出意见的方式和途径。

公开期限不得少于5个工作日。

生态环境主管部门依照第一款规定公开信息时，应当通过其网站或者其他方式同步告知建设单位和利害关系人享有要求听证的权利。

生态环境主管部门召开听证会的，依照环境保护行政许可听证的有关规定执行。

第二十四条　在生态环境主管部门受理环境影响报告书后和作出审批决定前的信息公开期间，公民、法人和其他组织可以依照规定的方式、途径和期限，提出对建设项目环境影响报告书审批的意见和建议，举报相关违法行为。

生态环境主管部门对收到的举报，应当依照国家有关规定处理。必要时，生态环境主管部门可以通过适当方式向公众反馈意见采纳情况。

第二十五条　生态环境主管部门应当对公众参与说明内容和格式是否符合要求、公众参与程序是否符合本办法的规定进行审查。

经综合考虑收到的公众意见、相关举报及处理情况、公众参与审查结论等，生态环境主管部门发现建设项目未充分征求公众意见的，应当责成建设单位重新征求公众意见，退回环境影响报告书。

第二十六条　生态环境主管部门参考收到的公众意见，依照相关法律法规、标准和技术规范等审批建设项目环境影响报告书。

第二十七条　生态环境主管部门应当自作出建设项目环境影响报告书审批决定之日起7个工作日内，通过其网站或者其他方式向社会公告审批决定全文，并依法告知提起行政复议和行政诉讼的权利及期限。

第三节　建设项目环境影响评价文件的审批

一、环境影响评价文件的报批与审批时限

1. 环境影响评价文件的报批时限

《建设项目环境保护管理条例》第九条规定：

依法应当编制环境影响报告书、环境影响报告表的建设项目，建设单位应当在开工建设前将环境影响报告书、环境影响报告表报有审批权的环境保护行政主管部门审批；建设项目的环境影响评价文件未依法经审批部门审查或者审查后未予批准的，建设单位不得开工建设。

环境保护行政主管部门审批环境影响报告书、环境影响报告表，应当重点审查建设项目的环境可行性、环境影响分析预测评估的可靠性、环境保护措施的有效性、环境影响评价结论的科学性等，并分别自收到环境影响报告书之日起60日内、收到环境影响报告表之日起30日内，作出审批决定并书面通知建设单位。

环境保护行政主管部门可以组织技术机构对建设项目环境影响报告书、环境影响报告表进行技术评估，并承担相应费用；技术机构应当对其提出的技术评估意见负责，不得向建设单位、从事环境影响评价工作的单位收取任何费用。

依法应当填报环境影响登记表的建设项目，建设单位应当按照国务院环境保护行政主管部门的规定将环境影响登记表报建设项目所在地县级环境保护行政主管部门备案。

环境保护行政主管部门应当开展环境影响评价文件网上审批、备案和信息公开。

当前，在投资体制改革新形势下，建设项目分为核准和备案两大类。2016年11月30日，国务院以国务院令第673号发布《企业投资项目核准和备案管理条例》，该条例于2017年2月1日起施行。该条例进一步深化了投资体制改革，将企业投资项目分为核准管理和备案管理两类。对关系国家安全、涉及全国重大生产力布局、战略性资源开发和重大公共利益等项目，实行核准管理。对前款规定以外的项目，实行备案管理。

2014年12月10日，国务院办公厅以国办发〔2014〕59号发布《关于印发精简审批事项规范中介服务实行企业投资项目网上并联核准制度工作方案的通知》，其中对精简前置审批提出了要求：只保留规划选址、用地预审（用海预审）两项前置审批，其他审批事项实行并联办理。对重特大项目，也应将环评（海洋环评）审批作为前置条件，由发展改革委商原环境保护部、海洋局于2014年底前研究提出重特大项目的具体范围。

2016年9月1日起施行的修改后《中华人民共和国环境影响评价法》取消了环评审批的前置要求，提出在开工建设前环评需要依法经审批部门审查批准，第二十五条规定：

建设项目的环境影响评价文件未依法经审批部门审查或者审查后未予批准的，建设单位不得开工建设。

2. 环境影响评价文件的审批程序和时限

《中华人民共和国环境影响评价法》第二十二条规定：

建设项目的环境影响报告书、报告表，由建设单位按照国务院的规定报有审批权的生态环境主管部门审批。

海洋工程建设项目的海洋环境影响报告书的审批，依照《中华人民共和国海洋环境保护法》的规定办理。

审批部门应当自收到环境影响报告书之日起六十日内，收到环境影响报告表之日起三十日内，分别作出审批决定并书面通知建设单位。

国家对环境影响登记表实行备案管理。

审核、审批建设项目环境影响报告书、报告表以及备案环境影响登记表，不得收取任何费用。

修改后的《中华人民共和国环境影响评价法》针对不同的环境影响评价文件，其审批的时限要求不同，环境影响报告书是六十日内，环境影响报告表是三十日内。不仅要做出审批决定，而且要书面通知建设单位。对生态环境主管部门环境影响评价文件审批时限作出规定，能有效地履行政府职责，加快审批时间，提高工作效率。

此外，修改后的《中华人民共和国环境影响评价法》将原属于审批范围的环境影响登记表改为备案管理，进一步简化了对环境影响很小、不需要进行环境影响评价的建设项目的环境影响评价管理。为此，原环境保护部以部令第 41 号颁布了《建设项目环境影响登记表备案管理办法》，自 2017 年 1 月 1 日起施行环境影响登记表的备案管理。

二、环境影响评价文件的重新报批和重新审核

《中华人民共和国环境影响评价法》第二十四条规定：

建设项目的环境影响评价文件经批准后，建设项目的性质、规模、地点、采用的生产工艺或者防治污染、防止生态破坏的措施发生重大变动的，建设单位应当重新报批建设项目的环境影响评价文件。

建设项目的环境影响评价文件自批准之日起超过五年，方决定该项目开工建设的，其环境影响评价文件应当报原审批部门重新审核；原审批部门应当自收到建设项目环境影响评价文件之日起十日内，将审核意见书面通知建设单位。

《建设项目环境保护管理条例》第十二条也有相同的规定，并对重新审核环境影响评价文件的，明确“逾期未通知的，视为审核同意”。

重新报批环境影响评价文件的，主要针对“环境影响评价文件经批准后，建设项目的性质、规模、地点、采用的生产工艺或者防治污染、防止生态破坏的措施发生重大变动的”建设项目，审批程序和时限执行《中华人民共和国环境影响评价法》第二十二条第一款、第三款和《建设项目环境保护管理条例》第九条第一款、第二款。

重新审核环境影响评价文件的，主要针对“环境影响评价文件自批准之日起超过五年，方决定该项目开工建设的”建设项目，若建设项目的性质、规模、地点、采用的生产工艺或者防治污染、防止生态破坏的措施未发生重大变动，由原审批部门提出审核意见，并要求在十日内书面通知建设单位。若建设项目的性质、规模、地点、采用的生产工艺或者防治污染、防止生态破坏的措施发生重大变动，则应执行重新报批程序。

为界定环评管理中建设项目的重大变动，2015 年 6 月 4 日，原环境保护部发布《关于印发环评管理中部分行业建设项目重大变动清单的通知》（环办〔2015〕52 号），制定了水电、水利、火电、煤炭、油气管道、铁路、高速公路、港口、石油炼制与石油化工建设项目重大变动清单（试行），并提出将根据情况进一步补充、调整、完

善；通知同时指出，省级环保部门可结合本地区实际，制定本行政区特殊行业重大变动清单，报原环境保护部备案。原环境保护部于 2018 年 1 月 29 日发布了《关于印发制浆造纸等十四个行业建设项目重大变动清单的通知》（环办环评〔2018〕6 号），进一步制定了制浆造纸、制药、农药、化肥（氮肥）、纺织印染、制革、制糖、电镀、钢铁、炼焦、平板玻璃、水泥、铜铅锌冶炼、铝冶炼建设项目重大变动清单（试行）。

关于重大变动的界定，《关于印发环评管理中部分行业建设项目重大变动清单的通知》（环办〔2015〕52 号）规定：

根据《环境影响评价法》和《建设项目环境保护管理条例》有关规定，建设项目的性质、规模、地点、生产工艺和环境保护措施五个因素中的一项或一项以上发生重大变动，且可能导致环境影响显著变化（特别是不利环境影响加重）的，界定为重大变动。属于重大变动的应当重新报批环境影响评价文件，不属于重大变动的纳入竣工环境保护验收管理。

三、环境影响评价文件的分级审批

根据《中华人民共和国环境影响评价法》第二十三条的规定：

国务院生态环境主管部门负责审批下列建设项目的环境影响评价文件：

（一）核设施、绝密工程等特殊性质的建设项目；

（二）跨省、自治区、直辖市行政区域的建设项目；

（三）由国务院审批的或者由国务院授权有关部门审批的建设项目。

前款规定以外的建设项目的环境影响评价文件的审批权限，由省、自治区、直辖市人民政府规定。

建设项目可能造成跨行政区域的不良环境影响，有关生态环境主管部门对该项目的环境影响评价结论有争议的，其环境影响评价文件由共同的上一级生态环境主管部门审批。

《建设项目环境保护管理条例》第十条也有相同规定。《中华人民共和国环境影响评价法》第二十五条还进一步规定了我国的环境影响审批制度：

建设项目的环境影响评价文件未经法律规定的审批部门审查或者审查后未予批准的，该项目审批部门不得批准其建设，建设单位不得开工建设。

为进一步加强和规范建设项目环境影响评价文件审批，提高审批效率，明确审批权责，原环境保护部修订并公布了《建设项目环境影响评价文件分级审批规定》（环境保护部令　第 5 号）。其中规定：

第二条　建设对环境有影响的项目，不论投资主体、资金来源、项目性质和投资规模，其环境影响评价文件均应按照本规定确定分级审批权限。

有关海洋工程和军事设施建设项目的环境影响评价文件的分级审批，依据有关法律和行政法规执行。

第三条　各级环境保护部门负责建设项目环境影响评价文件的审批工作。

第四条　建设项目环境影响评价文件的分级审批权限，原则上按照建设项目的审批、核准和备案权限及建设项目对环境的影响性质和程度确定。

第五条　环境保护部负责审批下列类型的建设项目环境影响评价文件：

（一）核设施、绝密工程等特殊性质的建设项目；

（二）跨省、自治区、直辖市行政区域的建设项目；

（三）由国务院审批或核准的建设项目，由国务院授权有关部门审批或核准的建设项目，由国务院有关部门备案的对环境可能造成重大影响的特殊性质的建设项目。

第六条　环境保护部可以将法定由其负责审批的部分建设项目环境影响评价文件的审批权限，委托给该项目所在地的省级环境保护部门，并应当向社会公告。

受委托的省级环境保护部门，应当在委托范围内，以环境保护部的名义审批环境影响评价文件。

受委托的省级环境保护部门不得再委托其他组织或者个人。

环境保护部应当对省级环境保护部门根据委托审批环境影响评价文件的行为负责监督，并对该审批行为的后果承担法律责任。

第七条　环境保护部直接审批环境影响评价文件的建设项目的目录、环境保护部委托省级环境保护部门审批环境影响评价文件的建设项目的目录，由环境保护部制定、调整并发布。

第八条　第五条规定以外的建设项目环境影响评价文件的审批权限，由省级环境保护部门参照第四条及下述原则提出分级审批建议，报省级人民政府批准后实施，并抄报环境保护部。

（一）有色金属冶炼及矿山开发、钢铁加工、电石、铁合金、焦炭、垃圾焚烧及发电、制浆等对环境可能造成重大影响的建设项目环境影响评价文件由省级环境保护部门负责审批。

（二）化工、造纸、电镀、印染、酿造、味精、柠檬酸、酶制剂、酵母等污染较重的建设项目环境影响评价文件由省级或地级市环境保护部门负责审批。

（三）法律和法规关于建设项目环境影响评价文件分级审批管理另有规定的，按照有关规定执行。

第九条　建设项目可能造成跨行政区域的不良环境影响，有关环境保护部门对该项目的环境影响评价结论有争议的，其环境影响评价文件由共同的上一级环境保护部门审批。

第十条　下级环境保护部门超越法定职权、违反法定程序或者条件做出环境影响评价文件审批决定的，上级环境保护部门可以按照下列规定处理：

（一）依法撤销或者责令其撤销超越法定职权、违反法定程序或者条件做出的环境影响评价文件审批决定。

（二）对超越法定职权、违反法定程序或者条件做出环境影响评价文件审批决定的直接责任人员，建议由任免机关或者监察机关依照《环境保护违法违纪行为处分暂行规定》的规定，对直接责任人员，给予警告、记过或者记大过处分；情节较重的，给予降级处分；情节严重的，给予撤职处分。

随着精简审批事项，规范中介服务的推进，原环境保护部委托和下放了部分审批权限，于2015年3月13日发布了《环境保护部审批环境影响评价文件的建设项目目录（2015年本）》的公告（公告2015年 第17号），对审批环境影响评价文件的建设项目进行了规范；并要求省级环境保护部门应根据本公告，及时调整公告目录以外的建设项目环境影响评价文件审批权限，报省级人民政府批准并公告实施。其中，火电站、热电站、炼铁炼钢、有色冶炼、国家高速公路、汽车、大型主题公园等项目的环境影响评价文件由省级环境保护部门审批。

四、环境影响评价文件的审批原则

《建设项目环境保护管理条例》对生态环境主管部门审批环境影响报告书、环境影响报告表重点审查的内容以及不予批准的情形作了原则规定：

第九条 （前文略）环境保护行政主管部门审批环境影响报告书、环境影响报告表，应当重点审查建设项目的环境可行性、环境影响分析预测评估的可靠性、环境保护措施的有效性、环境影响评价结论的科学性等，并分别自收到环境影响报告书之日起60日内、收到环境影响报告表之日起30日内，作出审批决定并书面通知建设单位。（后文略）

第十一条 建设项目有下列情形之一的，环境保护行政主管部门应当对环境影响报告书、环境影响报告表作出不予批准的决定：

（一）建设项目类型及其选址、布局、规模等不符合环境保护法律法规和相关法定规划；

（二）所在区域环境质量未达到国家或者地方环境质量标准，且建设项目拟采取的措施不能满足区域环境质量改善目标管理要求；

（三）建设项目采取的污染防治措施无法确保污染物排放达到国家和地方排放标准，或者未采取必要措施预防和控制生态破坏；

（四）改建、扩建和技术改造项目，未针对项目原有环境污染和生态破坏提出有效防治措施；

（五）建设项目的环境影响报告书、环境影响报告表的基础资料数据明显不实，内容存在重大缺陷、遗漏，或者环境影响评价结论不明确、不合理。

在委托和下放部分审批权限后，为进一步规范建设项目环境影响评价文件审批，统一管理尺度，原环境保护部于2015年12月18日发布了《关于规范火电等七个行业建设项目环境影响评价文件审批的通知》（环办〔2015〕112 号），提出了火电、水电、钢铁、铜铅锌冶炼、石化、制浆造纸、高速公路七个行业建设项目环境影响评价文件的审批原则。在 2015 年发布七个行业建设项目环境影响评价文件审批原则的基础上，原环境保护部于 2016 年 12 月 24 日发布了《关于印发水泥制造等七个行业建设项目环境影响评价文件审批原则的通知》（环办环评〔2016〕114 号），对水泥制造、煤炭采选、汽车整车制造、铁路、制药、水利（引调水工程）、航道七个行业建设项目环境影响评价文件提出了审批原则（试行）；2018 年 1 月 4 日与 7 月 21 日，生态环境部分别发布了《关于印发机场、港口、水利（河湖整治与防洪除涝工程）三个行业建设项目环境影响评价文件审批原则的通知》（环办环评〔2018〕2 号）、《关于印发城市轨道交通、水利（灌区）两个行业建设项目环境影响评价文件审批原则的通知》（环办环评〔2018〕7 号）。上述审批原则的制定，为各级生态环境主管部门统一上述行业环境影响评价文件的审查提供依据。

五、"未批先建"建设项目环境影响评价管理

为了明确对于建设单位"未批先建"违法行为的法律适用、追溯期限以及后续办理环境影响评价手续等方面的管理要求，2018 年 2 月 22 日与 2 月 24 日，原环境保护部分别发布了《关于建设项目"未批先建"违法行为法律适用问题的意见》（环政法函〔2018〕31 号）、《关于加强"未批先建"建设项目环境影响评价管理工作的通知》（环办环评〔2018〕18 号）。

关于"未批先建"违法行为的界定，《关于加强"未批先建"建设项目环境影响评价管理工作的通知》规定：

"未批先建"违法行为是指，建设单位未依法报批建设项目环境影响报告书（表），或者未按照环境影响评价法第二十四条的规定重新报批或者重新审核环境影响报告书（表），擅自开工建设的违法行为，以及建设项目环境影响报告书（表）未经批准或者未经原审批部门重新审核同意，建设单位擅自开工建设的违法行为。

关于建设项目开工建设的界定，《关于加强"未批先建"建设项目环境影响评价管理工作的通知》规定：

除火电、水电和电网项目外，建设项目开工建设是指，建设项目的永久性工程正式破土开槽开始施工，在此以前的准备工作，如地质勘探、平整场地、拆除旧有建筑物、临时建筑、施工用临时道路、通水、通电等不属于开工建设。

火电项目开工建设是指，主厂房基础垫层浇筑第一方混凝土。电网项目中变电工程和线路工程开工建设是指，主体工程基础开挖和线路基础开挖。水电项目筹建及准备期相关工程按照《关于进一步加强水电建设环境保护工作的通知》（环办〔2012〕4 号）执行。

关于"未批先建"违法行为的行政处罚追溯期限，《关于建设项目"未批先建"

违法行为法律适用问题的意见》规定：

二、关于“未批先建”违法行为的行政处罚追溯期限

（一）相关法律规定

行政处罚法第二十九条规定：“违法行为在二年内未被发现的，不再给予行政处罚。法律另有规定的除外。前款规定的期限，从违法行为发生之日起计算；违法行为有连续或者继续状态的，从行为终了之日起计算。”

（二）追溯期限的起算时间

根据上述法律规定，“未批先建”违法行为的行政处罚追溯期限应当自建设行为终了之日起计算。因此，“未批先建”违法行为自建设行为终了之日起二年内未被发现的，环保部门应当遵守行政处罚法第二十九条的规定，不予行政处罚。

关于“未批先建”建设项目建设单位可否主动补交环境影响报告书、报告表报送审批，《关于建设项目“未批先建”违法行为法律适用问题的意见》规定：

三、关于建设单位可否主动补交环境影响报告书、报告表报送审批

（一）新环境保护法和新环境影响评价法并未禁止建设单位主动补交环境影响报告书、报告表报送审批

对“未批先建”违法行为，2014年修订的新环境保护法第六十一条增加了处罚条款，该条款与原环境影响评价法（2002年）第三十一条相比，未规定“责令限期补办手续”的内容；2016年修正的新环境影响评价法第三十一条，亦删除了原环境影响评价法“限期补办手续”的规定。不再将“限期补办手续”作为行政处罚的前置条件，但并未禁止建设单位主动补交环境影响报告书、报告表报送审批。

（二）建设单位主动补交环境影响报告书、报告表并报送环保部门审查的，有权审批的环保部门应当受理

因“未批先建”违法行为受到环保部门依据新环境保护法和新环境影响评价法作出的处罚，或者“未批先建”违法行为自建设行为终了之日起二年内未被发现而未予行政处罚的，建设单位主动补交环境影响报告书、报告表并报送环保部门审查的，有权审批的环保部门应当受理，并根据不同情形分别作出相应处理：

1. 对符合环境影响评价审批要求的，依法作出批准决定。

2. 对不符合环境影响评价审批要求的，依法不予批准，并可以依法责令恢复原状。

建设单位同时存在违反“三同时”验收制度、超过污染物排放标准排污等违法行为的，应当依法予以处罚。

第四节 建设项目环境影响评价的实施

一、建设项目的环境保护对策措施

《中华人民共和国环境影响评价法》第二十六条规定：

建设项目建设过程中，建设单位应当同时实施环境影响报告书、环境影响报告表以及环境影响评价文件审批部门审批意见中提出的环境保护对策措施。

《建设项目环境保护管理条例》中有以下规定：

第十五条 建设项目需要配套建设的环境保护设施，必须与主体工程同时设计、同时施工、同时投产使用。

第十六条 建设项目的初步设计，应当按照环境保护设计规范的要求，编制环境保护篇章，落实防治环境污染和生态破坏的措施以及环境保护设施投资概算。

提出预防或者减轻不良环境影响的对策和措施，是实施环境影响评价制度的一项重要内容，将预防或者减轻不良环境影响的对策和措施应用到项目建设和运行中，以预防或者减轻建设项目对环境的不良影响，将环境影响评价落到实处。环境影响评价制度与“三同时”制度是紧密结合的，对建设项目需要配套建设的环境保护设施，必须与建设项目主体工程同时设计、同时施工、同时投产使用。编制环境影响报告书、环境影响报告表的建设项目，其配套建设的环境保护设施未经验收或者验收不合格的，该项目不得投入生产或者使用。

二、加强环境影响评价监督管理工作有关要求

随着修改后的《环境影响评价法》实施以及国家环境保护政策的变化，为适应以改善环境质量为核心的环境管理要求，切实加强环境影响评价（以下简称环评）管理，落实“生态保护红线、环境质量底线、资源利用上线和环境准入负面清单”（以下简称“三线一单”）约束，建立项目环评审批与规划环评、现有项目环境管理、区域环境质量联动机制（以下简称“三挂钩”机制），更好地发挥环评制度从源头防范环境污染和生态破坏的作用，加快推进改善环境质量，原环境保护部于 2016 年 10 月 26 日发布了《关于以改善环境质量为核心加强环境影响评价管理的通知》（环环评〔2016〕150 号），其中与建设项目环境影响评价密切相关的要求主要有：

二、建立“三挂钩”机制

（六）建立项目环评审批与现有项目环境管理联动机制。对于现有同类型项目环境污染或生态破坏严重、环境违法违规现象多发，致使环境容量接近或超过承载能力的地区，在现有问题整改到位前，依法暂停审批该地区同类行业的项目环评文件。

改建、扩建和技术改造项目，应对现有工程的环境保护措施及效果进行全面梳理；如现有工程已经造成明显环境问题，应提出有效的整改方案和“以新带老”措施。

（七）建立项目环评审批与区域环境质量联动机制。对环境质量现状超标的地区，项目拟采取的措施不能满足区域环境质量改善目标管理要求的，依法不予审批其环评文件。对未达到环境质量目标考核要求的地区，除民生项目与节能减排项目外，依法暂停审批该地区新增排放相应重点污染物的项目环评文件。严格控制在优先保护类耕地集中区域新建有色金属冶炼、石油加工、化工、焦化、电镀、制革等项目。

三、多措并举清理和查处环保违法违规项目

（八）各省级环保部门要落实“三个一批”（淘汰关闭一批、整顿规范一批、完善备案一批）的要求，加大“未批先建”项目清理工作的力度。要定期开展督查检查，确保2016年12月31日前全部完成清理工作。从2017年1月1日起，对“未批先建”项目，要严格依法予以处罚。对“久拖不验”的项目，要研究制定措施予以解决，对造成严重环境污染或生态破坏的项目，要依法予以查处；对拒不执行的要依法实施“按日计罚”。

四、“三管齐下”切实维护群众的环境权益

（九）严格建设项目全过程管理。加强对在建和已建重点项目的事中事后监管，严格依法查处和纠正建设项目违法违规行为，督促建设单位认真执行环保“三同时”制度。对建设项目环境保护监督管理信息和处罚信息要及时公开，强化对环保严重失信企业的惩戒机制，建立健全建设单位环保诚信档案和黑名单制度。

（十）深化信息公开和公众参与。推动地方政府及有关部门依法公开相关规划和项目选址等信息，在项目前期工作阶段充分听取公众意见。督促建设单位认真履行信息公开主体责任，完整客观地公开建设项目环评和验收信息，依法开展公众参与，建立公众意见收集、采纳和反馈机制。对建设单位在项目环评中未依法公开征求公众意见，或者对意见采纳情况未依法予以说明的，应当责成建设单位改正。

（十一）加强建设项目环境保护相关科普宣传。推动地方政府及有关部门、建设单位创新宣传方式，让建设项目环境保护知识进学校、进社区、进家庭。鼓励建设单位用“请进来、走出去”的方式，让广大人民群众切身感受建设项目环境保护的成功范例，增进了解和信任。对本地区出现的建设项目相关环境敏感突发事件，要协同有关部门主动发声，及时回应社会关切。

三、建设项目环境影响评价与控制污染物排放许可制

为将建设项目环境影响评价提出的措施和要求有效地落实到建设项目日常运营和环境管理中，国务院办公厅2016年11月10日发布《国务院办公厅关于印发〈控制污染物排放许可制实施方案〉的通知》（国办发〔2016〕81号）（以下简称《通知》）。

控制污染物排放许可制实施方案的基本原则和目标任务，对环境影响评价与排污许可制的衔接进行了规定：

（二）基本原则。

精简高效，衔接顺畅。排污许可制衔接环境影响评价管理制度，融合总量控制制度，为排污收费、环境统计、排污权交易等工作提供统一的污染物排放数据，减少重复申报，减轻企事业单位负担，提高管理效能。

（三）目标任务。

到2020年，完成覆盖所有固定污染源的排污许可证核发工作，全国排污许可证管理信息平台有效运转，各项环境管理制度精简合理、有机衔接，企事业单位环保主体责任得到落实,基本建立法规体系完备、技术体系科学、管理体系高效的排污许可制，对固定污染源实施全过程管理和多污染物协同控制，实现系统化、科学化、法治化、精细化、信息化的“一证式”管理。

上述《通知》对环境影响评价制度和排污许可制的有机衔接提出了相应的要求：

（五）有机衔接环境影响评价制度。环境影响评价制度是建设项目的环境准入门槛，排污许可制是企事业单位生产运营期排污的法律依据，必须做好充分衔接，实现从污染预防到污染治理和排放控制的全过程监管。新建项目必须在发生实际排污行为之前申领排污许可证，环境影响评价文件及批复中与污染物排放相关的主要内容应当纳入排污许可证，其排污许可证执行情况应作为环境影响后评价的重要依据。

为了使各项环境保护制度相互衔接，建立环评、“三同时”和排污许可衔接的管理机制，原环境保护部发布了《关于做好环境影响评价制度与排污许可制衔接相关工作的通知》（环办环评〔2017〕84号），对环境影响评价制度和排污许可证衔接的细节做出了规定：

一、环境影响评价制度是建设项目的环境准入门槛，是申请排污许可证的前提和重要依据。排污许可制是企事业单位生产运营期排污的法律依据，是确保环境影响评价提出的污染防治设施和措施落实落地的重要保障。各级环保部门要切实做好两项制度的衔接，在环境影响评价管理中，不断完善管理内容，推动环境影响评价更加科学，严格污染物排放要求；在排污许可管理中，严格按照环境影响报告书（表）以及审批文件要求核发排污许可证，维护环境影响评价的有效性。

二、做好《建设项目环境影响评价分类管理名录》和《固定污染源排污许可分类管理名录》的衔接，按照建设项目对环境的影响程度、污染物产生量和排放量，实行统一分类管理。纳入排污许可管理的建设项目，可能造成重大环境影响、应当编制环境影响报告书的，原则上实行排污许可重点管理；可能造成轻度环境影响、应当编制环境影响报告表的，原则上实行排污许可简化管理。

三、环境影响评价审批部门要做好建设项目环境影响报告书（表）的审查，结合排污许可证申请与核发技术规范，核定建设项目的产排污环节、污染物种类及污染防治设施和措施等基本信息；依据国家或地方污染物排放标准、环境质量标准和总量控制要求等管理规定，按照污染源源强核算技术指南、环境影响评价要素导则等技术文件，严格核定排放口数量、位置以及每个排放口的污染物种类、允许排放浓度和允许排放量、排放方式、排放去向、自行监测计划等与污染物排放相关的主要内容。

四、分期建设的项目，环境影响报告书（表）以及审批文件应当列明分期建设内容，明确分期实施后排放口数量、位置以及每个排放口的污染物种类、允许排放浓度和允许排放量、排放方式、排放去向、自行监测计划等与污染物排放相关的主要内容，建设单位应据此分期申请排污许可证。分期实施的允许排放量之和不得高于建设项目的总允许排放量。

五、改扩建项目的环境影响评价，应当将排污许可证执行情况作为现有工程回顾评价的主要依据。现有工程应按照相关法律、法规、规章关于排污许可实施范围和步骤的规定，按时申请并获取排污许可证，并在申请改扩建项目环境影响报告书（表）时，依法提交相关排污许可证执行报告。

六、建设项目发生实际排污行为之前，排污单位应当按照国家环境保护相关法律法规以及排污许可证申请与核发技术规范要求申请排污许可证，不得无证排污或不按证排污。环境影响报告书（表）2015 年 1 月 1 日（含）后获得批准的建设项目，其环境影响报告书（表）以及审批文件中与污染物排放相关的主要内容应当纳入排污许可证。建设项目无证排污或不按证排污的，建设单位不得出具该项目验收合格的意见，验收报告中与污染物排放相关的主要内容应当纳入该项目验收完成当年排污许可证执行年报。排污许可证执行报告、台账记录以及自行监测执行情况等应作为开展建设项目环境影响后评价的重要依据。

七、国家将分行业制定建设项目重大变动清单。建设项目的环境影响报告书（表）经批准后，建设项目的性质、规模、地点、采用的生产工艺或者防治污染、防止生态破坏的措施发生重大变动的，建设单位应当依法重新报批环境影响评价文件，并在申请排污许可时提交重新报批的环评批复（文号）。发生变动但不属于重大变动情形的建设项目，环境影响报告书（表）2015 年 1 月 1 日（含）后获得批准的，排污许可证核发部门按照污染物排放标准、总量控制要求、环境影响报告书（表）以及审批文件从严核发，其他建设项目由排污许可证核发部门按照排污许可证申请与核发技术规范要求核发。

八、建设项目涉及“上大压小”“区域（总量）替代”等措施的，环境影响评价审批部门应当审查总量指标来源，依法依规应当取得排污许可证的被替代或关停企业，须明确其排污许可证编码及污染物替代量。排污许可证核发部门应按照环境影响报告书（表）审批文件要求，变更或注销被替代或关停企业的排污许可证。应当取得排污许可证但未取得的企业，不予计算其污染物替代量。

九、环境保护部负责统一建设建设项目环评审批信息申报系统，并与全国排污许可证管理信息平台充分衔接。建设单位在报批建设项目环境影响报告书（表）时，应当登陆建设项目环评审批信息申报系统，在线填报相关信息并对信息的真实性、准确性和完整性负责。

此外，原环境保护部于2018年1月10日发布并实施《排污许可管理办法（试行）》，规定排污许可证的申请、核发、内容和执行，其中对环境影响评价制度和排污许可制的有机衔接提出相应的要求：

第八条　依据相关法律规定，环境保护主管部门对排污单位排放水污染物、大气污染物等各类污染物的排放行为实行综合许可管理。

2015年1月1日及以后取得建设项目环境影响评价审批意见的排污单位，环境影响评价文件及审批意见中与污染物排放相关的主要内容应当纳入排污许可证。

第十四条　以下登记事项由排污单位申报，并在排污许可证副本中记录：

（一）主要生产设施、主要产品及产能、主要原辅材料等；

（二）产排污环节、污染防治设施等；

（三）环境影响评价审批意见、依法分解落实到本单位的重点污染物排放总量控制指标、排污权有偿使用和交易记录等。

第十七条　核发环保部门按照排污许可证申请与核发技术规范规定的行业重点污染物允许排放量核算方法，以及环境质量改善的要求，确定排污单位的许可排放量。

对于本办法实施前已有依法分解落实到本单位的重点污染物排放总量控制指标的排污单位，核发环保部门应当按照行业重点污染物允许排放量核算方法、环境质量改善要求和重点污染物排放总量控制指标，从严确定许可排放量。

2015年1月1日及以后取得环境影响评价审批意见的排污单位，环境影响评价文件和审批意见确定的排放量严于按照本条第一款、第二款确定的许可排放量的，核发环保部门应当根据环境影响评价文件和审批意见要求确定排污单位的许可排放量。

地方人民政府依法制定的环境质量限期达标规划、重污染天气应对措施要求排污单位执行更加严格的重点污染物排放总量控制指标的，应当在排污许可证副本中规定。

本办法实施后，环境保护主管部门应当按照排污许可证规定的许可排放量，确定排污单位的重点污染物排放总量控制指标。

第三十条　对采用相应污染防治可行技术的，或者新建、改建、扩建建设项目排污单位采用环境影响评价审批意见要求的污染治理技术的，核发环保部门可以认为排污单位采用的污染防治设施或者措施有能力达到许可排放浓度要求。

不符合前款情形的，排污单位可以通过提供监测数据予以证明。监测数据应当通过使用符合国家有关环境监测、计量认证规定和技术规范的监测设备取得；对于国内首次采用的污染治理技术，应当提供工程试验数据予以证明。

环境保护部依据全国排污许可证执行情况，适时修订污染防治可行技术指南。

对排污许可证的申请材料，《排污许可管理办法（试行）》第二十六条第二款第（五）项规定：

申请材料应当包括：

（五）建设项目环境影响评价文件审批文号，或者按照有关国家规定经地方人民政府依法处理、整顿规范并符合要求的相关证明材料。对排污许可证的变更，《排污许可管理办法（试行）》第四十三条第一款第（三）项和第二款规定：

在排污许可证有效期内，下列与排污单位有关的事项发生变化的，排污单位应当在规定时间内向核发环保部门提出变更排污许可证的申请：

（三）排污单位在原场址内实施新建、改建、扩建项目应当开展环境影响评价的，在取得环境影响评价审批意见后，排污行为发生变更之日前三十个工作日内；

发生本条第一款第三项规定情形，且通过污染物排放等量或者减量替代削减获得重点污染物排放总量控制指标的，在排污单位提交变更排污许可申请前，出让重点污染物排放总量控制指标的排污单位应当完成排污许可证变更。

第五节 建设项目环境影响保护事中事后监督管理

为落实国务院简政放权、放管结合重大决策部署，加快环保工作由注重事前审批向加强事中、事后监督管理转变，原环境保护部于2015年12月10日印发了《建设项目环境保护事中事后监督管理办法（试行）》（环发〔2015〕163号，以下简称《办法》）。

1．事中、事后监管的概念

《办法》第二条规定：

建设项目环境保护事中监督管理是指环境保护部门对本行政区域内的建设项目自办理环境影响评价手续后到正式投入生产或使用期间，落实经批准的环境影响评价文件及批复要求的监督管理。

建设项目环境保护事后监督管理是指环境保护部门对本行政区域内的建设项目正式投入生产或使用后，遵守环境保护法律法规情况，以及按照相关要求开展环境影响后评价情况的监督管理。

2．事中、事后监管依据

《办法》第三条规定：

事中监督管理的主要依据是经批准的环境影响评价文件及批复文件、环境保护有关法律法规的要求和技术标准规范。

事后监督管理的主要依据是依法取得的排污许可证、经批准的环境影响评价文件及批复文件、环境影响后评价提出的改进措施、环境保护有关法律法规的要求和技术标准规范。

3. 建设项目环境保护的责任主体

《办法》第五条规定：

建设单位是落实建设项目环境保护责任的主体。建设单位在建设项目开工前和发生重大变动前，必须依法取得环境影响评价审批文件。建设项目实施过程中应严格落实经批准的环境影响评价文件及其批复文件提出的各项环境保护要求，确保环境保护设施正常运行。

实施排污许可管理的建设项目，应当依法申领排污许可证，严格按照排污许可证规定的污染物排放种类、浓度、总量等排污。

实行辐射安全许可管理的建设项目，应当依法申领辐射安全许可证，严格按照辐射安全许可证规定的源项、种类、活度、操作量等开展工作。

4. 事中、事后监督管理的内容

《办法》第六条规定：

事中监督管理的内容主要是，经批准的环境影响评价文件及批复中提出的环境保护措施落实情况和公开情况；施工期环境监理和环境监测开展情况；竣工环境保护验收和排污许可证的实施情况；环境保护法律法规的遵守情况和环境保护部门做出的行政处罚决定落实情况。

事后监督管理的内容主要是，生产经营单位遵守环境保护法律、法规的情况进行监督管理；产生长期性、累积性和不确定性环境影响的水利、水电、采掘、港口、铁路、冶金、石化、化工以及核设施、核技术利用和铀矿冶等编制环境影响报告书的建设项目，生产经营单位开展环境影响后评价及落实相应改进措施的情况。

5. 信息公开

《办法》第十条规定：

建设单位应当主动向社会公开建设项目环境影响评价文件、污染防治设施建设运行情况、污染物排放情况、突发环境事件应急预案及应对情况等环境信息。

各级环境保护部门应当公开建设项目的监督管理信息和环境违法处罚信息，加强与有关部门的信息交流共享，实现建设项目环境保护监督管理信息互联互通。

信息公开应当采取新闻发布会以及报刊、广播、网站、电视等方式，便于公众、专家、新闻媒体、社会组织获取。

第六节 建设项目竣工环境保护验收

建设项目从筹建到竣工投产全过程可以分为项目建议书、可行性研究、设计、建设、试生产五个阶段。正式生产运行前环境管理的重要内容是要完成环境保护检查和竣工环境保护验收。环境保护设施的建设和投产前的环境保护验收，是环境影响评价制度的延伸，环境影响评价文件的审批、环境保护设施的设计、建设和施工期的环境保护监督检查以及竣工环境保护验收，构成了建设项目的全过程环境管理。

“三同时”是我国特有的环境管理制度，国际上通常在环境影响评价概念中，把根据环境影响评价提出的防治污染和生态破坏的措施、设施的建设和落实及建成后的监督监测，看作是环境影响评价的一部分，是一个完整的全过程。我国由于“三同时”制度先于环境影响评价制度的建立，建设项目环境管理就人为分成了两个阶段。“三同时”管理制度与环境影响评价制度是有效贯彻“预防为主、防治结合”方针，防止新污染和生态破坏，实施可持续发展战略的两大根本性措施。

1.“三同时”制度的由来

1972 年在国务院批转《国家计委、国家建委关于官厅水库污染情况和解决意见的报告》中首次提出了“工厂建设和‘三废’利用工程要同时设计、同时施工、同时投产”的要求。1973 年第一次全国环境保护工作会议上，经与会代表讨论并报国务院批准，“防治污染及其他公害的设施必须与主体工程同时设计、同时施工、同时投产”的“三同时”正式确立为我国环境保护工作的一项基本管理制度。

1979 年颁布的《中华人民共和国环境保护法（试行）》第六条中规定：

其中防止污染和其他公害的设施，必须与主体工程同时设计、同时施工、同时投产；各项有害物质的排放必须遵守国家规定的标准。

首次把“三同时”作为一项法律制度确定下来。2014 年颁布的《中华人民共和国环境保护法》第四十一条对“三同时”制度再次给予确认：

第四十一条　建设项目中防治污染的设施，应当与主体工程同时设计、同时施工、同时投产使用。防治污染的设施应当符合经批准的环境影响评价文件的要求，不得擅自拆除或者闲置。

《建设项目环境保护管理条例》第十五条再次强调了“三同时”制度：

第十五条　建设项目需要配套建设的环境保护设施，必须与主体工程同时设计、同时施工、同时投产使用。

2. 建设项目竣工环境保护验收

“三同时”的核心是“同时投产”，只有环境保护设施与生产设施同时投入使用，才能避免或减轻对环境造成的损害。《建设项目环境保护管理条例》中第十七条和第十八条规定：

第十七条　编制环境影响报告书、环境影响报告表的建设项目竣工后，建设单位应当按照国务院环境保护行政主管部门规定的标准和程序，对配套建设的环境保护设施进行验收，编制验收报告。

建设单位在环境保护设施验收过程中，应当如实查验、监测、记载建设项目环境保护设施的建设和调试情况，不得弄虚作假。

除按照国家规定需要保密的情形外，建设单位应当依法向社会公开验收报告。

第十八条　分期建设、分期投入生产或者使用的建设项目，其相应的环境保护设施应当分期验收。

环境保护设施建设是防止产生新的污染，保护环境的重要环节，环境保护设施主要是指：

①污染控制设施，包括水污染物、空气污染物、固体废物、噪声污染、振动、电磁、放射性等污染的控制设施，如污水处理设施、除尘设施、隔声设施、固体废物卫生填埋或焚烧设施等。

②生态保护设施，包括保护和恢复动植物种群的设施、水土流失控制设施等，如为保护和恢复鱼类种群而建设的鱼类繁育场、为防治水土流失而修建的堤坝挡墙等。

③节约资源和资源回收利用设施，包括能源回收与节能设施、节水设施与污水回用设施、固体废物综合利用设施等，如为回收利用污水而修建的污水深度处理装置及其管道，为回收利用固体废物而修建的生产装置等。

④环境监测设施，包括水环境监测装置、大气监测装置等污染物监测设施。

除上述环境保护设施外，建设项目还可采取有关的环境保护措施用以减轻污染和对生态破坏的影响，如对某些环境敏感目标采取搬迁措施、补偿措施，对生态恢复采取绿化措施等，这些措施也应当与建设项目同时完成。

《建设项目环境保护管理条例》修订后，对建设项目竣工环境保护验收做出了较大调整，明确建设单位的环境保护主体责任，同时《建设项目竣工环境保护验收暂行办法》对建设项目竣工环境保护验收做出了细化规定：

第三条　建设项目竣工环境保护验收的主要依据包括：

（一）建设项目环境保护相关法律、法规、规章、标准和规范性文件；

（二）建设项目竣工环境保护验收技术规范；

（三）建设项目环境影响报告书（表）及审批部门审批决定。

第四条　建设单位是建设项目竣工环境保护验收的责任主体，应当按照本办法规定的程序和标准，组织对配套建设的环境保护设施进行验收，编制验收报告，公开相关信息，接受社会监督，确保建设项目需要配套建设的环境保护设施与主体工程同时投产或者使用，并对验收内容、结论和所公开信息的真实性、准确性和完整性负责，不得在验收过程中弄虚作假。

环境保护设施是指防治环境污染和生态破坏以及开展环境监测所需的装置、设备和工程设施等。

验收报告分为验收监测（调查）报告、验收意见和其他需要说明的事项等三项内容。

第五条　建设项目竣工后，建设单位应当如实查验、监测、记载建设项目环境保护设施的建设和调试情况，编制验收监测（调查）报告。

以排放污染物为主的建设项目，参照《建设项目竣工环境保护验收技术指南　污染影响类》编制验收监测报告；主要对生态造成影响的建设项目，按照《建设项目竣工环境保护验收技术规范 生态影响类》编制验收调查报告；火力发电、石油炼制、水利水电、核与辐射等已发布行业验收技术规范的建设项目，按照该行业验收技术规范编制验收监测报告或者验收调查报告。

建设单位不具备编制验收监测（调查）报告能力的，可以委托有能力的技术机构编制。建设单位对受委托的技术机构编制的验收监测（调查）报告结论负责。建设单位与受委托的技术机构之间的权利义务关系，以及受委托的技术机构应当承担的责任，可以通过合同形式约定。

第六条　需要对建设项目配套建设的环境保护设施进行调试的，建设单位应当确保调试期间污染物排放符合国家和地方有关污染物排放标准和排污许可等相关管理规定。

环境保护设施未与主体工程同时建成的，或者应当取得排污许可证但未取得的，建设单位不得对该建设项目环境保护设施进行调试。

调试期间，建设单位应当对环境保护设施运行情况和建设项目对环境的影响进行监测。验收监测应当在确保主体工程调试工况稳定、环境保护设施运行正常的情况下进行，并如实记录监测时的实际工况。国家和地方有关污染物排放标准或者行业验收技术规范对工况和生产负荷另有规定的，按其规定执行。建设单位开展验收监测活动，可根据自身条件和能力，利用自有人员、场所和设备自行监测；也可以委托其他有能力的监测机构开展监测。

第七条　验收监测（调查）报告编制完成后，建设单位应当根据验收监测（调查）报告结论，逐一检查是否存在本办法第八条所列验收不合格的情形，提出验收意见。存在问题的，建设单位应当进行整改，整改完成后方可提出验收意见。

验收意见包括工程建设基本情况、工程变动情况、环境保护设施落实情况、环境保护设施调试效果、工程建设对环境的影响、验收结论和后续要求等内容，验收结论应当明确该建设项目环境保护设施是否验收合格。

建设项目配套建设的环境保护设施经验收合格后，其主体工程方可投入生产或者使用；未经验收或者验收不合格的，不得投入生产或者使用。

第八条　建设项目环境保护设施存在下列情形之一的，建设单位不得提出验收合格的意见：

（一）未按环境影响报告书（表）及其审批部门审批决定要求建成环境保护设施，或者环境保护设施不能与主体工程同时投产或者使用的；

（二）污染物排放不符合国家和地方相关标准、环境影响报告书（表）及其审批部门审批决定或者重点污染物排放总量控制指标要求的；

（三）环境影响报告书（表）经批准后，该建设项目的性质、规模、地点、采用的生产工艺或者防治污染、防止生态破坏的措施发生重大变动，建设单位未重新报批环境影响报告书（表）或者环境影响报告书（表）未经批准的；

（四）建设过程中造成重大环境污染未治理完成，或者造成重大生态破坏未恢复的；

（五）纳入排污许可管理的建设项目，无证排污或者不按证排污的；

（六）分期建设、分期投入生产或者使用依法应当分期验收的建设项目，其分期建设、分期投入生产或者使用的环境保护设施防治环境污染和生态破坏的能力不能满足其相应主体工程需要的；

（七）建设单位因该建设项目违反国家和地方环境保护法律法规受到处罚，被责令改正，尚未改正完成的；

（八）验收报告的基础资料数据明显不实，内容存在重大缺项、遗漏，或者验收结论不明确、不合理的；

（九）其他环境保护法律法规规章等规定不得通过环境保护验收的。

第九条　为提高验收的有效性，在提出验收意见的过程中，建设单位可以组织成立验收工作组，采取现场检查、资料查阅、召开验收会议等方式，协助开展验收工作。验收工作组可以由设计单位、施工单位、环境影响报告书（表）编制机构、验收监测（调查）报告编制机构等单位代表以及专业技术专家等组成，代表范围和人数自定。

第十条　建设单位在“其他需要说明的事项”中应当如实记载环境保护设施设计、施工和验收过程简况、环境影响报告书（表）及其审批部门审批决定中提出的除环境保护设施外的其他环境保护对策措施的实施情况，以及整改工作情况等。

相关地方政府或者政府部门承诺负责实施与项目建设配套的防护距离内居民搬迁、功能置换、栖息地保护等环境保护对策措施的，建设单位应当积极配合地方政府或部门在所承诺的时限内完成，并在“其他需要说明的事项”中如实记载前述环境保护对策措施的实施情况。

第十一条　除按照国家需要保密的情形外，建设单位应当通过其网站或其他便于公众知晓的方式，向社会公开下列信息：

（一）建设项目配套建设的环境保护设施竣工后，公开竣工日期；

（二）对建设项目配套建设的环境保护设施进行调试前，公开调试的起止日期；

（三）验收报告编制完成后5个工作日内，公开验收报告，公示的期限不得少于20个工作日。

建设单位公开上述信息的同时，应当向所在地县级以上环境保护主管部门报送相关信息，并接受监督检查。

第十二条　除需要取得排污许可证的水和大气污染防治设施外，其他环境保护设施的验收期限一般不超过3个月；需要对该类环境保护设施进行调试或者整改的，验收期限可以适当延期，但最长不超过12个月。

验收期限是指自建设项目环境保护设施竣工之日起至建设单位向社会公开验收报告之日止的时间。

第十三条　验收报告公示期满后5个工作日内，建设单位应当登录全国建设项目竣工环境保护验收信息平台，填报建设项目基本信息、环境保护设施验收情况等相关信息，环境保护主管部门对上述信息予以公开。

建设单位应当将验收报告以及其他档案资料存档备查。

第十四条　纳入排污许可管理的建设项目，排污单位应当在项目产生实际污染物排放之前，按照国家排污许可有关管理规定要求，申请排污许可证，不得无证排污或不按证排污。建设项目验收报告中与污染物排放相关的主要内容应当纳入该项目验收完成当年排污许可证执行年报。

第十五条　各级环境保护主管部门应当按照《建设项目环境保护事中事后监督管理办法（试行）》等规定，通过“双随机一公开”抽查制度，强化建设项目环境保护事中事后监督管理。要充分依托建设项目竣工环境保护验收信息平台，采取随机抽取检查对象和随机选派执法检查人员的方式，同时结合重点建设项目定点检查，对建设项目环境保护设施“三同时”落实情况、竣工验收等情况进行监督性检查，监督结果向社会公开。

第十六条　需要配套建设的环境保护设施未建成、未经验收或者经验收不合格，建设项目已投入生产或者使用的，或者在验收中弄虚作假的，或者建设单位未依法向社会公开验收报告的，县级以上环境保护主管部门应当依照《建设项目环境保护管理条例》的规定予以处罚，并将建设项目有关环境违法信息及时记入诚信档案，及时向社会公开违法者名单。

第十七条　相关地方政府或者政府部门承诺负责实施的环境保护对策措施未按时完成的，环境保护主管部门可以依照法律法规和有关规定采取约谈、综合督查等方式督促相关政府或者政府部门抓紧实施。

第七节　建设项目的环境影响后评价

一、建设项目环境影响后评价的法律规定

《中华人民共和国环境影响评价法》第二十七条规定：

在项目建设、运行过程中产生不符合经审批的环境影响评价文件的情形的，建

设单位应当组织环境影响的后评价，采取改进措施，并报原环境影响评价文件审批部门和建设项目审批部门备案；原环境影响评价文件审批部门也可以责成建设单位进行环境影响的后评价，采取改进措施。

《中华人民共和国环境影响评价法》中所说的建设项目环境影响后评价，是指对正在进行建设或已经投入生产或使用的建设项目，在建设过程中或投产运行后，由于建设方案的变化或运行、生产方案的变化，导致实际情况与环境影响评价情况不符，针对其变化所进行的补充评价。《中华人民共和国环境影响评价法》中所说“产生不符合经审批的环境影响评价文件的情形的”一般包括以下几种情况：

①在建设、运行过程中，虽然产品方案、主要工艺、主要原材料或污染处理设施和生态保护措施未发生重大变化，但由于环境影响评价技术手段限制，污染物种类、污染物的排放强度或生态影响与环境影响评价预测情况相比有较大变化。

②在建设、运行过程中，虽然建设项目的选址、选线未发生较大变化，运行方式也未发生较大变化，但由于周边环境敏感点发生变化，从而可能对新的环境敏感目标产生影响，或可能产生新的重要生态影响的。

③建设、运行过程中，当地人民政府对项目所涉及区域的环境功能做出重大调整，要求建设单位进行后评价的。

④项目长期性、累积性和不确定性环境影响突出，有重大环境风险或者穿越重要生态环境敏感区的重大项目。

⑤跨行政区域、存在争议的。

开展环境影响后评价有两方面的目的：一是对环境影响评价的结论、环境保护对策措施的有效性进行验证；二是对项目建设中或运行后发现或产生的新问题进行分析，提出补救或改进方案。组织环境影响后评价的是建设单位，可以是在原环境影响评价文件审批部门要求下组织，也可以是自主组织的。环境影响后评价要对存在的有关问题采取改进措施，报原环境影响评价文件审批部门和项目审批部门备案。

二、建设项目环境影响后评价管理

为规范建设项目环境影响后评价工作，根据《中华人民共和国环境影响评价法》，原环境保护部于 2015 年 12 月 10 日发布了《建设项目环境影响后评价管理办法（试行）》（环境保护部令　第 37 号），自 2016 年 1 月 1 日起施行。

该办法中所称环境影响后评价，是指编制环境影响报告书的建设项目在通过环境保护设施竣工验收且稳定运行一定时期后，对其实际产生的环境影响以及污染防治、生态保护和风险防范措施的有效性进行跟踪监测和验证评价，并提出补救方案或者改进措施，提高环境影响评价有效性的方法与制度。

1．应当开展环境影响后评价的情形

《建设项目环境影响后评价管理办法（试行）》第三条规定：

下列建设项目运行过程中产生不符合经审批的环境影响报告书情形的，应当开展环境影响后评价：

（一）水利、水电、采掘、港口、铁路行业中实际环境影响程度和范围较大，且主要环境影响在项目建成运行一定时期后逐步显现的建设项目，以及其他行业中穿越重要生态环境敏感区的建设项目；

（二）冶金、石化和化工行业中有重大环境风险，建设地点敏感，且持续排放重金属或者持久性有机污染物的建设项目；

（三）审批环境影响报告书的环境保护主管部门认为应当开展环境影响后评价的其他建设项目。

建设项目环境影响报告书经批准后，其性质、规模、地点、工艺或者环境保护措施发生重大变动的，依照《中华人民共和国环境影响评价法》第二十四条的规定，应当重新报批环境影响评价文件，不适用《建设项目环境影响后评价管理办法》。

2．环境影响后评价的责任主体

《建设项目环境影响后评价管理办法（试行）》第六条规定：

建设单位或者生产经营单位负责组织开展环境影响后评价工作，编制环境影响后评价文件，并对环境影响后评价结论负责。

建设单位或者生产经营单位可以委托环境影响评价机构、工程设计单位、大专院校和相关评估机构等编制环境影响后评价文件。编制建设项目环境影响报告书的环境影响评价机构，原则上不得承担该建设项目环境影响后评价文件的编制工作。

建设单位或者生产经营单位应当将环境影响后评价文件报原审批环境影响报告书的环境保护主管部门备案，并接受环境保护主管部门的监督检查。

3．环境影响后评价文件的主要内容

《建设项目环境影响后评价管理办法（试行）》第七条规定：

建设项目环境影响后评价文件应当包括以下内容：

（一）建设项目过程回顾。包括环境影响评价、环境保护措施落实、环境保护设施竣工验收、环境监测情况，以及公众意见收集调查情况等。

（二）建设项目工程评价。包括项目地点、规模、生产工艺或者运行调度方式，环境污染或者生态影响的来源、影响方式、程度和范围等。

（三）区域环境变化评价。包括建设项目周围区域环境敏感目标变化、污染源或者其他影响源变化、环境质量现状和变化趋势分析等。

（四）环境保护措施有效性评估。包括环境影响报告书规定的污染防治、生态保护和风险防范措施是否适用、有效，能否达到国家或者地方相关法律、法规、标准的要求等。

（五）环境影响预测验证。包括主要环境要素的预测影响与实际影响差异，原环境影响报告书内容和结论有无重大漏项或者明显错误，持久性、累积性和不确定性环境影响的表现等。

（六）环境保护补救方案和改进措施。

（七）环境影响后评价结论。

《建设项目环境影响后评价管理办法（试行）》第九条规定：

建设单位或者生产经营单位可以对单个建设项目进行环境影响后评价，也可以对在同一行政区域、流域内存在叠加、累积环境影响的多个建设项目开展环境影响后评价。

4. 环境影响后评价的时限要求

《建设项目环境影响后评价管理办法（试行）》第八条规定：

建设项目环境影响后评价应当在建设项目正式投入生产或者运营后三至五年内开展。原审批环境影响报告书的环境保护主管部门也可以根据建设项目的环境影响和环境要素变化特征，确定开展环境影响后评价的时限。

第八节　建设项目环境影响评价行为准则和法律责任

一、建设项目环境影响评价行为准则

为了规范建设项目环境影响评价行为，加强建设项目环境影响评价管理和廉政建设，保证建设项目环境保护管理工作廉洁高效依法进行，原国家环境保护总局于2005年11月23日发布了《建设项目环境影响评价行为准则与廉政规定》（国家环境保护总局令第30号）。其中规定承担建设项目环境影响评价的机构或者其环境影响评价技术人员，应遵守以下行为准则：

第四条　承担建设项目环境影响评价工作的机构（以下简称“评价机构”）或者其环境影响评价技术人员，应当遵守下列规定：

（一）建立严格的环境影响评价文件质量审核制度和质量保证体系，明确责任，落实环境影响评价质量保证措施，并接受环境保护行政主管部门的日常监督检查；

（二）不得为违反国家产业政策以及国家明令禁止建设的建设项目进行环境影响评价；

（三）必须依照有关的技术规范要求编制环境影响评价文件；

（四）应当为建设单位保守技术秘密和业务秘密；

（五）在环境影响评价工作中不得隐瞒真实情况、提供虚假材料、编造数据或者实施其他弄虚作假行为；

（六）不得进行其他妨碍环境影响评价工作廉洁、独立、客观、公正的活动。

二、建设单位及技术单位的法律责任

《中华人民共和国环境保护法》第六十一条规定：

建设单位未依法提交建设项目环境影响评价文件或者环境影响评价文件未经批准，擅自开工建设的，由负有环境保护监督管理职责的部门责令停止建设，处以罚款，并可以责令恢复原状。

《中华人民共和国环境保护法》第六十三条中有如下规定：建设项目未依法进行环境影响评价，被责令停止建设，拒不执行，尚不构成犯罪的，除依照有关法律法规规定对建设单位予以处罚外，由县级以上人民政府环境保护主管部门或者其他有关部门将案件移送公安机关，对其直接负责的主管人员和其他直接责任人员，处十日以上十五日以下拘留；情节较轻的，处五日以上十日以下拘留。

《中华人民共和国环境影响评价法》第三十一条规定：

建设单位未依法报批建设项目环境影响报告书、报告表，或者未依照本法第二十四条的规定重新报批或者报请重新审核环境影响报告书、报告表，擅自开工建设的，由县级以上生态环境主管部门责令停止建设，根据违法情节和危害后果，处建设项目总投资额百分之一以上百分之五以下的罚款，并可以责令恢复原状；对建设单位直接负责的主管人员和其他直接责任人员，依法给予行政处分。

建设项目环境影响报告书、报告表未经批准或者未经原审批部门重新审核同意，建设单位擅自开工建设的，依照前款的规定处罚、处分。

建设单位未依法备案建设项目环境影响登记表的，由县级以上生态环境主管部门责令备案，处五万元以下的罚款。

海洋工程建设项目的建设单位有本条所列违法行为的，依照《中华人民共和国海洋环境保护法》的规定处罚。

《中华人民共和国海洋环境保护法》第四十七条规定：

海洋工程建设项目单位应当对海洋环境进行科学调查，编制海洋环境影响报告书（表），并在建设项目开工前，报海洋行政主管部门审查批准。

《中华人民共和国海洋环境保护法第八十二条规定：

违反本法第四十七条第一款的规定，进行海洋工程建设项目的，由海洋行政主管部门责令其停止施工，根据违法情节和危害后果，处建设项目总投资额百分之一以上百分之五以下的罚款，并可以责令恢复原状。

《中华人民共和国环境影响评价法》第二十条规定：

建设单位应当对建设项目环境影响报告书、环境影响报告表的内容和结论负责，接受委托编制建设项目环境影响报告书、环境影响报告表的技术单位对其编制的建设项目环境影响报告书、环境影响报告表承担相应责任。

设区的市级以上人民政府生态环境主管部门应当加强对建设项目环境影响报告

书、环境影响报告表编制单位的监督管理和质量考核。

负责审批建设项目环境影响报告书、环境影响报告表的生态环境主管部门应当将编制单位、编制主持人和主要编制人员的相关违法信息记入社会诚信档案，并纳入全国信用信息共享平台和国家企业信用信息公示系统向社会公布。

《中华人民共和国环境影响评价法》第三十二条规定：

建设项目环境影响报告书、环境影响报告表存在基础资料明显不实，内容存在重大缺陷、遗漏或者虚假，环境影响评价结论不正确或者不合理等严重质量问题的，由设区的市级以上人民政府生态环境主管部门对建设单位处五十万元以上二百万元以下的罚款，并对建设单位的法定代表人、主要负责人、直接负责的主管人员和其他直接责任人员，处五万元以上二十万元以下的罚款。

接受委托编制建设项目环境影响报告书、环境影响报告表的技术单位违反国家有关环境影响评价标准和技术规范等规定，致使其编制的建设项目环境影响报告书、环境影响报告表存在基础资料明显不实，内容存在重大缺陷、遗漏或者虚假，环境影响评价结论不正确或者不合理等严重质量问题的，由设区的市级以上人民政府生态环境主管部门对技术单位处所收费用三倍以上五倍以下的罚款；情节严重的，禁止从事环境影响报告书、环境影响报告表编制工作；有违法所得的，没收违法所得。

编制单位有本条第一款、第二款规定的违法行为的，编制主持人和主要编制人员五年内禁止从事环境影响报告书、环境影响报告表编制工作；构成犯罪的，依法追究刑事责任，并终身禁止从事环境影响报告书、环境影响报告表编制工作。

三、环境影响评价编制、审批部门及其工作人员的法律责任

《中华人民共和国环境影响评价法》规定：

第二十九条　规划编制机关违反本法规定，未组织环境影响评价，或者组织环境影响评价时弄虚作假或者有失职行为，造成环境影响评价严重失实的，对直接负责的主管人员和其他直接责任人员，由上级机关或者监察机关依法给予行政处分。

第三十条　规划审批机关对依法应当编写有关环境影响的篇章或者说明而未编写的规划草案，依法应当附送环境影响报告书而未附送的专项规划草案，违法予以批准的，对直接负责的主管人员和其他直接责任人员，由上级机关或者监察机关依法给予行政处分。

第三十三条　负责审核、审批、备案建设项目环境影响评价文件的部门在审批、备案中收取费用的，由其上级机关或者监察机关责令退还；情节严重的，对直接负责的主管人员和其他直接责任人员依法给予行政处分。

第三十四条　生态环境主管部门或者其他部门的工作人员徇私舞弊，滥用职权，玩忽职守，违法批准建设项目环境影响评价文件的，依法给予行政处分；构成犯罪的，依法追究刑事责任。

《建设项目环境保护管理条例》第二十六条规定：

环境保护行政主管部门的工作人员徇私舞弊、滥用职权、玩忽职守，构成犯罪的，依法追究刑事责任；尚不构成犯罪的，依法给予行政处分。

《中华人民共和国环境影响评价法》第二十五条和第二十八条分别规定：

第二十五条　建设项目的环境影响评价文件未依法经审批部门审查或者审查后未予批准的，建设单位不得开工建设。

第二十八条　生态环境主管部门应当对建设项目投入生产或者使用后所产生的环境影响进行跟踪检查，对造成严重环境污染或者生态破坏的，应当查清原因、查明责任。对属于建设项目环境影响报告书、环境影响报告表存在基础资料明显不实，内容存在重大缺陷、遗漏或者虚假，环境影响评价结论不正确或者不合理等严重质量问题的，依照本法第三十二条的规定追究建设单位及其相关责任人员和接受委托编制建设项目环境影响报告书、环境影响报告表的技术单位及其相关人员的法律责任；属于审批部门工作人员失职、渎职，对依法不应批准的建设项目环境影响报告书、环境影响报告表予以批准的，依照本法第三十四条的规定追究其法律责任。

因此，第三十二条、第三十四条是对以上规定相应的违规处罚规定。

负责审批建设项目环境影响评价文件的部门是指，有审批权的生态环境主管部门。

违法批准建设项目环境影响评价文件包括：未按分类管理规定编报环境影响评价文件而受理批准的；环境影响评价文件有严重漏项或错误，批准后建设项目实施造成重大环境影响和经济损失的；应征求公众意见而未征求，造成环境影响和不良社会影响的；越权受理和批准的建设项目环境影响评价文件等。

四、刑事责任的有关处罚规定

《中华人民共和国环境影响评价法》第三十二条、第三十四条对编制单位、编制主持人和主要编制人员、审批部门工作人员的犯罪行为作出了处罚规定：构成犯罪的，依法追究刑事责任。

在《中华人民共和国刑法》第三百九十七条第一款和第二款对此类犯罪行为的处罚有具体规定：

国家机关工作人员滥用职权或者玩忽职守，致使公共财产、国家和人民利益遭受重大损失的，处三年以下有期徒刑或者拘役；情节特别严重的，处三年以上七年以下有期徒刑。本法另有规定的，依照规定。

国家机关工作人员徇私舞弊，犯前款罪的，处五年以下有期徒刑或者拘役；情节特别严重的，处五年以上十年以下有期徒刑。

第九节　环境影响评价工程师职业资格制度

从1990年开始，国家对环境影响评价人员开始进行环境影响评价政策法规和技术的业务培训，颁发岗位培训证书。随着人事制度的改革，根据我国对专业技术人员“淡化职称，强化岗位管理，在关系公众利益和国家安全的关键技术岗位大力推行职业资格”的总体要求，国家对从事环境影响评价工作的专业技术人员实行了职业资格制度。

一、环境影响评价工程师职业资格制度的实施目的

为了加强对环境影响评价专业技术人员的管理，规范环境影响评价行为，强化环境影响评价责任，提高环境影响评价专业技术人员素质和业务水平，维护国家环境安全和公众利益，人事部、国家环境保护总局于2004年2月16日联合发布了《关于印发〈环境影响评价工程师职业资格制度暂行规定〉、〈环境影响评价工程师职业资格考试实施办法〉和〈环境影响评价工程师职业资格考核认定办法〉的通知》（国人部发〔2004〕13号），规定从2004年4月1日起在全国实施环境影响评价工程师职业资格制度。

环境影响评价工程师职业资格制度适用于从事规划和建设项目环境影响评价、技术评估和竣工环境保护验收等工作的专业技术人员，凡从事环境影响评价、技术评估和竣工环境保护验收的单位，应配备环境影响评价工程师。环境影响评价工程师职业资格制度纳入全国专业技术人员职业资格证书制度统一管理。

二、环境影响评价工程师职业资格考试

环境影响评价工程师考试设《环境影响评价相关法律法规》《环境影响评价技术导则与标准》《环境影响评价技术方法》和《环境影响评价案例分析》4个科目，各科目的考试时间均为3小时，采用闭卷笔答方式，考试时间为每年的第二季度。

申请报名参加环境影响评价工程师职业资格考试，必须满足以下条件：

① 环境保护相关专业的技术人员：大专学历需要7年的环境影响评价工作经历；本科学历或学士学位，需要5年的环境影响评价工作经历；硕士研究生学历或硕士学位，需要2年的环境影响评价工作经历；博士研究生学历或博士学位，需要1年的环境影响评价工作经历。

② 其他专业的技术人员：大专学历需要8年的环境影响评价工作经历；本科学历或学士学位，需要6年的环境影响评价工作经历；硕士研究生学历或硕士学位，需要3年的环境影响评价工作经历；博士研究生学历或博士学位，需要2年的环境影响评价工作经历。

截至2003年12月31日，长期在环境影响评价岗位上工作，并符合下列条件之一的，可免试《环境影响评价技术导则与标准》和《环境影响评价技术方法》两个科目。

① 受聘担任工程类高级专业技术职务满3年，累计从事环境影响评价相关业务工作满15年。

② 受聘担任工程类高级专业技术职务，并取得国家环境保护总局核发的《环境影响评价上岗培训合格证书》。

考试成绩实行两年为一个周期的滚动管理办法。参加全部4个科目考试的人员必须在连续的两个考试年度内通过全部科目；免试部分科目的人员必须在一个考试年度内通过应试科目考试。

三、环境影响评价从业人员职业道德规范

为规范环境影响评价从业人员职业行为，提高从业人员职业道德水准，促进行业健康有序发展，2010年6月，原环境保护部制定了《环境影响评价从业人员职业道德规范（试行）》。该规范所称从业人员是指在承担环境影响评价、技术评估、“三同时”环境监理、竣工环境保护验收监测或调查工作的单位从事相关工作的人员，包括环境影响评价工程师、建设项目环境影响评价岗位证书持有人员、技术评估人员、接受评估机构聘请从事评审工作的专家、验收监测人员、验收调查人员以及其他相关人员等。规范的主要内容如下：

环境影响评价从业人员应当自觉践行社会主义核心价值体系，遵行职业操守，规范日常行为，坚持做到依法遵规、公正诚信、忠于职守、服务社会、廉洁自律。

一、依法遵规

（一）自觉遵守法律法规，拥护党和国家制定的路线方针政策。

（二）遵守环保行政主管部门的相关规章和规范性文件，自觉接受管理部门、社会各界和人民群众的监督。

二、公正诚信

（三）不弄虚作假，不歪曲事实，不隐瞒真实情况，不编造数据信息，不给出有歧义或误导性的工作结论。积极阻止对其所做工作或由其指导完成工作的歪曲和误用。

（四）如实向建设单位介绍环评相关政策要求。对建设项目存在违反国家产业政策或者环保准入规定等情形的，要及时通告。

（五）不出借、出租个人有关资格证书、岗位证书，不以个人名义私自承接有关业务，不在本人未参与编制的有关技术文件中署名。

（六）为建设单位和所在单位保守技术和商业秘密，不得利用工作中知悉的信息谋取不正当利益。

三、忠于职守

（七）在维护社会公众合法环境权益的前提下，严格依照有关技术规范和规定开展从业活动。

（八）具备必要的专业知识与技能，不提供本人不能胜任的服务。

（九）技术评估、验收监测、验收调查人员、评审专家与建设单位、环评机构或有关人员存在直接利害关系的，应当在相关工作中予以回避。

四、服务社会

（十）在任何时候都必须把保护自然环境、人类健康安全置于所有地区、企业和个人利益之上，追求环境效益、社会效益、经济效益的和谐统一。

（十一）加强学习，积极参加相关专业培训教育和学术活动，不断提高工作水平和业务技能。

（十二）秉持勤奋的工作态度，严谨认真，提供高质量、高效率服务。

五、廉洁自律

（十三）不接受项目建设单位赠送的礼品、礼金和有价证券，不向环保行政主管部门管理人员赠送礼品、礼金和有价证券，也不邀请其参加可能影响公正执行公务的旅游、健身、娱乐等活动。

（十四）自觉维护所在单位及个人的职业形象，不从事有不良社会影响的活动。

（十五）加强同业人员间的交流与合作，形成良性竞争格局，尊重同行，不诋毁、贬低同行业其他单位及其从业人员。

第四章　与环境影响评价相关的其他法律法规规定

第一节　《中华人民共和国环境保护法》的有关规定

《中华人民共和国环境保护法》于1989年12月26日第七届全国人民代表大会常务委员会第十一次会议通过，2014年4月24日第十二届全国人民代表大会常务委员会第八次会议修订，自2015年1月1日起施行。它是我国环境保护法律体系中综合性的实体法，是为保护和改善生活环境与生态环境，防治污染和其他公害，保障人体健康，促进社会主义现代化建设的发展而制定的。对于环境保护方面的重大问题加以全面综合调整，对环境保护的目的、范围、方针政策、基本原则、重要措施、管理制度、组织机构、法律责任等作出了原则规定。

一、总则

1．环境的定义

《中华人民共和国环境保护法》第二条规定了环境的定义：

本法所称环境，是指影响人类生存和发展的各种天然的和经过人工改造的自然因素的总体，包括大气、水、海洋、土地、矿藏、森林、草原、湿地、野生生物、自然遗迹、人文遗迹、自然保护区、风景名胜区、城市和乡村等。

2．环境保护坚持的原则

《中华人民共和国环境保护法》第五条明确规定：

环境保护坚持保护优先、预防为主、综合治理、公众参与、损害担责的原则。

二、监督管理

1．建设项目环境影响评价的有关规定

《中华人民共和国环境保护法》第十九条规定：

编制有关开发利用规划，建设对环境有影响的项目，应当依法进行环境影响评价。

未依法进行环境影响评价的开发利用规划，不得组织实施；未依法进行环境影响评价的建设项目，不得开工建设。

三、保护和改善环境

1. 国家划定生态保护红线，实行严格保护的规定

《中华人民共和国环境保护法》第二十九条规定：

国家在重点生态功能区、生态环境敏感区和脆弱区等区域划定生态保护红线，实行严格保护。

各级人民政府对具有代表性的各种类型的自然生态系统区域，珍稀、濒危的野生动植物自然分布区域，重要的水源涵养区域，具有重大科学文化价值的地质构造、著名溶洞和化石分布区、冰川、火山、温泉等自然遗迹，以及人文遗迹、古树名木，应当采取措施予以保护，严禁破坏。

2. 依法制定生态保护和恢复治理方案，并予以实施的有关规定

《中华人民共和国环境保护法》第三十条规定：

开发利用自然资源，应当合理开发，保护生物多样性，保障生态安全，依法制定有关生态保护和恢复治理方案并予以实施。

引进外来物种以及研究、开发和利用生物技术，应当采取措施，防止对生物多样性的破坏。

3. 加强农业环境保护和防止农业生产污染环境的有关规定

《中华人民共和国环境保护法》第三十三条规定：

各级人民政府应当加强对农业环境的保护，促进农业环境保护新技术的使用，加强对农业污染源的监测预警，统筹有关部门采取措施，防治土壤污染和土地沙化、盐渍化、贫瘠化、石漠化、地面沉降以及防治植被破坏、水土流失、水体富营养化、水源枯竭、种源灭绝等生态失调现象，推广植物病虫害的综合防治。

县级、乡级人民政府应当提高农村环境保护公共服务水平，推动农村环境综合整治。

四、防治污染和其他公害

1. 促进清洁生产和资源循环利用的有关规定

《中华人民共和国环境保护法》第四十条规定：

国家促进清洁生产和资源循环利用。

国务院有关部门和地方各级人民政府应当采取措施，推广清洁能源的生产和使用。

企业应当优先使用清洁能源，采用资源利用率高、污染物排放量少的工艺、设备以及废弃物综合利用技术和污染物无害化处理技术，减少污染物的产生。

2．建设项目中防治污染的设施与主体工程“三同时”的有关规定

《中华人民共和国环境保护法》第四十一条规定：

建设项目中防治污染的设施，应当与主体工程同时设计、同时施工、同时投产使用。防治污染的设施应当符合经批准的环境影响评价文件的要求，不得擅自拆除或者闲置。

3．排放污染物的企业事业单位和其他生产经营者采取措施，防治对环境污染和危害的有关规定

《中华人民共和国环境保护法》第四十二条规定：

排放污染物的企业事业单位和其他生产经营者，应当采取措施，防治在生产建设或者其他活动中产生的废气、废水、废渣、医疗废物、粉尘、恶臭气体、放射性物质以及噪声、振动、光辐射、电磁辐射等对环境的污染和危害。

排放污染物的企业事业单位，应当建立环境保护责任制度，明确单位负责人和相关人员的责任。

重点排污单位应当按照国家有关规定和监测规范安装使用监测设备，保证监测设备正常运行，保存原始监测记录。

严禁通过暗管、渗井、渗坑、灌注或者篡改、伪造监测数据，或者不正常运行防治污染设施等逃避监管的方式违法排放污染物。

4．重点污染物排放总量控制制度的有关规定

《中华人民共和国环境保护法》第四十四条规定：

国家实行重点污染物排放总量控制制度。重点污染物排放总量控制指标由国务院下达，省、自治区、直辖市人民政府分解落实。企业事业单位在执行国家和地方污染物排放标准的同时，应当遵守分解落实到本单位的重点污染物排放总量控制指标。

对超过国家重点污染物排放总量控制指标或者未完成国家确定的环境质量目标的地区，省级以上人民政府环境保护主管部门应当暂停审批其新增重点污染物排放总量的建设项目环境影响评价文件。

5．排污许可管理制度的有关规定

《中华人民共和国环境保护法》第四十五条规定：

国家依照法律规定实行排污许可管理制度。

实行排污许可管理的企业事业单位和其他生产经营者应当按照排污许可证的要求排放污染物；未取得排污许可证的，不得排放污染物。

6．严重污染环境的工艺、设备和产品的管理规定

《中华人民共和国环境保护法》第四十六条规定：

国家对严重污染环境的工艺、设备和产品实行淘汰制度。任何单位和个人不得生产、销售或者转移、使用严重污染环境的工艺、设备和产品。

禁止引进不符合我国环境保护规定的技术、设备、材料和产品。

7. 企业事业单位依法做好突发环境事件的风险控制、应急准备、应急处置和事后恢复的有关规定

《中华人民共和国环境保护法》第四十七条规定：

各级人民政府及其有关部门和企业事业单位，应当依照《中华人民共和国突发事件应对法》的规定，做好突发环境事件的风险控制、应急准备、应急处置和事后恢复等工作。

县级以上人民政府应当建立环境污染公共监测预警机制，组织制定预警方案；环境受到污染，可能影响公众健康和环境安全时，依法及时公布预警信息，启动应急措施。

企业事业单位应当按照国家有关规定制定突发环境事件应急预案，报环境保护主管部门和有关部门备案。在发生或者可能发生突发环境事件时，企业事业单位应当立即采取措施处理，及时通报可能受到危害的单位和居民，并向环境保护主管部门和有关部门报告。

突发环境事件应急处置工作结束后，有关人民政府应当立即组织评估事件造成的环境影响和损失，并及时将评估结果向社会公布。

8. 农业生产经营环境保护的相关规定

《中华人民共和国环境保护法》第四十九条规定：

各级人民政府及其农业等有关部门和机构应当指导农业生产经营者科学种植和养殖，科学合理施用农药、化肥等农业投入品，科学处置农用薄膜、农作物秸秆等农业废弃物，防止农业面源污染。

禁止将不符合农用标准和环境保护标准的固体废物、废水施入农田。施用农药、化肥等农业投入品及进行灌溉，应当采取措施，防止重金属和其他有毒有害物质污染环境。

畜禽养殖场、养殖小区、定点屠宰企业等的选址、建设和管理应当符合有关法律法规规定。从事畜禽养殖和屠宰的单位和个人应当采取措施，对畜禽粪便、尸体和污水等废弃物进行科学处置，防止污染环境。

县级人民政府负责组织农村生活废弃物的处置工作。

五、信息公开和公众参与

1. 环境影响评价的信息公开和公众参与的有关规定

《中华人民共和国环境保护法》第五十六条规定：

对依法应当编制环境影响报告书的建设项目，建设单位应当在编制时向可能受影响的公众说明情况，充分征求意见。

负责审批建设项目环境影响评价文件的部门在收到建设项目环境影响报告书后，除涉及国家秘密和商业秘密的事项外，应当全文公开；发现建设项目未充分征求公众意见的，应当责成建设单位征求公众意见。

六、法律责任

1. 违反环境影响评价相关规定应承担的法律责任

《中华人民共和国环境保护法》第六十一条规定：

建设单位未依法提交建设项目环境影响评价文件或者环境影响评价文件未经批准，擅自开工建设的，由负有环境保护监督管理职责的部门责令停止建设，处以罚款，并可以责令恢复原状。

《中华人民共和国环境保护法》第六十三条规定：

企业事业单位和其他生产经营者有下列行为之一，尚不构成犯罪的，除依照有关法律法规规定予以处罚外，由县级以上人民政府环境保护主管部门或者其他有关部门将案件移送公安机关，对其直接负责的主管人员和其他直接责任人员，处十日以上十五日以下拘留；情节较轻的，处五日以上十日以下拘留：

（一）建设项目未依法进行环境影响评价，被责令停止建设，拒不执行的；

（二）违反法律规定，未取得排污许可证排放污染物，被责令停止排污，拒不执行的；

（三）通过暗管、渗井、渗坑、灌注或者篡改、伪造监测数据，或者不正常运行防治污染设施等逃避监管的方式违法排放污染物的；

（四）生产、使用国家明令禁止生产、使用的农药，被责令改正，拒不改正的。

《中华人民共和国环境保护法》第六十五条规定：

环境影响评价机构、环境监测机构以及从事环境监测设备和防治污染设施维护、运营的机构，在有关环境服务活动中弄虚作假，对造成的环境污染和生态破坏负有责任的，除依照有关法律法规规定予以处罚外，还应当与造成环境污染和生态破坏的其他责任者承担连带责任。

第二节 《中华人民共和国大气污染防治法》的有关规定

1987 年我国制定了《中华人民共和国大气污染防治法》，2000 年、2015 年分别进行了两次修订，1995 年、2018 年分别进行了两次修正。现行的《中华人民共和国大气污染防治法》由中华人民共和国第十二届全国人民代表大会常务委员会第十六次会议于 2015 年 8 月 29 日修订通过，于 2016 年 1 月 1 日起正式施行，2018 年 10 月 26 日修正。

新法从修订前的七章六十六条，扩展到现在的八章一百二十九条。从内容上看，不仅实现了与新修订的《环境保护法》的衔接，也将“大气十条”中的有效政策转化为法律制度，除总则、法律责任和附则外，分别对大气污染防治标准和限期达标规划、大气污染防治的监督管理、大气污染防治措施、重点区域大气污染联合防治、重污染天气应对等内容作了规定。

一、大气污染防治标准和限期达标规划

1. 大气污染防治标准

《中华人民共和国大气污染防治法》第八条至第十三条分别就大气污染防治标准作了规定：

第八条　国务院生态环境主管部门或者省、自治区、直辖市人民政府制定大气环境质量标准，应当以保障公众健康和保护生态环境为宗旨，与经济社会发展相适应，做到科学合理。

第九条　国务院生态环境主管部门或者省、自治区、直辖市人民政府制定大气污染物排放标准，应当以大气环境质量标准和国家经济、技术条件为依据。

第十条　制定大气环境质量标准、大气污染物排放标准，应当组织专家进行审查和论证，并征求有关部门、行业协会、企业事业单位和公众等方面的意见。

第十一条　省级以上人民政府生态环境主管部门应当在其网站上公布大气环境质量标准、大气污染物排放标准，供公众免费查阅、下载。

第十二条　大气环境质量标准、大气污染物排放标准的执行情况应当定期进行评估，根据评估结果对标准适时进行修订。

第十三条　制定燃煤、石油焦、生物质燃料、涂料等含挥发性有机物的产品、烟花爆竹以及锅炉等产品的质量标准，应当明确大气环境保护要求。

制定燃油质量标准，应当符合国家大气污染物控制要求，并与国家机动车船、非道路移动机械大气污染物排放标准相互衔接，同步实施。

前款所称非道路移动机械，是指装配有发动机的移动机械和可运输工业设备。

2. 限期达标规划

《中华人民共和国大气污染防治法》第十四条至第十七条分别就限期达标规划作了规定：

第十四条　未达到国家大气环境质量标准城市的人民政府应当及时编制大气环境质量限期达标规划，采取措施，按照国务院或者省级人民政府规定的期限达到大气环境质量标准。

编制城市大气环境质量限期达标规划，应当征求有关行业协会、企业事业单位、专家和公众等方面的意见。

第十五条　城市大气环境质量限期达标规划应当向社会公开。直辖市和设区的市的大气环境质量限期达标规划应当报国务院生态环境主管部门备案。

第十六条　城市人民政府每年在向本级人民代表大会或者其常务委员会报告环境状况和环境保护目标完成情况时，应当报告大气环境质量限期达标规划执行情况，并向社会公开。

第十七条　城市大气环境质量限期达标规划应当根据大气污染防治的要求和经济、技术条件适时进行评估、修订。

二、大气污染防治的监督管理

1．重点大气污染物排放总量控制

《中华人民共和国大气污染防治法》第十八条、第二十一条、第二十二条，分别就重点大气污染物排放总量控制作了规定：

第十八条　企业事业单位和其他生产经营者建设对大气环境有影响的项目，应当依法进行环境影响评价、公开环境影响评价文件；向大气排放污染物的，应当符合大气污染物排放标准，遵守重点大气污染物排放总量控制要求。

第二十一条　国家对重点大气污染物排放实行总量控制。

重点大气污染物排放总量控制目标，由国务院生态环境主管部门在征求国务院有关部门和各省、自治区、直辖市人民政府意见后，会同国务院经济综合主管部门报国务院批准并下达实施。

省、自治区、直辖市人民政府应当按照国务院下达的总量控制目标，控制或者削减本行政区域的重点大气污染物排放总量。

确定总量控制目标和分解总量控制指标的具体办法，由国务院生态环境主管部门会同国务院有关部门规定。省、自治区、直辖市人民政府可以根据本行政区域大气污染防治的需要，对国家重点大气污染物之外的其他大气污染物排放实行总量控制。

国家逐步推行重点大气污染物排污权交易。

第二十二条　对超过国家重点大气污染物排放总量控制指标或者未完成国家下达的大气环境质量改善目标的地区，省级以上人民政府生态环境主管部门应当会同有关部门约谈该地区人民政府的主要负责人，并暂停审批该地区新增重点大气污染物排放总量的建设项目环境影响评价文件。约谈情况应当向社会公开。

2．大气环境质量监测和大气污染源监测

《中华人民共和国大气污染防治法》第二十三条至第二十六条，分别就大气环境质量监测和大气污染源监测的监督管理作了规定：

第二十三条　国务院生态环境主管部门负责制定大气环境质量和大气污染源的监测和评价规范，组织建设与管理全国大气环境质量和大气污染源监测网，组织开展大气环境质量和大气污染源监测，统一发布全国大气环境质量状况信息。

县级以上地方人民政府生态环境主管部门负责组织建设与管理本行政区域大气

环境质量和大气污染源监测网，开展大气环境质量和大气污染源监测，统一发布本行政区域大气环境质量状况信息。

第二十四条　企业事业单位和其他生产经营者应当按照国家有关规定和监测规范，对其排放的工业废气和本法第七十八条规定名录中所列有毒有害大气污染物进行监测，并保存原始监测记录。其中，重点排污单位应当安装、使用大气污染物排放自动监测设备，与环境保护主管部门的监控设备联网，保证监测设备正常运行并依法公开排放信息。监测的具体办法和重点排污单位的条件由国务院生态环境主管部门规定。

重点排污单位名录由设区的市级以上地方人民政府生态环境主管部门按照国务院生态环境主管部门的规定，根据本行政区域的大气环境承载力、重点大气污染物排放总量控制指标的要求以及排污单位排放大气污染物的种类、数量和浓度等因素，商有关部门确定，并向社会公布。

第二十五条　重点排污单位应当对自动监测数据的真实性和准确性负责。环境保护主管部门发现重点排污单位的大气污染物排放自动监测设备传输数据异常，应当及时进行调查。

第二十六条　禁止侵占、损毁或者擅自移动、改变大气环境质量监测设施和大气污染物排放自动监测设备。

三、大气污染防治措施

1. 燃煤和其他能源污染防治

《中华人民共和国大气污染防治法》第三十二条至第四十二条就燃煤和其他能源污染防治分别作了规定：

第三十二条　国务院有关部门和地方各级人民政府应当采取措施，调整能源结构，推广清洁能源的生产和使用；优化煤炭使用方式，推广煤炭清洁高效利用，逐步降低煤炭在一次能源消费中的比重，减少煤炭生产、使用、转化过程中的大气污染物排放。

第三十三条　国家推行煤炭洗选加工，降低煤炭的硫分和灰分，限制高硫分、高灰分煤炭的开采。新建煤矿应当同步建设配套的煤炭洗选设施，使煤炭的硫分、灰分含量达到规定标准；已建成的煤矿除所采煤炭属于低硫分、低灰分或者根据已达标排放的燃煤电厂要求不需要洗选的以外，应当限期建成配套的煤炭洗选设施。

禁止开采含放射性和砷等有毒有害物质超过规定标准的煤炭。

第三十四条　国家采取有利于煤炭清洁高效利用的经济、技术政策和措施，鼓励和支持洁净煤技术的开发和推广。

国家鼓励煤矿企业等采用合理、可行的技术措施，对煤层气进行开采利用，对煤矸石进行综合利用。从事煤层气开采利用的，煤层气排放应当符合有关标准规范。

第三十五条　国家禁止进口、销售和燃用不符合质量标准的煤炭，鼓励燃用优质煤炭。

单位存放煤炭、煤矸石、煤渣、煤灰等物料，应当采取防燃措施，防止大气污染。

第三十六条　地方各级人民政府应当采取措施，加强民用散煤的管理，禁止销售不符合民用散煤质量标准的煤炭，鼓励居民燃用优质煤炭和洁净型煤，推广节能环保型炉灶。

第三十七条　石油炼制企业应当按照燃油质量标准生产燃油。

禁止进口、销售和燃用不符合质量标准的石油焦。

第三十八条　城市人民政府可以划定并公布高污染燃料禁燃区，并根据大气环境质量改善要求，逐步扩大高污染燃料禁燃区范围。高污染燃料的目录由国务院生态环境主管部门确定。

在禁燃区内，禁止销售、燃用高污染燃料；禁止新建、扩建燃用高污染燃料的设施，已建成的，应当在城市人民政府规定的期限内改用天然气、页岩气、液化石油气、电或者其他清洁能源。

第三十九条　城市建设应当统筹规划，在燃煤供热地区，推进热电联产和集中供热。在集中供热管网覆盖地区，禁止新建、扩建分散燃煤供热锅炉；已建成的不能达标排放的燃煤供热锅炉，应当在城市人民政府规定的期限内拆除。

第四十条　县级以上人民政府质量监督部门应当会同生态环境主管部门对锅炉生产、进口、销售和使用环节执行环境保护标准或者要求的情况进行监督检查；不符合环境保护标准或者要求的，不得生产、进口、销售和使用。

第四十一条　燃煤电厂和其他燃煤单位应当采用清洁生产工艺，配套建设除尘、脱硫、脱硝等装置，或者采取技术改造等其他控制大气污染物排放的措施。

国家鼓励燃煤单位采用先进的除尘、脱硫、脱硝、脱汞等大气污染物协同控制的技术和装置，减少大气污染物的排放。

第四十二条　电力调度应当优先安排清洁能源发电上网。

2．工业污染防治

《中华人民共和国大气污染防治法》第四十三条至第四十九条就工业污染防治作了规定：

第四十三条　钢铁、建材、有色金属、石油、化工等企业生产过程中排放粉尘、硫化物和氮氧化物的，应当采用清洁生产工艺，配套建设除尘、脱硫、脱硝等装置，或者采取技术改造等其他控制大气污染物排放的措施。

第四十四条　生产、进口、销售和使用含挥发性有机物的原材料和产品的，其挥发性有机物含量应当符合质量标准或者要求。

国家鼓励生产、进口、销售和使用低毒、低挥发性有机溶剂。

第四十五条　产生含挥发性有机物废气的生产和服务活动，应当在密闭空间或者设备中进行，并按照规定安装、使用污染防治设施；无法密闭的，应当采取措施减少废气排放。

第四十六条　工业涂装企业应当使用低挥发性有机物含量的涂料，并建立台账，记录生产原料、辅料的使用量、废弃量、去向以及挥发性有机物含量。台账保存期限不得少于三年。

第四十七条　石油、化工以及其他生产和使用有机溶剂的企业，应当采取措施对管道、设备进行日常维护、维修，减少物料泄漏，对泄漏的物料应当及时收集处理。

储油储气库、加油加气站、原油成品油码头、原油成品油运输船舶和油罐车、气罐车等，应当按照国家有关规定安装油气回收装置并保持正常使用。

第四十八条　钢铁、建材、有色金属、石油、化工、制药、矿产开采等企业，应当加强精细化管理，采取集中收集处理等措施，严格控制粉尘和气态污染物的排放。

工业生产企业应当采取密闭、围挡、遮盖、清扫、洒水等措施，减少内部物料的堆存、传输、装卸等环节产生的粉尘和气态污染物的排放。

第四十九条　工业生产、垃圾填埋或者其他活动产生的可燃性气体应当回收利用，不具备回收利用条件的，应当进行污染防治处理。

可燃性气体回收利用装置不能正常作业的，应当及时修复或者更新。在回收利用装置不能正常作业期间确需排放可燃性气体的，应当将排放的可燃性气体充分燃烧或者采取其他控制大气污染物排放的措施，并向当地生态环境主管部门报告，按照要求限期修复或者更新。

3．扬尘污染防治

《中华人民共和国大气污染防治法》第六十八条至第七十二条就扬尘污染防治作了规定：

第六十八条　地方各级人民政府应当加强对建设施工和运输的管理，保持道路清洁，控制料堆和渣土堆放，扩大绿地、水面、湿地和地面铺装面积，防治扬尘污染。

住房城乡建设、市容环境卫生、交通运输、国土资源等有关部门，应当根据本级人民政府确定的职责，做好扬尘污染防治工作。

第六十九条　建设单位应当将防治扬尘污染的费用列入工程造价，并在施工承包合同中明确施工单位扬尘污染防治责任。施工单位应当制定具体的施工扬尘污染防治实施方案。

从事房屋建筑、市政基础设施建设、河道整治以及建筑物拆除等施工单位，应当向负责监督管理扬尘污染防治的主管部门备案。

施工单位应当在施工工地设置硬质围挡，并采取覆盖、分段作业、择时施工、洒水抑尘、冲洗地面和车辆等有效防尘降尘措施。建筑土方、工程渣土、建筑垃圾应当及时清运；在场地内堆存的，应当采用密闭式防尘网遮盖。工程渣土、建筑垃圾应当进行资源化处理。

施工单位应当在施工工地公示扬尘污染防治措施、负责人、扬尘监督管理主管部门等信息。

暂时不能开工的建设用地，建设单位应当对裸露地面进行覆盖；超过三个月的，应当进行绿化、铺装或者遮盖。

第七十条　运输煤炭、垃圾、渣土、砂石、土方、灰浆等散装、流体物料的车辆应当采取密闭或者其他措施防止物料遗撒造成扬尘污染，并按照规定路线行驶。

装卸物料应当采取密闭或者喷淋等方式防治扬尘污染。

城市人民政府应当加强道路、广场、停车场和其他公共场所的清扫保洁管理，推行清洁动力机械化清扫等低尘作业方式，防治扬尘污染。

第七十一条　市政河道以及河道沿线、公共用地的裸露地面以及其他城镇裸露地面，有关部门应当按照规划组织实施绿化或者透水铺装。

第七十二条　贮存煤炭、煤矸石、煤渣、煤灰、水泥、石灰、石膏、砂土等易产生扬尘的物料应当密闭；不能密闭的，应当设置不低于堆放物高度的严密围挡，并采取有效覆盖措施防治扬尘污染。

码头、矿山、填埋场和消纳场应当实施分区作业，并采取有效措施防治扬尘污染。

4．农业污染防治

《中华人民共和国大气污染防治法》第七十三条至第七十八条就农业污染防治作了规定：

第七十三条　地方各级人民政府应当推动转变农业生产方式，发展农业循环经济，加大对废弃物综合处理的支持力度，加强对农业生产经营活动排放大气污染物的控制。

第七十四条　农业生产经营者应当改进施肥方式，科学合理施用化肥并按照国家有关规定使用农药，减少氨、挥发性有机物等大气污染物的排放。

禁止在人口集中地区对树木、花草喷洒剧毒、高毒农药。

第七十五条　畜禽养殖场、养殖小区应当及时对污水、畜禽粪便和尸体等进行收集、贮存、清运和无害化处理，防止排放恶臭气体。

第七十六条　各级人民政府及其农业行政等有关部门应当鼓励和支持采用先进适用技术，对秸秆、落叶等进行肥料化、饲料化、能源化、工业原料化、食用菌基料化等综合利用，加大对秸秆还田、收集一体化农业机械的财政补贴力度。

县级人民政府应当组织建立秸秆收集、贮存、运输和综合利用服务体系，采用财政补贴等措施支持农村集体经济组织、农民专业合作经济组织、企业等开展秸秆收集、贮存、运输和综合利用服务。

第七十七条　省、自治区、直辖市人民政府应当划定区域，禁止露天焚烧秸秆、落叶等产生烟尘污染的物质。

第七十八条　国务院生态环境主管部门应当会同国务院卫生行政部门，根据大气污染物对公众健康和生态环境的危害和影响程度，公布有毒有害大气污染物名录，实行风险管理。

排放前款规定名录中所列有毒有害大气污染物的企业事业单位，应当按照国家有关规定建设环境风险预警体系，对排放口和周边环境进行定期监测，评估环境风险，排查环境安全隐患，并采取有效措施防范环境风险。

5．持久性有机污染物和恶臭气体污染防治

《中华人民共和国大气污染防治法》第七十九条至第八十四条就持久性有机污染物和恶臭气体污染防治分别作了规定：

第七十九条　向大气排放持久性有机污染物的企业事业单位和其他生产经营者以及废弃物焚烧设施的运营单位，应当按照国家有关规定，采取有利于减少持久性有机污染物排放的技术方法和工艺，配备有效的净化装置，实现达标排放。

第八十条　企业事业单位和其他生产经营者在生产经营活动中产生恶臭气体的，应当科学选址，设置合理的防护距离，并安装净化装置或者采取其他措施，防止排放恶臭气体。

第八十一条　排放油烟的餐饮服务业经营者应当安装油烟净化设施并保持正常使用，或者采取其他油烟净化措施，使油烟达标排放，并防止对附近居民的正常生活环境造成污染。

禁止在居民住宅楼、未配套设立专用烟道的商住综合楼以及商住综合楼内与居住层相邻的商业楼层内新建、改建、扩建产生油烟、异味、废气的餐饮服务项目。

任何单位和个人不得在当地人民政府禁止的区域内露天烧烤食品或者为露天烧烤食品提供场地。

第八十二条　禁止在人口集中地区和其他依法需要特殊保护的区域内焚烧沥青、油毡、橡胶、塑料、皮革、垃圾以及其他产生有毒有害烟尘和恶臭气体的物质。

禁止生产、销售和燃放不符合质量标准的烟花爆竹。任何单位和个人不得在城市人民政府禁止的时段和区域内燃放烟花爆竹。

第八十三条　国家鼓励和倡导文明、绿色祭祀。

火葬场应当设置除尘等污染防治设施并保持正常使用，防止影响周边环境。

第八十四条　从事服装干洗和机动车维修等服务活动的经营者，应当按照国家有关标准或者要求设置异味和废气处理装置等污染防治设施并保持正常使用，防止影响周边环境。

四、重点区域大气污染联合防治

《中华人民共和国大气污染防治法》第八十六条至第九十二条就重点区域大气污染联合防治作了规定：

第八十六条 国家建立重点区域大气污染联防联控机制，统筹协调重点区域内大气污染防治工作。国务院生态环境主管部门根据主体功能区划、区域大气环境质量状况和大气污染传输扩散规律，划定国家大气污染防治重点区域，报国务院批准。

重点区域内有关省、自治区、直辖市人民政府应当确定牵头的地方人民政府，定期召开联席会议，按照统一规划、统一标准、统一监测、统一的防治措施的要求，开展大气污染联合防治，落实大气污染防治目标责任。国务院生态环境主管部门应当加强指导、督促。

省、自治区、直辖市可以参照第一款规定划定本行政区域的大气污染防治重点区域。

第八十七条 国务院生态环境主管部门会同国务院有关部门、国家大气污染防治重点区域内有关省、自治区、直辖市人民政府，根据重点区域经济社会发展和大气环境承载力，制定重点区域大气污染联合防治行动计划，明确控制目标，优化区域经济布局，统筹交通管理，发展清洁能源，提出重点防治任务和措施，促进重点区域大气环境质量改善。

第八十八条 国务院经济综合主管部门会同国务院生态环境主管部门，结合国家大气污染防治重点区域产业发展实际和大气环境质量状况，进一步提高环境保护、能耗、安全、质量等要求。

重点区域内有关省、自治区、直辖市人民政府应当实施更严格的机动车大气污染物排放标准，统一在用机动车检验方法和排放限值，并配套供应合格的车用燃油。

第八十九条 编制可能对国家大气污染防治重点区域的大气环境造成严重污染的有关工业园区、开发区、区域产业和发展等规划，应当依法进行环境影响评价。规划编制机关应当与重点区域内有关省、自治区、直辖市人民政府或者有关部门会商。

重点区域内有关省、自治区、直辖市建设可能对相邻省、自治区、直辖市大气环境质量产生重大影响的项目，应当及时通报有关信息，进行会商。

会商意见及其采纳情况作为环境影响评价文件审查或者审批的重要依据。

第九十条 国家大气污染防治重点区域内新建、改建、扩建用煤项目的，应当实行煤炭的等量或者减量替代。

第九十一条 国务院生态环境主管部门应当组织建立国家大气污染防治重点区域的大气环境质量监测、大气污染源监测等相关信息共享机制，利用监测、模拟以及卫星、航测、遥感等新技术分析重点区域内大气污染来源及其变化趋势，并向社会公开。

第九十二条　国务院生态环境主管部门和国家大气污染防治重点区域内有关省、自治区、直辖市人民政府可以组织有关部门开展联合执法、跨区域执法、交叉执法。

第三节　《中华人民共和国水污染防治法》的有关规定

《中华人民共和国水污染防治法》经 1984 年 5 月 11 日第六届全国人民代表大会常务委员会第五次会议通过，自 1984 年 11 月 1 日起施行。根据 1996 年 5 月 15 日第八届全国人民代表大会常务委员会第十九次会议《关于修改〈中华人民共和国水污染防治法〉的决定》修正。2000 年 3 月 20 日国务院又颁布了《中华人民共和国水污染防治法实施细则》。2008 年 2 月 28 日第十届全国人民代表大会常务委员会第三十二次会议再次修订了《中华人民共和国水污染防治法》，并于 2008 年 2 月 28 日以中华人民共和国主席令第 87 号公布，自 2008 年 6 月 1 日起施行。根据 2017 年 6 月 27 日第十二届全国人民代表大会常务委员会第二十八次会议《关于修改〈中华人民共和国水污染防治法〉的决定》第二次修正，决定自 2018 年 1 月 1 日起施行。

《中华人民共和国水污染防治法》第一百零二条对本法中有关用语的含义进行了界定："水污染"是指水体因某种物质的介入，而导致其化学、物理、生物或者放射性等方面特性的改变，从而影响水的有效利用，危害人体健康或者破坏生态环境，造成水质恶化的现象。"水污染物"是指直接或者间接向水体排放的，能导致水体污染的物质。"有毒污染物"是指那些直接或者间接被生物摄入体内后，可能导致该生物或者其后代发病、行为反常、遗传变异、生理机能失常、机体变形或者死亡的污染物。"渔业水体"是指划定的鱼虾类的产卵场、索饵场、越冬场、洄游通道和鱼虾贝藻类的养殖场的水体。

一、适用范围和监督管理体制

1．适用范围

《中华人民共和国水污染防治法》第二条规定：

本法适用于中华人民共和国领域内的江河、湖泊、运河、渠道、水库等地表水体以及地下水体的污染防治。

海洋污染防治适用《中华人民共和国海洋环境保护法》。

2．水环境监督管理体制和要求

《中华人民共和国水污染防治法》第四条、第五条和第九条规定了水环境监督管理体制和要求：

第四条　县级以上人民政府应当将水环境保护工作纳入国民经济和社会发展规划。

地方各级人民政府对本行政区域的水环境质量负责，应当及时采取措施防治水污染。

第五条　省、市、县、乡建立河长制，分级分段组织领导本行政区域内江河、湖泊的水资源保护、水域岸线管理、水污染防治、水环境治理等工作。

第九条　县级以上人民政府环境保护主管部门对水污染防治实施统一监督管理。

交通主管部门的海事管理机构对船舶污染水域的防治实施监督管理。

县级以上人民政府水行政、国土资源、卫生、建设、农业、渔业等部门以及重要江河、湖泊的流域水资源保护机构，在各自的职责范围内，对有关水污染防治实施监督管理。

二、违法行为的界限

《中华人民共和国水污染防治法》第十条规定：

排放水污染物，不得超过国家或者地方规定的水污染物排放标准和重点水污染物排放总量控制指标。

三、水污染防治的基本要求

《中华人民共和国水污染防治法》第三条规定：

水污染防治应当坚持预防为主、防治结合、综合治理的原则，优先保护饮用水水源，严格控制工业污染、城镇生活污染，防治农业面源污染，积极推进生态治理工程建设，预防、控制和减少水环境污染和生态破坏。

本条规定了水污染防治的基本要求，明确了水污染防治的原则，更加突出了饮用水安全。

四、向水体排放污染物的建设项目的环境影响评价

《中华人民共和国水污染防治法》第十九条规定：

新建、改建、扩建直接或者间接向水体排放污染物的建设项目和其他水上设施，应当依法进行环境影响评价。

建设单位在江河、湖泊新建、改建、扩建排污口的，应当取得水行政主管部门或者流域管理机构同意；涉及通航、渔业水域的，环境保护主管部门在审批环境影响评价文件时，应当征求交通、渔业主管部门的意见。

建设项目的水污染防治设施，应当与主体工程同时设计、同时施工、同时投入使用。水污染防治设施应当符合经批准或者备案的环境影响评价文件的要求。

《中华人民共和国水污染防治法》第八十四条规定：

在饮用水水源保护区内设置排污口的，由县级以上地方人民政府责令限期拆除，处十万元以上五十万元以下的罚款；逾期不拆除的，强制拆除，所需费用由违法者承担，处五十万元以上一百万元以下的罚款，并可以责令停产整治。

除前款规定外，违反法律、行政法规和国务院环境保护主管部门的规定设置排污口的，由县级以上地方人民政府环境保护主管部门责令限期拆除，处二万元以上十万元以下的罚款；逾期不拆除的，强制拆除，所需费用由违法者承担，处十万元以上五十万元以下的罚款；情节严重的，可以责令停产整治。

未经水行政主管部门或者流域管理机构同意，在江河、湖泊新建、改建、扩建排污口的，由县级以上人民政府水行政主管部门或者流域管理机构依据职权，依照前款规定采取措施、给予处罚。

五、水污染物排放总量控制制度

《中华人民共和国水污染防治法》第二十条规定：

国家对重点水污染物排放实施总量控制制度。

重点水污染物排放总量控制指标，由国务院环境保护主管部门在征求国务院有关部门和各省、自治区、直辖市人民政府意见后，会同国务院经济综合宏观调控部门报国务院批准并下达实施。

省、自治区、直辖市人民政府应当按照国务院的规定削减和控制本行政区域的重点水污染物排放总量。具体办法由国务院环境保护主管部门会同国务院有关部门规定。

省、自治区、直辖市人民政府可以根据本行政区域水环境质量状况和水污染防治工作的需要，对国家重点水污染物之外的其他水污染物排放实行总量控制。

对超过重点水污染物排放总量控制指标或者未完成水环境质量改善目标的地区，省级以上人民政府环境保护主管部门应当会同有关部门约谈该地区人民政府的主要负责人，并暂停审批新增重点水污染物排放总量的建设项目的环境影响评价文件。约谈情况应当向社会公开。

污染物排放总量控制制度是防治水污染的有力武器，是实行排污许可证制度的基础。只有坚定不移地实施排污总量控制制度，才能切实把水污染物的排放量削减下来，把水环境质量提高上去。总量控制的适用范围扩大，修订前的《中华人民共和国水污染防治法》虽然规定了总量控制制度，但只适用于“特殊水体”，即排污达标但水质不达标的水体。修订后的《中华人民共和国水污染防治法》对总量控制制度做了两个方面修改：一是扩大了总量控制的适用范围，不再局限于排污达标但质量不达标的水体，并要求地方政府将总量控制指标逐级分解落实到基层和排污单位；二是除国家重点水污染物外，允许省级政府可以确定本行政区域实施总量控制的“地方重点水污染物”。

“区域限批”手段法制化。“区域限批”制度是环境监管手段的重要创新。实践证明，“区域限批”制度的效果非常明显，不仅使违法建设单位受到严厉惩罚，也使一些地方政府官员对环评等法律制度产生了敬畏之心。修订后的《水污染防治法》及时吸纳了这一创新，并将其由行政管理措施上升为强制实施的法律制度。第二十条规定，对超过重点水污染物排放总量控制指标的地区，有关人民政府环境保护主管部门应当暂停审批新增重点水污染物排放总量的建设项目的环境影响评价文件。

六、排污口设置的监管

《中华人民共和国水污染防治法》第二十二条规定：

向水体排放污染物的企业事业单位和其他生产经营者，应当按照法律、行政法规和国务院环境保护主管部门的规定设置排污口；在江河、湖泊设置排污口的，还应当遵守国务院水行政主管部门的规定。

七、水污染防治措施规定

《中华人民共和国水污染防治法》第四章分别就水污染防治的一般规定、工业水污染防治、城镇水污染防治、农业和农村水污染防治、船舶水污染防治作了规定。

1. 水污染防治的一般规定

《中华人民共和国水污染防治法》第四章第一节第三十三条至第四十三条是关于水污染防治的一般规定：

第三十三条　禁止向水体排放油类、酸液、碱液或者剧毒废液。

禁止在水体清洗装贮过油类或者有毒污染物的车辆和容器。

第三十四条　禁止向水体排放、倾倒放射性固体废物或者含有高放射性和中放射性物质的废水。

向水体排放含低放射性物质的废水，应当符合国家有关放射性污染防治的规定和标准。

第三十五条　向水体排放含热废水，应当采取措施，保证水体的水温符合水环境质量标准。

第三十六条　含病原体的污水应当经过消毒处理；符合国家有关标准后，方可排放。

第三十七条　禁止向水体排放、倾倒工业废渣、城镇垃圾和其他废弃物。

禁止将含有汞、镉、砷、铬、铅、氰化物、黄磷等的可溶性剧毒废渣向水体排放、倾倒或者直接埋入地下。

存放可溶性剧毒废渣的场所，应当采取防水、防渗漏、防流失的措施。

第三十八条　禁止在江河、湖泊、运河、渠道、水库最高水位线以下的滩地和岸坡堆放、存贮固体废弃物和其他污染物。

第三十九条　禁止利用渗井、渗坑、裂隙、溶洞，私设暗管，篡改、伪造监测数据，或者不正常运行水污染防治设施等逃避监管的方式排放水污染物。

第四十条　化学品生产企业以及工业集聚区、矿山开采区、尾矿库、危险废物处置场、垃圾填埋场等的运营、管理单位，应当采取防渗漏等措施，并建设地下水水质监测井进行监测，防止地下水污染。

加油站等的地下油罐应当使用双层罐或者采取建造防渗池等其他有效措施，并进行防渗漏监测，防止地下水污染。

禁止利用无防渗漏措施的沟渠、坑塘等输送或者存贮含有毒污染物的废水、含病原体的污水和其他废弃物。

第四十一条　多层地下水的含水层水质差异大的，应当分层开采；对已受污染的潜水和承压水，不得混合开采。

第四十二条　兴建地下工程设施或者进行地下勘探、采矿等活动，应当采取防护性措施，防止地下水污染。

报废矿井、钻井或者取水井等，应当实施封井或者回填。

第四十三条　人工回灌补给地下水，不得恶化地下水质。

2. 工业水污染防治的规定

《中华人民共和国水污染防治法》第四章第二节第四十四条至第四十八条是关于工业水污染防治的规定：

第四十四条　国务院有关部门和县级以上地方人民政府应当合理规划工业布局，要求造成水污染的企业进行技术改造，采取综合防治措施，提高水的重复利用率，减少废水和污染物排放量。

第四十五条　排放工业废水的企业应当采取有效措施，收集和处理产生的全部废水，防止污染环境。含有毒有害水污染物的工业废水应当分类收集和处理，不得稀释排放。

工业集聚区应当配套建设相应的污水集中处理设施，安装自动监测设备，与环境保护主管部门的监控设备联网，并保证监测设备正常运行。

向污水集中处理设施排放工业废水的，应当按照国家有关规定进行预处理，达到集中处理设施处理工艺要求后方可排放。

第四十六条　国家对严重污染水环境的落后工艺和设备实行淘汰制度。

国务院经济综合宏观调控部门会同国务院有关部门，公布限期禁止采用的严重污染水环境的工艺名录和限期禁止生产、销售、进口、使用的严重污染水环境的设备名录。

生产者、销售者、进口者或者使用者应当在规定的期限内停止生产、销售、进口或者使用列入前款规定的设备名录中的设备。工艺的采用者应当在规定的期限内停止采用列入前款规定的工艺名录中的工艺。

依照本条第二款、第三款规定被淘汰的设备，不得转让给他人使用。

第四十七条　国家禁止新建不符合国家产业政策的小型造纸、制革、印染、染料、炼焦、炼硫、炼砷、炼汞、炼油、电镀、农药、石棉、水泥、玻璃、钢铁、火电以及其他严重污染水环境的生产项目。

第四十八条　企业应当采用原材料利用效率高、污染物排放量少的清洁工艺，并加强管理，减少水污染物的产生。

3. 城镇水污染防治的规定

《中华人民共和国水污染防治法》第四章第三节第四十九条至第五十一条是关于城镇水污染防治的规定：

第四十九条　城镇污水应当集中处理。

县级以上地方人民政府应当通过财政预算和其他渠道筹集资金，统筹安排建设城镇污水集中处理设施及配套管网，提高本行政区域城镇污水的收集率和处理率。

国务院建设主管部门应当会同国务院经济综合宏观调控、环境保护主管部门，根据城乡规划和水污染防治规划，组织编制全国城镇污水处理设施建设规划。县级以上地方人民政府组织建设、经济综合宏观调控、环境保护、水行政等部门编制本行政区域的城镇污水处理设施建设规划。县级以上地方人民政府建设主管部门应当按照城镇污水处理设施建设规划，组织建设城镇污水集中处理设施及配套管网，并加强对城镇污水集中处理设施运营的监督管理。

城镇污水集中处理设施的运营单位按照国家规定向排污者提供污水处理的有偿服务，收取污水处理费用，保证污水集中处理设施的正常运行。收取的污水处理费用应当用于城镇污水集中处理设施的建设运行和污泥处理处置，不得挪作他用。

城镇污水集中处理设施的污水处理收费、管理以及使用的具体办法，由国务院规定。

第五十条　向城镇污水集中处理设施排放水污染物，应当符合国家或者地方规定的水污染物排放标准。

城镇污水集中处理设施的运营单位，应当对城镇污水集中处理设施的出水水质负责。

环境保护主管部门应当对城镇污水集中处理设施的出水水质和水量进行监督检查。

第五十一条　城镇污水集中处理设施的运营单位或者污泥处理处置单位应当安全处理处置污泥，保证处理处置后的污泥符合国家标准，并对污泥的去向等进行记录。

4. 农业和农村水污染防治的规定

《中华人民共和国水污染防治法》第四章第四节第五十二条至第五十八条是关于农业和农村水污染防治的规定：

第五十二条　国家支持农村污水、垃圾处理设施的建设，推进农村污水、垃圾集中处理。

地方各级人民政府应当统筹规划建设农村污水、垃圾处理设施，并保障其正常运行。

第五十三条　制定化肥、农药等产品的质量标准和使用标准，应当适应水环境保护要求。

第五十四条　使用农药，应当符合国家有关农药安全使用的规定和标准。

运输、存贮农药和处置过期失效农药，应当加强管理，防止造成水污染。

第五十五条　县级以上地方人民政府农业主管部门和其他有关部门，应当采取措施，指导农业生产者科学、合理地施用化肥和农药，推广测土配方施肥技术和高效低毒低残留农药，控制化肥和农药的过量使用，防止造成水污染。

第五十六条　国家支持畜禽养殖场、养殖小区建设畜禽粪便、废水的综合利用或者无害化处理设施。

畜禽养殖场、养殖小区应当保证其畜禽粪便、废水的综合利用或者无害化处理设施正常运转，保证污水达标排放，防止污染水环境。

畜禽散养密集区所在地县、乡级人民政府应当组织对畜禽粪便污水进行分户收集、集中处理利用。

第五十七条　从事水产养殖应当保护水域生态环境，科学确定养殖密度，合理投饵和使用药物，防止污染水环境。

第五十八条　农田灌溉用水应当符合相应的水质标准，防止污染土壤、地下水和农产品。

禁止向农田灌溉渠道排放工业废水或者医疗污水。向农田灌溉渠道排放城镇污水以及未综合利用的畜禽养殖废水、农产品加工废水的，应当保证其下游最近的灌溉取水点的水质符合农田灌溉水质标准。

5. 船舶水污染防治的规定

《中华人民共和国水污染防治法》第四章第五节第五十九条至第六十二条是关于船舶水污染防治的规定：

第五十九条　船舶排放含油污水、生活污水，应当符合船舶污染物排放标准。从事海洋航运的船舶进入内河和港口的，应当遵守内河的船舶污染物排放标准。

船舶的残油、废油应当回收，禁止排入水体。

禁止向水体倾倒船舶垃圾。

船舶装载运输油类或者有毒货物，应当采取防止溢流和渗漏的措施，防止货物落水造成水污染。

进入中华人民共和国内河的国际航线船舶排放压载水的，应当采用压载水处理装置或者采取其他等效措施，对压载水进行灭活等处理。禁止排放不符合规定的船舶压载水。

第六十条 船舶应当按照国家有关规定配置相应的防污设备和器材，并持有合法有效的防止水域环境污染的证书与文书。

船舶进行涉及污染物排放的作业，应当严格遵守操作规程，并在相应的记录簿上如实记载。

第六十一条 港口、码头、装卸站和船舶修造厂所在地市、县级人民政府应当统筹规划建设船舶污染物、废弃物的接收、转运及处理处置设施。

港口、码头、装卸站和船舶修造厂应当备有足够的船舶污染物、废弃物的接收设施。从事船舶污染物、废弃物接收作业，或者从事装载油类、污染危害性货物船舱清洗作业的单位，应当具备与其运营规模相适应的接收处理能力。

第六十二条 船舶及有关作业单位从事有污染风险的作业活动，应当按照有关法律法规和标准，采取有效措施，防止造成水污染。海事管理机构、渔业主管部门应当加强对船舶及有关作业活动的监督管理。

船舶进行散装液体污染危害性货物的过驳作业，应当编制作业方案，采取有效的安全和污染防治措施，并报作业地海事管理机构批准。

禁止采取冲滩方式进行船舶拆解作业。

船舶具有流动性特点，其污染物排放区域、排放时间都具有不确定性的特点，因而更加难以控制。船舶排放含油污水、生活污水，必须符合《船舶污染物排放标准》。从事海洋航运的船舶，进入内河和港口的，应当遵守内河的《船舶污染物排放标准》。船舶的残油、废油必须回收，禁止排入水体。禁止向水体倾倒船舶垃圾。船舶装载运输油类或者有毒货物，必须采取防止溢流和渗漏的措施，防止货物落水造成水污染。

八、饮用水水源和其他特殊水体保护

《中华人民共和国水污染防治法》第五章第六十三条至第七十五条是关于饮用水水源和其他特殊水体保护的规定：

第六十三条 国家建立饮用水水源保护区制度。饮用水水源保护区分为一级保护区和二级保护区；必要时，可以在饮用水水源保护区外围划定一定的区域作为准保护区。

饮用水水源保护区的划定，由有关市、县人民政府提出划定方案，报省、自治区、直辖市人民政府批准；跨市、县饮用水水源保护区的划定，由有关市、县人民政府协商提出划定方案，报省、自治区、直辖市人民政府批准；协商不成的，由省、自治区、直辖市人民政府环境保护主管部门会同同级水行政、国土资源、卫生、建设等部门提出划定方案，征求同级有关部门的意见后，报省、自治区、直辖市人民政府批准。

跨省、自治区、直辖市的饮用水水源保护区，由有关省、自治区、直辖市人民政府商有关流域管理机构划定；协商不成的，由国务院环境保护主管部门会同同级水行政、国土资源、卫生、建设等部门提出划定方案，征求国务院有关部门的意见后，报国务院批准。

国务院和省、自治区、直辖市人民政府可以根据保护饮用水水源的实际需要，调整饮用水水源保护区的范围，确保饮用水安全。有关地方人民政府应当在饮用水水源保护区的边界设立明确的地理界标和明显的警示标志。

第六十四条　在饮用水水源保护区内，禁止设置排污口。

第六十五条　禁止在饮用水水源一级保护区内新建、改建、扩建与供水设施和保护水源无关的建设项目；已建成的与供水设施和保护水源无关的建设项目，由县级以上人民政府责令拆除或者关闭。

禁止在饮用水水源一级保护区内从事网箱养殖、旅游、游泳、垂钓或者其他可能污染饮用水水体的活动。

第六十六条　禁止在饮用水水源二级保护区内新建、改建、扩建排放污染物的建设项目；已建成的排放污染物的建设项目，由县级以上人民政府责令拆除或者关闭。

在饮用水水源二级保护区内从事网箱养殖、旅游等活动的，应当按照规定采取措施，防止污染饮用水水体。

第六十七条　禁止在饮用水水源准保护区内新建、扩建对水体污染严重的建设项目；改建建设项目，不得增加排污量。

第六十八条　县级以上地方人民政府应当根据保护饮用水水源的实际需要，在准保护区内采取工程措施或者建造湿地、水源涵养林等生态保护措施，防止水污染物直接排入饮用水水体，确保饮用水安全。

第六十九条　县级以上地方人民政府应当组织环境保护等部门，对饮用水水源保护区、地下水型饮用水源的补给区及供水单位周边区域的环境状况和污染风险进行调查评估，筛查可能存在的污染风险因素，并采取相应的风险防范措施。

饮用水水源受到污染可能威胁供水安全的，环境保护主管部门应当责令有关企业事业单位和其他生产经营者采取停止排放水污染物等措施，并通报饮用水供水单位和供水、卫生、水行政等部门；跨行政区域的，还应当通报相关地方人民政府。

第七十条　单一水源供水城市的人民政府应当建设应急水源或者备用水源，有条件的地区可以开展区域联网供水。

县级以上地方人民政府应当合理安排、布局农村饮用水水源，有条件的地区可以采取城镇供水管网延伸或者建设跨村、跨乡镇联片集中供水工程等方式，发展规模集中供水。

第七十一条　饮用水供水单位应当做好取水口和出水口的水质检测工作。发现取水口水质不符合饮用水水源水质标准或者出水口水质不符合饮用水卫生标准的，应当及时采取相应措施，并向所在地市、县级人民政府供水主管部门报告。供水主管部门接到报告后，应当通报环境保护、卫生、水行政等部门。

饮用水供水单位应当对供水水质负责，确保供水设施安全可靠运行，保证供水水质符合国家有关标准。

第七十二条　县级以上地方人民政府应当组织有关部门监测、评估本行政区域内饮用水水源、供水单位供水和用户水龙头出水的水质等饮用水安全状况。

县级以上地方人民政府有关部门应当至少每季度向社会公开一次饮用水安全状况信息。

第七十三条　国务院和省、自治区、直辖市人民政府根据水环境保护的需要，可以规定在饮用水水源保护区内，采取禁止或者限制使用含磷洗涤剂、化肥、农药以及限制种植养殖等措施。

第七十四条　县级以上人民政府可以对风景名胜区水体、重要渔业水体和其他具有特殊经济文化价值的水体划定保护区，并采取措施，保证保护区的水质符合规定用途的水环境质量标准。

第七十五条　在风景名胜区水体、重要渔业水体和其他具有特殊经济文化价值的水体的保护区内，不得新建排污口。在保护区附近新建排污口，应当保证保护区水体不受污染。

九、水污染事故的处置

2008 年修订后的《中华人民共和国水污染防治法》对增强水污染应急反应能力做出了规定，以减少水污染事故对环境造成的危害。一是规定各级人民政府及其有关部门、可能发生水污染事故的企业、事业单位，应做好突发水污染事故的应急准备、应急处置和事后恢复等工作。二是规定可能发生水污染事故的企业、事业单位，应当制定有关水污染事故的应急方案，做好应急准备，并定期进行演练。生产、储存危险化学品的企业、事业单位，应当采取措施，防止在处理安全生产事故中产生的可能严重污染水体的消防废水、废液直接排入水体。三是规定企业、事业单位发生事故或者其他突发性事件，造成或者可能造成水污染事故的，应当立即启动本单位的应急方案，采取应急措施，并向事故发生地的县级以上地方人民政府或者环境保护主管部门报告。环境保护主管部门接到报告后，应当及时向本级人民政府报告，并抄送有关部门。

《中华人民共和国水污染防治法》第六章第七十六条至第七十八条是关于水污染事故的处置的规定：

第七十六条　各级人民政府及其有关部门，可能发生水污染事故的企业事业单位，应当依照《中华人民共和国突发事件应对法》的规定，做好突发水污染事故的应急准备、应急处置和事后恢复等工作。

第七十七条　可能发生水污染事故的企业事业单位，应当制定有关水污染事故的应急方案，做好应急准备，并定期进行演练。

生产、储存危险化学品的企业事业单位，应当采取措施，防止在处理安全生产事故过程中产生的可能严重污染水体的消防废水、废液直接排入水体。

第七十八条　企业事业单位发生事故或者其他突发性事件，造成或者可能造成水污染事故的，应当立即启动本单位的应急方案，采取隔离等应急措施，防止水污染物进入水体，并向事故发生地的县级以上地方人民政府或者环境保护主管部门报告。环境保护主管部门接到报告后，应当及时向本级人民政府报告，并抄送有关部门。

造成渔业污染事故或者渔业船舶造成水污染事故的，应当向事故发生地的渔业主管部门报告，接受调查处理。其他船舶造成水污染事故的，应当向事故发生地的海事管理机构报告，接受调查处理；给渔业造成损害的，海事管理机构应当通知渔业主管部门参与调查处理。

第四节　《中华人民共和国环境噪声污染防治法》的有关规定

《中华人民共和国环境噪声污染防治法》由第八届全国人民代表大会常务委员会第二十二次会议于1996年10月29日通过，自1997年3月1日起施行，根据2018年12月29日第十三届全国人民代表大会常务委员会第七次会议《关于修改〈中华人民共和国劳动法〉等七部法律的决定》修正。

在我国，环境噪声总体水平长期居高不下，环境噪声污染已成为严重扰民的突出问题，在城市更甚。

一、环境噪声有关概念的含义

《中华人民共和国环境噪声污染防治法》第二条规定：

本法所称环境噪声，是指在工业生产、建筑施工、交通运输和社会生活中所产生的干扰周围生活环境的声音。

本法所称环境噪声污染，是指所产生的环境噪声超过国家规定的环境噪声排放标准，并干扰他人正常生活、工作和学习的现象。

声音要构成环境噪声污染，除了扰民之外，还必须超过排放标准，二者缺一不可。工业噪声，是指在工业生产活动中使用固定的设备时产生的干扰周围生活环境的声音。建筑施工噪声，是指在建筑施工过程中产生的干扰周围生活环境的声音。交通运输噪声，是指机动车辆、铁路机车、机动船舶、航空器等交通运输工具在运行时所产生的干扰周围生活环境的声音。社会生活噪声，是指人为活动所产生的除工业噪声、建筑施工噪声和交通运输噪声之外的干扰周围生活环境的声音。

《中华人民共和国环境噪声污染防治法》第六十三条规定：

本法中下列用语的含义是：

（一）“噪声排放”是指噪声源向周围生活环境辐射噪声。

（二）“噪声敏感建筑物”是指医院、学校、机关、科研单位、住宅等需要保持安静的建筑物。

（三）“噪声敏感建筑物集中区域”是指医疗区、文教科研区和以机关或者居民住宅为主的区域。

（四）“夜间”是指晚二十二点至晨六点之间的期间。

（五）“机动车辆”是指汽车和摩托车。

《中华人民共和国环境噪声污染防治法》第五条规定：

地方各级人民政府在制定城乡建设规划时，应当充分考虑建设项目和区域开发、改造所产生的噪声对周围生活环境的影响，统筹规划，合理安排功能区和建设布局，防止或者减轻环境噪声污染。

国务院和地方各级人民政府应当将环境噪声污染防治工作纳入环境保护规划，并采取有利于声环境保护的经济、技术政策和措施。在制定城乡建设规划时，应当充分考虑建设项目和区域开发、改造所产生的噪声对周围生活环境的影响，统筹规划，合理安排功能区和建设布局，防止或者减轻环境噪声污染。

二、工业噪声的污染防治

《中华人民共和国环境噪声污染防治法》第二十三条规定：

在城市范围内向周围生活环境排放工业噪声的，应当符合国家规定的工业企业厂界环境噪声排放标准。

工业噪声，是指在工业生产活动中使用固定的设备时产生的干扰周围生活环境的声音。在城市范围内向周围生活环境排放工业噪声的，应当符合国家规定的工业企业厂界环境噪声排放标准。这里强调的是“在城市范围内”产生并向“周围生活环境”排放噪声的“工业企业”，应当执行并满足工业企业厂界环境噪声排放标准。

《中华人民共和国环境噪声污染防治法》第二十五条规定：

产生环境噪声污染的工业企业，应当采取有效措施，减轻噪声对周围生活环境的影响。

不论工业企业位于什么地方，不管是在农村还是城市，是城市市区还是城市范围内，采取有效措施减轻其产生的噪声对周围生活环境的影响是该企业应履行的法律义务。

在工业生产中因使用固定的设备造成环境噪声污染的工业企业，必须按照国务院生态环境主管部门的规定，向所在地的县级以上地方人民政府生态环境主管部门申报拥有的造成环境噪声污染的设备的种类、数量以及在正常作业条件下所发出的噪声值和防治环境噪声污染的设施情况，并提供防治噪声污染的技术资料。造成环境噪声污染的设备的种类、数量、噪声值和防治设施有重大改变的，必须及时申报，并采取应有的防治措施。

国务院有关主管部门对可能产生环境噪声污染的工业设备，应当根据声环境保护的要求和国家的经济、技术条件，逐步在依法制定的产品的国家标准、行业标准中规定噪声限值。工业设备运行时发出的噪声值，应当在有关技术文件中予以注明。

三、建筑施工噪声的污染防治

《中华人民共和国环境噪声污染防治法》第二十八条规定：

在城市市区范围内向周围生活环境排放建筑施工噪声的，应当符合国家规定的建筑施工场界环境噪声排放标准。

建筑施工噪声，是指在建筑施工过程中产生的干扰周围生活环境的声音。在城市市区范围内向周围生活环境排放建筑施工噪声的，应当符合国家规定的建筑施工场界环境噪声排放标准。这里强调的是“在城市市区范围内”产生并向“周围生活环境”排放噪声的“建筑施工”作业，应当执行和满足建筑施工场界环境噪声排放标准。

依据《中华人民共和国环境噪声污染防治法》第二十九条规定：

在城市市区范围内，建筑施工过程中使用机械设备，可能产生环境噪声污染的，施工单位必须在工程开工 15 日以前向工程所在地县级以上地方人民政府生态环境主管部门申报该工程的项目名称、施工场所和期限、可能产生的环境噪声值以及所采取的环境噪声污染防治措施的情况。

《中华人民共和国环境噪声污染防治法》第三十条规定：

在城市市区噪声敏感建筑物集中区域内，禁止夜间进行产生环境噪声污染的建筑施工作业，但抢修、抢险作业和因生产工艺上要求或者其他特殊需要必须连续作业的除外。

因特殊需要必须连续作业的，必须有县级以上人民政府或者其有关主管部门的证明。

前款规定的夜间作业，必须公告附近居民。

除抢修、抢险作业和因生产工艺上要求或者特殊需要必须连续作业的外，在城市市区噪声敏感建筑物集中区域内，禁止夜间进行产生环境噪声污染的建筑施工作业，但因特殊需要必须连续作业的，必须有县级以上人民政府或者其有关主管部门的证明。经批准从事的夜间作业，必须公告附近居民。这里强调的不仅是“在城市市区”，而且是在“噪声敏感建筑物集中区域”范围内并且是在“夜间”产生并向“周围生活环境”排放噪声的“建筑施工”作业一般是被禁止的，不存在达到什么标准即可排放问题。当然，因特殊需要的除外。在城市市区噪声敏感建筑物集中区域内因抢修、抢险作业和因生产工艺上要求或者其他特殊需要必须连续作业的建筑施工活动，必须经县级以上人民政府或者其有关主管部门批准，并公告附近居民。

四、交通运输噪声的污染防治

交通运输噪声，是指机动车辆、铁路机车、机动船舶、航空器等交通运输工具在运行时所产生的干扰周围生活环境的声音。《中华人民共和国环境噪声污染防治法》第五章关于“交通运输噪声污染防治”的规定：

第三十一条 本法所称交通运输噪声，是指机动车辆、铁路机车、机动船舶、航空器等交通运输工具在运行时所产生的干扰周围生活环境的声音。

第三十二条 禁止制造、销售或者进口超过规定的噪声限值的汽车。

第三十三条 在城市市区范围内行驶的机动车辆的消声器和喇叭必须符合国家规定的要求。机动车辆必须加强维修和保养，保持技术性能良好，防治环境噪声污染。

第三十四条 机动车辆在城市市区范围内行驶，机动船舶在城市市区的内河航道航行，铁路机车驶经或者进入城市市区、疗养区时，必须按照规定使用声响装置。

第三十五条 城市人民政府公安机关可以根据本地城市市区区域声环境保护的需要，划定禁止机动车辆行驶和禁止其使用声响装置的路段和时间，并向社会公告。

第三十六条 建设经过已有的噪声敏感建筑物集中区域的高速公路和城市高架、轻轨道路，有可能造成环境噪声污染的，应当设置声屏障或者采取其他有效的控制环境噪声污染的措施。

第三十七条 在已有的城市交通干线的两侧建设噪声敏感建筑物的，建设单位应当按照国家规定间隔一定距离，并采取减轻、避免交通噪声影响的措施。

第三十八条 在车站、铁路编组站、港口、码头、航空港等地指挥作业的使用广播喇叭的，应当控制音量，减轻噪声对周围生活环境的影响。

第三十九条 穿越城市居民区、文教区的铁路，因铁路机车运行造成环境噪声污染的，当地城市人民政府应当组织铁路部门和其他有关部门，制定减轻环境噪声污染的规划。铁路部门和其他有关部门应当按照规划的要求，采取有效措施，减轻环境噪声污染。

第四十条 除起飞、降落或者依法规定的情形以外，民用航空器不得飞越城市市区上空。城市人民政府应当在航空器起飞、降落的净空周围划定限制建设噪声敏感建筑物的区域；在该区域内建设噪声敏感建筑物的，建设单位应当采取减轻、避免航空器运行时产生的噪声影响的措施。民航部门应当采取有效措施，减轻环境噪声污染。

与第三十六条不同，第三十七条规定的是在已有城市交通干线的两侧欲建设噪声敏感建筑物，建设单位应当按照国家规定间隔一定距离，并采取减轻、避免交通噪声影响的措施。即先有交通道路，后建噪声敏感建筑物。而前者是在先有噪声敏感建筑物且为集中区域，欲建设高速公路和城市高架、轻轨道路的规定。

五、社会生活噪声污染防治

社会生活噪声，是指人为活动所产生的除工业噪声、建筑施工噪声和交通运输噪声之外的干扰周围生活环境的声音。《中华人民共和国环境噪声污染防治法》第六章是关于“社会生活噪声污染防治”的规定。

第四十二条　在城市市区噪声敏感建筑物集中区域内，因商业经营活动中使用固定设备造成环境噪声污染的商业企业，必须按照国务院生态环境主管部门的规定，向所在地的县级以上地方人民政府生态环境主管部门申报拥有的造成环境噪声污染的设备的状况和防治环境噪声污染的设施的情况。

第四十三条　新建营业性文化娱乐场所的边界噪声必须符合国家规定的环境噪声排放标准；不符合国家规定的环境噪声排放标准的，文化行政主管部门不得核发文化经营许可证，市场监督管理部门不得核发营业执照。经营中的文化娱乐场所，其经营管理者必须采取有效措施，使其边界噪声不超过国家规定的环境噪声排放标准。

第四十四条　禁止在商业经营活动中使用高音广播喇叭或者采用其他发出高噪声的方法招揽顾客。

在商业经营活动中使用空调器、冷却塔等可能产生环境噪声污染的设备、设施的，其经营管理者应当采取措施，使其边界噪声不超过国家规定的环境噪声排放标准。

第四十五条　禁止任何单位、个人在城市市区噪声敏感建筑物集中区域内使用高音广播喇叭。

在城市市区街道、广场、公园等公共场所组织娱乐、集会等活动，使用音响器材可能产生干扰周围生活环境的过大音量的，必须遵守当地公安机关的规定。

第四十六条　使用家用电器、乐器或者进行其他家庭室内娱乐活动时，应当控制音量或者采取其他有效措施，避免对周围居民造成环境噪声污染。

第四十七条　在已竣工交付使用的住宅楼进行室内装修活动，应当限制作业时间，并采取其他有效措施，以减轻、避免对周围居民造成环境噪声污染。

第五节 《中华人民共和国固体废物污染环境防治法》的有关规定

《中华人民共和国固体废物污染环境防治法》于1995年10月30日由第八届全国人民代表大会常务委员会第十六次会议通过，自1996年4月1日起施行。2004年12月29日第十届全国人民代表大会常务委员会第十三次会议修订，自2005年4月1日起施行。2013年6月29日第十二届全国人民代表大会常务委员会第三次会议通过修改，自2013年6月29日起施行。2015年4月24日第十二届全国人民代表大会常务委员会第十四次会议通过修改，自2015年4月24日施行。2016年11月7日第十二届全国人民代表大会常务委员会第二十四次会议通过对《中华人民共和国固体废物污染环境防治法》第四十四条第二款和第五十九条第一款等两个条款作出了修改。

固体废物是指在生产、生活和其他活动中产生的丧失原有利用价值或者虽未丧失利用价值但被抛弃或者放弃的固态、半固态和置于容器中的气态的物品、物质以及法律、行政法规规定纳入固体废物管理的物品、物质。该法所要控制和防治的产生污染的固体废物，主要包括上述分类中的工业固体废物、生活垃圾以及有关的危险废物。我国固体废物的产生量和历年累计堆存量呈增加趋势，造成严重的环境污染和经济损失。

一、适用范围及相关概念的含义

《中华人民共和国固体废物污染环境防治法》规定：

第二条 本法适用于中华人民共和国境内固体废物污染环境的防治。

固体废物污染海洋环境的防治和放射性固体废物污染环境的防治不适用本法。

第八十九条 液态废物的污染防治，适用本法；但是，排入水体的废水的污染防治适用有关法律，不适用本法。

《中华人民共和国固体废物污染环境防治法》适用于我国境内固体废物污染环境的防治。固体废物污染海洋环境的防治和放射性固体废物污染环境的防治不适用该法。根据我国法律对固体废物的定义，置于容器中的气态的物品、物质以及法律、行政法规规定纳入固体废物管理的物品、物质以及液态废物的污染防治，也适用本法。但是，排入水体的废水的污染防治适用有关法律，不适用本法。

《中华人民共和国固体废物污染环境防治法》第八十八条规定：

本法下列用语的含义：

（一）固体废物，是指在生产、生活和其他活动中产生的丧失原有利用价值或者虽未丧失利用价值但被抛弃或者放弃的固态、半固态和置于容器中的气态的物品、物质以及法律、行政法规规定纳入固体废物管理的物品、物质。

（二）工业固体废物，是指在工业生产活动中产生的固体废物。

（三）生活垃圾，是指在日常生活中或者为日常生活提供服务的活动中产生的固体废物以及法律、行政法规规定视为生活垃圾的固体废物。

（四）危险废物，是指列入国家危险废物名录或者根据国家规定的危险废物鉴别标准和鉴别方法认定的具有危险特性的固体废物。

（五）贮存，是指将固体废物临时置于特定设施或者场所中的活动。

（六）处置，是指将固体废物焚烧和用其他改变固体废物的物理、化学、生物特性的方法，达到减少已产生的固体废物数量、缩小固体废物体积、减少或者消除其危险成分的活动，或者将固体废物最终置于符合环境保护规定要求的填埋场的活动。

（七）利用，是指从固体废物中提取物质作为原材料或者燃料的活动。

二、固体废物污染防治原则

《中华人民共和国固体废物污染环境防治法》规定：

第三条　国家对固体废物污染环境的防治，实行减少固体废物的产生量和危害性、充分合理利用固体废物和无害化处置固体废物的原则，促进清洁生产和循环经济发展。

国家采取有利于固体废物综合利用活动的经济、技术政策和措施，对固体废物实行充分回收和合理利用。

国家鼓励、支持采取有利于保护环境的集中处置固体废物的措施，促进固体废物污染环境防治产业发展。

第五条　国家对固体废物污染环境防治实行污染者依法负责的原则。

产品的生产者、销售者、进口者、使用者对其产生的固体废物依法承担污染防治责任。

根据《中华人民共和国固体废物污染环境防治法》有关规定，固体废物污染防治原则有以下四项。

（1）“减量化、资源化、无害化”原则

对固体废物实行减量化、资源化和无害化是防治固体废物污染环境的重要原则，简称“三化”原则。国家对固体废物污染环境的防治，实行减少固体废物的产生量和危害性、充分合理利用固体废物和无害化处置固体废物的原则，促进清洁生产和循环经济发展。国家采取有利于固体废物综合利用活动的经济、技术政策和措施，对固体废物实行充分回收和合理利用。国家鼓励、支持采取有利于保护环境的集中处置固体废物的措施，促进固体废物污染环境防治产业发展。

（2）全过程管理的原则

《中华人民共和国固体废物污染环境防治法》有关条款对固体废物从产生、收集、贮存、运输、利用直到最终处置各个环节都有管理规定和要求，实际上就是要对固体废物从产生、收集、贮存、运输、利用直到最终处置实行全过程管理。

（3）分类管理的原则

鉴于固体废物的成分、性质和危险性存在较大差异，所以，在管理上必须采取分别、分类管理的方法，针对不同的固体废物制定不同的对策或措施。防治工业固体废物、生活垃圾以及危险废物三类固体废物造成对环境的污染。其中对工业固体废物、生活垃圾的污染环境防治采取一般性的管理措施，而对危险废物则规定采取严格的管理措施。

（4）污染者负责的原则

国家对固体废物污染环境防治实行污染者依法负责的原则。产品的生产者、销售者、进口者和使用者对其产生的固体废物依法承担污染防治责任。

三、固体废物污染防治的一般规定

《中华人民共和国固体废物污染环境防治法》有关规定：

第十六条　产生固体废物的单位和个人，应当采取措施，防止或者减少固体废物对环境的污染。

第十七条　收集、贮存、运输、利用、处置固体废物的单位和个人，必须采取防扬散、防流失、防渗漏或者其他防止污染环境的措施；不得擅自倾倒、堆放、丢弃、遗撒固体废物。

禁止任何单位或者个人向江河、湖泊、运河、渠道、水库及其最高水位线以下的滩地和岸坡等法律、法规规定禁止倾倒、堆放废弃物的地点倾倒、堆放固体废物。

四、固体废物的贮存、处置设施和场所

《中华人民共和国固体废物污染环境防治法》有关规定：

第二十一条　对收集、贮存、运输、处置固体废物的设施、设备和场所，应当加强管理和维护，保证其正常运行和使用。

第二十二条　在国务院和国务院有关主管部门及省、自治区、直辖市人民政府划定的自然保护区、风景名胜区、饮用水水源保护区、基本农田保护区和其他需要特别保护的区域内，禁止建设工业固体废物集中贮存、处置的设施、场所和生活垃圾填埋场。

第二十三条　转移固体废物出省、自治区、直辖市行政区域贮存、处置的，应当向固体废物移出地的省、自治区、直辖市人民政府环境保护行政主管部门提出申请。移出地的省、自治区、直辖市人民政府环境保护行政主管部门应当商经接受地的省、自治区、直辖市人民政府环境保护行政主管部门同意后，方可批准转移该固体废物出省、自治区、直辖市行政区域。未经批准的，不得转移。

第三十四条　禁止擅自关闭、闲置或者拆除工业固体废物污染环境防治设施、

场所；确有必要关闭、闲置或者拆除的，必须经所在地县级以上地方人民政府环境保护行政主管部门核准，并采取措施，防止污染环境。

第三十五条　产生工业固体废物的单位需要终止的，应当事先对工业固体废物的贮存、处置的设施、场所采取污染防治措施，并对未处置的工业固体废物作出妥善处置，防止污染环境。

产生工业固体废物的单位发生变更的，变更后的单位应当按照国家有关环境保护的规定对未处置的工业固体废物及其贮存、处置的设施、场所进行安全处置或者采取措施保证该设施、场所安全运行。变更前当事人对工业固体废物及其贮存、处置的设施、场所的污染防治责任另有约定的，从其约定；但是，不得免除当事人的污染防治义务。

对本法施行前已经终止的单位未处置的工业固体废物及其贮存、处置的设施、场所进行安全处置的费用，由有关人民政府承担；但是，该单位享有的土地使用权依法转让的，应当由土地使用权受让人承担处置费用。当事人另有约定的，从其约定；但是，不得免除当事人的污染防治义务。

由于固体废物对环境和健康有严重的影响，其处理设施及其选址必须慎重。在国务院和国务院有关主管部门及省、自治区、直辖市人民政府划定的自然保护区、风景名胜区、饮用水水源保护区、基本农田保护区和其他需要特别保护的区域内，禁止建设工业固体废物集中贮存、处置的设施、场所和生活垃圾填埋场。企业事业单位必须按照国务院生态环境主管部门的规定，对其产生的、暂时不利用或者不能利用的工业固体废物，建设贮存设施、场所，安全分类存放，或者采取无害化处置措施。

建设工业固体废物贮存、处置的设施、场所，必须符合国家环境保护标准。禁止擅自关闭、闲置或者拆除工业固体废物污染环境防治设施、场所；确有必要关闭、闲置或者拆除的，必须经所在地县级以上地方人民政府生态环境主管部门核准，并采取措施，防止污染环境。建设生活垃圾处置的设施、场所，必须符合国务院生态环境主管部门和国务院建设行政主管部门规定的环境保护和环境卫生标准。禁止擅自关闭、闲置或者拆除生活垃圾处置的设施、场所；确有必要关闭、闲置或者拆除的，必须经所在地县级以上地方人民政府环境卫生行政主管部门和生态环境主管部门核准，并采取措施，防止污染环境。收集、贮存、运输、处置固体废物的设施、设备和场所必须正常运行和使用。

五、工业和矿业固体废物利用、存放或处置

《中华人民共和国固体废物污染环境防治法》第三十三条规定：

企业事业单位应当根据经济、技术条件对其产生的工业固体废物加以利用；对暂时不利用或者不能利用的，必须按照国务院环境保护行政主管部门的规定建设贮

存设施、场所，安全分类存放，或者采取无害化处置措施。

建设工业固体废物贮存、处置的设施、场所，必须符合国家环境保护标准。

产生工业固体废物的企业事业单位根据经济、技术条件，应当优先选择将其产生的工业固体废物作为资源进行加工生产其他产品或者回收其中有利用价值的物质、能源等回收利用措施。对暂时不利用或者不能利用的，必须按照国务院生态环境主管部门的规定建设贮存设施、场所，安全分类存放，或者采取无害化处置措施，不得随意处置。工业固体废物贮存、处置设施、场所的建设，必须符合国家环境保护标准。

《中华人民共和国固体废物污染环境防治法》第三十六条规定：

矿山企业应当采取科学的开采方法和选矿工艺，减少尾矿、矸石、废石等矿业固体废物的产生量和贮存量。

尾矿、矸石、废石等矿业固体废物贮存设施停止使用后，矿山企业应当按照国家有关环境保护规定进行封场，防止造成环境污染和生态破坏。

六、生活垃圾处置设施和场所

《中华人民共和国固体废物污染环境防治法》第四十四条规定：

建设生活垃圾处置的设施、场所，必须符合国务院环境保护行政主管部门和国务院建设行政主管部门规定的环境保护和环境卫生标准。

禁止擅自关闭、闲置或者拆除生活垃圾处置的设施、场所；确有必要关闭、闲置或者拆除的，必须经所在地的市、县人民政府环境卫生行政主管部门和环境保护行政主管部门核准，并采取措施，防止污染环境。

七、危险废物的特殊要求

《中华人民共和国固体废物污染环境防治法》规定：

第五十三条　产生危险废物的单位，必须按照国家有关规定制定危险废物管理计划，并向所在地县级以上地方人民政府环境保护行政主管部门申报危险废物的种类、产生量、流向、贮存、处置等有关资料。

前款所称危险废物管理计划应当包括减少危险废物产生量和危害性的措施以及危险废物贮存、利用、处置措施。危险废物管理计划应当报产生危险废物的单位所在地县级以上地方人民政府环境保护行政主管部门备案。

本条规定的申报事项或者危险废物管理计划内容有重大改变的，应当及时申报。

第五十四条　国务院环境保护行政主管部门会同国务院经济综合宏观调控部门组织编制危险废物集中处置设施、场所的建设规划，报国务院批准后实施。

县级以上地方人民政府应当依据危险废物集中处置设施、场所的建设规划组织建设危险废物集中处置设施、场所。

第五十五条　产生危险废物的单位，必须按照国家有关规定处置危险废物，不得擅自倾倒、堆放；不处置的，由所在地县级以上地方人民政府环境保护行政主管部门责令限期改正；逾期不处置或者处置不符合国家有关规定的，由所在地县级以上地方人民政府环境保护行政主管部门指定单位按照国家有关规定代为处置，处置费用由产生危险废物的单位承担。

第五十七条　从事收集、贮存、处置危险废物经营活动的单位，必须向县级以上人民政府环境保护行政主管部门申请领取经营许可证；从事利用危险废物经营活动的单位，必须向国务院环境保护行政主管部门或者省、自治区、直辖市人民政府环境保护行政主管部门申请领取经营许可证。具体管理办法由国务院规定。

禁止无经营许可证或者不按照经营许可证规定从事危险废物收集、贮存、利用、处置的经营活动。

禁止将危险废物提供或者委托给无经营许可证的单位从事收集、贮存、利用、处置的经营活动。

第五十八条　收集、贮存危险废物，必须按照危险废物特性分类进行。禁止混合收集、贮存、运输、处置性质不相容而未经安全性处置的危险废物。

贮存危险废物必须采取符合国家环境保护标准的防护措施，并不得超过一年；确需延长期限的，必须报经原批准经营许可证的环境保护行政主管部门批准；法律、行政法规另有规定的除外。

禁止将危险废物混入非危险废物中贮存。

第五十九条　转移危险废物的，必须按照国家有关规定填写危险废物转移联单。跨省、自治区、直辖市转移危险废物的，应当向危险废物移出地省、自治区、直辖市人民政府环境保护行政主管部门申请。移出地省、自治区、直辖市人民政府环境保护行政主管部门应当商经接受地省、自治区、直辖市人民政府环境保护行政主管部门同意后，方可批准转移该危险废物。未经批准的，不得转移。

转移危险废物途经移出地、接受地以外行政区域的，危险废物移出地设区的市级以上地方人民政府环境保护行政主管部门应当及时通知沿途经过的设区的市级以上地方人民政府环境保护行政主管部门。

第六十条　运输危险废物，必须采取防止污染环境的措施，并遵守国家有关危险货物运输管理的规定。禁止将危险废物与旅客在同一运输工具上载运。

第六十一条　收集、贮存、运输、处置危险废物的场所、设施、设备和容器、包装物及其他物品转作他用时，必须经过消除污染的处理，方可使用。

第六十二条　产生、收集、贮存、运输、利用、处置危险废物的单位，应当制定意外事故的防范措施和应急预案，并向所在地县级以上地方人民政府环境保护行政主管部门备案；环境保护行政主管部门应当进行检查。

第六十六条　禁止经中华人民共和国过境转移危险废物。

第六节 《中华人民共和国土壤污染防治法》的有关规定

《中华人民共和国土壤污染防治法》于2018年8月31日由第十三届全国人民代表大会常务委员会第五次会议通过，同日公布，自2019年1月1日起施行。这是我国首次制定专门的法律来规范防治土壤污染。

一、基本原则和有关用语

《中华人民共和国土壤污染防治法》第二条第二款规定了土壤污染的含义：

本法所称土壤污染，是指因人为因素导致某种物质进入陆地表层土壤，引起土壤化学、物理、生物等方面特性的改变，影响土壤功能和有效利用，危害公众健康或者破坏生态环境的现象。

《中华人民共和国土壤污染防治法》第三条规定了土壤污染防治应当坚持的原则：

土壤污染防治应当坚持预防为主、保护优先、分类管理、风险管控、污染担责、公众参与的原则。

二、建设用地土壤污染的预防和保护

地方人民政府相关主管部门应当依法对建设用地地块进行重点监测，《中华人民共和国土壤污染防治法》第十七条规定：

第十七条 地方人民政府生态环境主管部门应当会同自然资源主管部门对下列建设用地地块进行重点监测：

（一）曾用于生产、使用、贮存、回收、处置有毒有害物质的；

（二）曾用于固体废物堆放、填埋的；

（三）曾发生过重大、特大污染事故的；

（四）国务院生态环境、自然资源主管部门规定的其他情形。

有关单位和个人应当采取有效措施防止土壤受到污染，《中华人民共和国土壤污染防治法》规定：

第十八条 各类涉及土地利用的规划和可能造成土壤污染的建设项目，应当依法进行环境影响评价。环境影响评价文件应当包括对土壤可能造成的不良影响及应当采取的相应预防措施等内容。

第十九条 生产、使用、贮存、运输、回收、处置、排放有毒有害物质的单位和个人，应当采取有效措施，防止有毒有害物质渗漏、流失、扬散，避免土壤受到污染。

第三十二条 县级以上地方人民政府及其有关部门应当按照土地利用总体规划

和城乡规划，严格执行相关行业企业布局选址要求，禁止在居民区和学校、医院、疗养院、养老院等单位周边新建、改建、扩建可能造成土壤污染的建设项目。

企业事业单位拆除设施、设备或者建筑物、构筑物的，应当采取措施防止土壤污染。《中华人民共和国土壤污染防治法》第二十二条规定：

企业事业单位拆除设施、设备或者建筑物、构筑物的，应当采取相应的土壤污染防治措施。

土壤污染重点监管单位拆除设施、设备或者建筑物、构筑物的，应当制定包括应急措施在内的土壤污染防治工作方案，报地方人民政府生态环境、工业和信息化主管部门备案并实施。

建设和运行污水集中处理设施、固体废物处置设施，应当采取措施防止土壤污染。《中华人民共和国土壤污染防治法》第二十五条规定：

建设和运行污水集中处理设施、固体废物处置设施，应当依照法律法规和相关标准的要求，采取措施防止土壤污染。

地方人民政府生态环境主管部门应当定期对污水集中处理设施、固体废物处置设施周边土壤进行监测；对不符合法律法规和相关标准要求的，应当根据监测结果，要求污水集中处理设施、固体废物处置设施运营单位采取相应改进措施。

地方各级人民政府应当统筹规划、建设城乡生活污水和生活垃圾处理、处置设施，并保障其正常运行，防止土壤污染。

三、矿产资源开发区域的土壤污染防治

《中华人民共和国土壤污染防治法》第二十三条规定

各级人民政府生态环境、自然资源主管部门应当依法加强对矿产资源开发区域土壤污染防治的监督管理，按照相关标准和总量控制的要求，严格控制可能造成土壤污染的重点污染物排放。

尾矿库运营、管理单位应当按照规定，加强尾矿库的安全管理，采取措施防止土壤污染。危库、险库、病库以及其他需要重点监管的尾矿库的运营、管理单位应当按照规定，进行土壤污染状况监测和定期评估。

四、农用地保护的相关规定

《中华人民共和国土壤污染防治法》规定：

第二十六条　国务院农业农村、林业草原主管部门应当制定规划，完善相关标准和措施，加强农用地农药、化肥使用指导和使用总量控制，加强农用薄膜使用控制。

国务院农业农村主管部门应当加强农药、肥料登记，组织开展农药、肥料对土壤环境影响的安全性评价。

制定农药、兽药、肥料、饲料、农用薄膜等农业投入品及其包装物标准和农田

灌溉用水水质标准，应当适应土壤污染防治的要求。

第二十七条　地方人民政府农业农村、林业草原主管部门应当开展农用地土壤污染防治宣传和技术培训活动，扶持农业生产专业化服务，指导农业生产者合理使用农药、兽药、肥料、饲料、农用薄膜等农业投入品，控制农药、兽药、化肥等的使用量。

地方人民政府农业农村主管部门应当鼓励农业生产者采取有利于防止土壤污染的种养结合、轮作休耕等农业耕作措施；支持采取土壤改良、土壤肥力提升等有利于土壤养护和培育的措施；支持畜禽粪便处理、利用设施的建设。

第二十八条　禁止向农用地排放重金属或者其他有毒有害物质含量超标的污水、污泥，以及可能造成土壤污染的清淤底泥、尾矿、矿渣等。

县级以上人民政府有关部门应当加强对畜禽粪便、沼渣、沼液等收集、贮存、利用、处置的监督管理，防止土壤污染。

农田灌溉用水应当符合相应的水质标准，防止土壤、地下水和农产品污染。地方人民政府生态环境主管部门应当会同农业农村、水利主管部门加强对农田灌溉用水水质的管理，对农田灌溉用水水质进行监测和监督检查。

第五十条　县级以上地方人民政府应当依法将符合条件的优先保护类耕地划为永久基本农田，实行严格保护。

在永久基本农田集中区域，不得新建可能造成土壤污染的建设项目；已经建成的，应当限期关闭拆除。

第六十六条　对达到土壤污染风险评估报告确定的风险管控、修复目标的建设用地地块，土壤污染责任人、土地使用权人可以申请省级人民政府生态环境主管部门移出建设用地土壤污染风险管控和修复名录。

省级人民政府生态环境主管部门应当会同自然资源等主管部门对风险管控效果评估报告、修复效果评估报告组织评审，及时将达到土壤污染风险评估报告确定的风险管控、修复目标且可以安全利用的地块移出建设用地土壤污染风险管控和修复名录，按照规定向社会公开，并定期向国务院生态环境主管部门报告。

未达到土壤污染风险评估报告确定的风险管控、修复目标的建设用地地块，禁止开工建设任何与风险管控、修复无关的项目。

五、土壤污染风险管控和修复

《中华人民共和国土壤污染防治法》规定：

第三十五条　土壤污染风险管控和修复，包括土壤污染状况调查和土壤污染风险评估、风险管控、修复、风险管控效果评估、修复效果评估、后期管理等活动。

第三十九条　实施风险管控、修复活动前，地方人民政府有关部门有权根据实际情况，要求土壤污染责任人、土地使用权人采取移除污染源、防止污染扩散等措施。

第四十条　实施风险管控、修复活动中产生的废水、废气和固体废物，应当按照规定进行处理、处置，并达到相关环境保护标准。

实施风险管控、修复活动中产生的固体废物以及拆除的设施、设备或者建筑物、构筑物属于危险废物的，应当依照法律法规和相关标准的要求进行处置。

修复施工期间，应当设立公告牌，公开相关情况和环境保护措施。

第四十一条　修复施工单位转运污染土壤的，应当制定转运计划，将运输时间、方式、线路和污染土壤数量、去向、最终处置措施等，提前报所在地和接收地生态环境主管部门。

转运的污染土壤属于危险废物的，修复施工单位应当依照法律法规和相关标准的要求进行处置。

六、土壤污染责任人的义务

《中华人民共和国土壤污染防治法》规定土壤污染责任人的义务包括：

第四十五条　土壤污染责任人负有实施土壤污染风险管控和修复的义务。土壤污染责任人无法认定的，土地使用权人应当实施土壤污染风险管控和修复。

地方人民政府及其有关部门可以根据实际情况组织实施土壤污染风险管控和修复。

国家鼓励和支持有关当事人自愿实施土壤污染风险管控和修复。

第四十六条　因实施或者组织实施土壤污染状况调查和土壤污染风险评估、风险管控、修复、风险管控效果评估、修复效果评估、后期管理等活动所支出的费用，由土壤污染责任人承担。

第四十七条　土壤污染责任人变更的，由变更后承继其债权、债务的单位或者个人履行相关土壤污染风险管控和修复义务并承担相关费用。

第四十八条　土壤污染责任人不明确或者存在争议的，农用地由地方人民政府农业农村、林业草原主管部门会同生态环境、自然资源主管部门认定，建设用地由地方人民政府生态环境主管部门会同自然资源主管部门认定。认定办法由国务院生态环境主管部门会同有关部门制定。

第六十二条　对建设用地土壤污染风险管控和修复名录中的地块，土壤污染责任人应当按照国家有关规定以及土壤污染风险评估报告的要求，采取相应的风险管控措施，并定期向地方人民政府生态环境主管部门报告。风险管控措施应当包括地下水污染防治的内容。

七、建设用地地块用途变更的有关规定

《中华人民共和国土壤污染防治法》规定：

第五十九条　对土壤污染状况普查、详查和监测、现场检查表明有土壤污染风险的建设用地地块，地方人民政府生态环境主管部门应当要求土地使用权人按照规定进行土壤污染状况调查。

用途变更为住宅、公共管理与公共服务用地的，变更前应当按照规定进行土壤污染状况调查。

前两款规定的土壤污染状况调查报告应当报地方人民政府生态环境主管部门，由地方人民政府生态环境主管部门会同自然资源主管部门组织评审。

第六十一条　省级人民政府生态环境主管部门应当会同自然资源等主管部门按照国务院生态环境主管部门的规定，对土壤污染风险评估报告组织评审，及时将需要实施风险管控、修复的地块纳入建设用地土壤污染风险管控和修复名录，并定期向国务院生态环境主管部门报告。

列入建设用地土壤污染风险管控和修复名录的地块，不得作为住宅、公共管理与公共服务用地。

第七节　《中华人民共和国海洋环境保护法》的有关规定

《中华人民共和国海洋环境保护法》于 1982 年 8 月 23 日在第五届全国人大常委会第二十四次会议上通过，并在 1999 年 12 月 25 日第九届全国人民代表大会常务委员会第十三次会议进行了修订，自 2000 年 4 月 1 日起施行。第十二届全国人民代表大会常务委员会第六次会议于 2013 年 12 月 28 日通过修正，自当日起施行。根据 2016 年 11 月 7 日第十二届全国人民代表大会常务委员会第二十四次会议《关于修改〈中华人民共和国海洋环境保护法〉的决定》第二次修正。根据 2017 年 11 月 4 日第十二届全国人民代表大会常务委员会第三十次会议《关于修改〈中华人民共和国会计法〉等十一部法律的决定》进行了第三次修正。

我国的海洋环境问题主要是近岸和近海海域水质已经受到不同程度的污染损害，沿海河口地区和城市附近海域污染严重。所谓海洋污染损害是指由于人类的活动，直接或间接地把物质或能量引入海洋环境，产生损害海洋生物资源、危害人体健康、妨碍渔业和海上其他合法活动、损害海水使用素质和减损环境质量等有害影响。

一、适用范围及有关用语

《中华人民共和国海洋环境保护法》第二条规定：

本法适用于中华人民共和国内水、领海、毗连区、专属经济区、大陆架以及中华人民共和国管辖的其他海域。

在中华人民共和国管辖海域内从事航行、勘探、开发、生产、旅游、科学研究及其他活动，或者在沿海陆域内从事影响海洋环境活动的任何单位和个人，都必须遵守本法。

在中华人民共和国管辖海域以外，造成中华人民共和国管辖海域污染的，也适用本法。

《中华人民共和国海洋环境保护法》的适用范围不仅从空间上，而且从行为活动以及行为活动的主体个人与单位上都作了规定。

《中华人民共和国海洋环境保护法》第九十四条规定了有关用语的含义：

（一）海洋环境污染损害，是指直接或者间接地把物质或者能量引入海洋环境，产生损害海洋生物资源、危害人体健康、妨害渔业和海上其他合法活动、损害海水使用素质和减损环境质量等有害影响。

（二）内水，是指我国领海基线向内陆一侧的所有海域。

（三）滨海湿地，是指低潮时水深浅于六米的水域及其沿岸浸湿地带，包括水深不超过六米的永久性水域、潮间带（或洪泛地带）和沿海低地等。

（四）海洋功能区划，是指依据海洋自然属性和社会属性，以及自然资源和环境特定条件，界定海洋利用的主导功能和使用范畴。

（五）渔业水域，是指鱼虾类的产卵场、索饵场、越冬场、洄游通道和鱼虾贝藻类的养殖场。

（六）油类，是指任何类型的油及其炼制品。

（七）油性混合物，是指任何含有油分的混合物。

（八）排放，是指把污染物排入海洋的行为，包括泵出、溢出、泄出、喷出和倒出。

（九）陆地污染源（简称陆源），是指从陆地向海域排放污染物，造成或者可能造成海洋环境污染的场所、设施等。

（十）陆源污染物，是指由陆地污染源排放的污染物。

（十一）倾倒，是指通过船舶、航空器、平台或者其他载运工具，向海洋处置废弃物和其他有害物质的行为，包括弃置船舶、航空器、平台及其辅助设施和其他浮动工具的行为。

（十二）沿海陆域，是指与海岸相连，或者通过管道、沟渠、设施，直接或者间接向海洋排放污染物及其相关活动的一带区域。

（十三）海上焚烧，是指以热摧毁为目的，在海上焚烧设施上，故意焚烧废弃物或者其他物质的行为，但船舶、平台或者其他人工构造物正常操作中，所附带发生的行为除外。

二、海洋生态保护

国务院和沿海地方各级人民政府应当采取有效措施，保护海洋生态及特殊区域。《中华人民共和国海洋环境保护法》规定：

第二十条　国务院和沿海地方各级人民政府应当采取有效措施，保护红树林、珊瑚礁、滨海湿地、海岛、海湾、入海河口、重要渔业水域等具有典型性、代表性的海洋生态系统，珍稀、濒危海洋生物的天然集中分布区，具有重要经济价值的海洋生物生存区域及有重大科学文化价值的海洋自然历史遗迹和自然景观。

对具有重要经济、社会价值的已遭到破坏的海洋生态，应当进行整治和恢复。

国务院有关部门和沿海省级人民政府应当根据保护海洋生态的需要，选划、建立海洋自然保护区。《中华人民共和国海洋环境保护法》规定：

第二十一条　国务院有关部门和沿海省级人民政府应当根据保护海洋生态的需要，选划、建立海洋自然保护区。

国家级海洋自然保护区的建立，须经国务院批准。

第二十二条　凡具有下列条件之一的，应当建立海洋自然保护区：

（一）典型的海洋自然地理区域、有代表性的自然生态区域，以及遭受破坏但经保护能恢复的海洋自然生态区域；

（二）海洋生物物种高度丰富的区域，或者珍稀、濒危海洋生物物种的天然集中分布区域；

（三）具有特殊保护价值的海域、海岸、岛屿、滨海湿地、入海河口和海湾等；

（四）具有重大科学文化价值的海洋自然遗迹所在区域；

（五）其他需要予以特殊保护的区域。

第二十三条　凡具有特殊地理条件、生态系统、生物与非生物资源及海洋开发利用特殊需要的区域，可以建立海洋特别保护区，采取有效的保护措施和科学的开发方式进行特殊管理。

开发利用海洋资源、引进海洋动植物物种、开发海岛及周围海域的资源应遵守《中华人民共和国海洋环境保护法》的以下规定：

第二十四条　国家建立健全海洋生态保护补偿制度。

开发利用海洋资源，应当根据海洋功能区划合理布局，不得造成海洋生态环境破坏。

第二十五条　引进海洋动植物物种，应当进行科学论证，避免对海洋生态系统造成危害。

第二十六条　开发海岛及周围海域的资源，应当采取严格的生态保护措施，不得造成海岛地形、岸滩、植被以及海岛周围海域生态环境的破坏。

《中华人民共和国海洋环境保护法》还规定：

第二十七条　沿海地方各级人民政府应当结合当地自然环境的特点，建设海岸防护设施、沿海防护林、沿海城镇园林和绿地，对海岸侵蚀和海水入侵地区进行综合治理。

禁止毁坏海岸防护设施、沿海防护林、沿海城镇园林和绿地。

第二十八条　国家鼓励发展生态渔业建设，推广多种生态渔业生产方式，改善海洋生态状况。

新建、改建、扩建海水养殖场，应当进行环境影响评价。

海水养殖应当科学确定养殖密度，并应当合理投饵、施肥，正确使用药物，防止造成海洋环境的污染。

三、海域排污的有关规定

《中华人民共和国海洋环境保护法》第三十条规定：

入海排污口位置的选择，应当根据海洋功能区划、海水动力条件和有关规定，经科学论证后，报设区的市级以上人民政府环境保护行政主管部门审查批准。

环境保护行政主管部门在批准设置入海排污口之前，必须征求海洋、海事、渔业行政主管部门和军队环境保护部门的意见。

在海洋自然保护区、重要渔业水域、海滨风景名胜区和其他需要特别保护的区域，不得新建排污口。

在有条件的地区，应当将排污口深海设置，实行离岸排放。设置陆源污染物深海离岸排放排污口，应当根据海洋功能区划、海水动力条件和海底工程设施的有关情况确定，具体办法由国务院规定。

为防止陆源污染物污染海洋环境，法律规定排污单位设置入海排污口时，应该遵循一定的要求并且获得有关部门的审批。

陆源污染物是指从陆地污染源向海域排放的可能造成海洋环境污染的污染物质。陆地污染源是指从陆地向海域排放污染物，造成或者可能造成海洋环境污染的场所、设施等。

第三十三条和第三十五条规定：

第三十三条　禁止向海域排放油类、酸液、碱液、剧毒废液和高、中水平放射性废水。

严格限制向海域排放低水平放射性废水；确需排放的，必须严格执行国家辐射防护规定。

严格控制向海域排放含有不易降解的有机物和重金属的废水。

第三十五条　含有机物和营养物质的工业废水、生活污水，应当严格控制向海湾、半封闭海及其他自净能力较差的海域排放。

根据向海域排放的污染源污染物种类、性质不同，对特殊污染源分别实行禁止、严格限制和严格控制排放。禁止油类、酸液、碱液、剧毒废液和高、中水平放射性废水向海域排放；严格限制低水平放射性废水向海域排放，确需排放的，必须严格执行国家辐射防护规定；要严格控制含有不易降解的有机物和重金属的废水向海域排放。还应严格控制含有机物和营养物质的工业废水、生活污水，向海湾、半封闭海及其他自净能力较差的海域排放。

第三十四条和第三十六条规定：

第三十四条　含病原体的医疗污水、生活污水和工业废水必须经过处理，符合国家有关排放标准后，方能排入海域。

第三十六条　向海域排放含热废水，必须采取有效措施，保证邻近渔业水域的水温符合国家海洋环境质量标准，避免热污染对水产资源的危害。

有些特殊污染物的排放是法律所允许的，但是鉴于其特殊性，在排放时必须采取有效措施进行处理或者予以限制。含病原体的医疗污水、生活污水、工业废水和含热废水必须采取有效措施处理并符合国家有关标准后，方能向海域排放。但要严格控制含有不易降解的有机物和重金属的废水向海域排放。还应严格控制含有机物和营养物质的工业废水、生活污水，向海湾、半封闭海及其他自净能力较差的海域排放。

四、海岸工程建设项目污染损害海洋环境的防治

《中华人民共和国海洋环境保护法》规定：

第四十二条　新建、改建、扩建海岸工程建设项目，必须遵守国家有关建设项目环境保护管理的规定，并把防治污染所需资金纳入建设项目投资计划。

在依法划定的海洋自然保护区、海滨风景名胜区、重要渔业水域及其他需要特别保护的区域，不得从事污染环境、破坏景观的海岸工程项目建设或者其他活动。

第四十三条　海岸工程建设项目单位，必须对海洋环境进行科学调查，根据自然条件和社会条件，合理选址，编制环境影响报告书(表)。在建设项目开工前，将环境影响报告书(表)报环境保护行政主管部门审查批准。

环境保护行政主管部门在批准环境影响报告书(表)之前，必须征求海洋、海事、渔业行政主管部门和军队环境保护部门的意见。

第四十四条　海岸工程建设项目的环境保护设施，必须与主体工程同时设计、同时施工、同时投产使用。环境保护设施应当符合经批准的环境影响评价报告书(表)的要求。

第四十五条　禁止在沿海陆域内新建不具备有效治理措施的化学制浆造纸、化工、印染、制革、电镀、酿造、炼油、岸边冲滩拆船以及其他严重污染海洋环境的工业生产项目。

第四十六条　兴建海岸工程建设项目，必须采取有效措施，保护国家和地方重点保护的野生动植物及其生存环境和海洋水产资源。

严格限制在海岸采挖砂石。露天开采海滨砂矿和从岸上打井开采海底矿产资源，必须采取有效措施，防止污染海洋环境。

海岸工程建设项目，是指位于海岸或者与海岸连接，工程主体位于海岸线向陆

一侧，对海洋环境产生影响的新建、改建、扩建工程项目。具体包括：

①港口、码头、航道、滨海机场工程项目；

②造船厂、修船厂；

③滨海火电站、核电站、风电站；

④滨海物资存储设施工程项目；

⑤滨海矿山、化工、轻工、冶金等工业工程项目；

⑥固体废弃物、污水等污染物处理处置排海工程项目；

⑦滨海大型养殖场；

⑧海岸防护工程、砂石场和入海河口处的水利设施；

⑨滨海石油勘探开发工程项目；

⑩国务院环境保护主管部门会同国家海洋主管部门规定的其他海岸工程项目。

新建、改建、扩建海岸工程建设项目，必须遵守国家有关建设项目环境保护管理的规定，并把防治污染所需资金纳入建设项目投资计划。在依法划定的海洋自然保护区、海滨风景名胜区、重要渔业水域及其他需要特别保护的区域，不得从事污染环境、破坏景观的海岸工程项目建设或者其他活动。

海岸工程项目的建设单位，必须在建设项目可行性研究阶段，编报环境影响报告书。环境影响报告书经海洋行政主管部门提出审核意见后，报生态环境主管部门审查批准。由于海岸工程建设项目污染海洋环境涉及面较广，因此，生态环境主管部门在批准环境影响报告书之前，还必须征求海事、渔业行政主管部门和军队环境保护部门的意见。

海岸工程建设项目的环境保护设施，必须与主体工程同时设计、同时施工、同时投产使用。

五、海洋工程建设项目污染损害海洋环境的防治

《中华人民共和国海洋环境保护法》规定：

第四十七条　海洋工程建设项目必须符合全国海洋主体功能区规划、海洋功能区划、海洋环境保护规划和国家有关环境保护标准。海洋工程建设项目单位应当对海洋环境进行科学调查，编制海洋环境影响报告书（表），并在建设项目开工前，报海洋行政主管部门审查批准。

海洋行政主管部门在批准海洋环境影响报告书（表）之前，必须征求海事、渔业行政主管部门和军队环境保护部门的意见。

第四十八条　海洋工程建设项目的环境保护设施，必须与主体工程同时设计、同时施工、同时投产使用。环境保护设施未经海洋行政主管部门验收，或者经验收不合格的，建设项目不得投入生产或者使用。

拆除或者闲置环境保护设施，必须事先征得海洋行政主管部门的同意。

海洋工程建设项目必须采取污染防治措施，保护海洋环境。《中华人民共和国海洋环境保护法》规定：

第四十九条　海洋工程建设项目，不得使用含超标准放射性物质或者易溶出有毒有害物质的材料。

第五十条　海洋工程建设项目需要爆破作业时，必须采取有效措施，保护海洋资源。

海洋石油勘探开发及输油过程中，必须采取有效措施，避免溢油事故的发生。

第五十一条　海洋石油钻井船、钻井平台和采油平台的含油污水和油性混合物，必须经过处理达标后排放；残油、废油必须予以回收，不得排放入海。经回收处理后排放的，其含油量不得超过国家规定的标准。

钻井所使用的油基泥浆和其他有毒复合泥浆不得排放入海。水基泥浆和无毒复合泥浆及钻屑的排放，必须符合国家有关规定。

第五十二条　海洋石油钻井船、钻井平台和采油平台及其有关海上设施，不得向海域处置含油的工业垃圾。处置其他工业垃圾，不得造成海洋环境污染。

第五十三条　海上试油时，应当确保油气充分燃烧，油和油性混合物不得排放入海。

第五十四条　勘探开发海洋石油，必须按有关规定编制溢油应急计划，报国家海洋行政主管部门的海区派出机构备案。

第八节　《中华人民共和国放射性污染防治法》的有关规定

改革开放以来，我国核能和核技术利用取得了很大的成就，核能和核技术在各个领域得到广泛利用。这对于维护中国国防安全，促进国民经济和社会发展，增强中国的综合国力，起到了十分积极的作用。但是，核能和核技术在开发利用中的安全问题和放射性污染防治问题也随之日益突出。为此，第十届全国人大常委会第三次会议于 2003 年 6 月 28 日通过《中华人民共和国放射性污染防治法》，于 2003 年 10 月 1 日起施行。

放射性污染是指由于人类活动造成物料、人体、场所、环境介质表面或者内部出现超过国家标准的放射性物质或者射线。放射性污染物，主要是指各种放射性核素，每一放射性核素都能发射出具有一定能量的射线。放射性核素排入环境中后，会造成大气、水、土壤的污染；它可以被生物富集，使某些动植物特别是水生生物体内的放射性核素水平比环境中的其他物体高出许多倍。

一、适用范围及有关用语

《中华人民共和国放射性污染防治法》第二条规定：

本法适用于中华人民共和国领域和管辖的其他海域在核设施选址、建造、运行、退役和核技术、铀（钍）矿、伴生放射性矿开发利用过程中发生的放射性污染的防治活动。

法律从地域范围和行为范围就本法的适用范围作出了规定。就地域范围而言，包括我国的领域和管辖的其他海域，领域包括领陆、领空、领水和底土，我国管辖的其他海域主要是指大陆架和毗连区。就行为范围而言，包括选择核设施的建造地址、核设施的建造过程、核设施的运行和退役、核技术的开发和利用；铀（钍）等放射性矿，稀土矿、磷酸盐等含有较高水平天然放射性核素浓度的伴生矿的开发利用。

《中华人民共和国放射性污染防治法》第六十二条对有关用语的含义作了规定或界定：

（一）放射性污染，是指由于人类活动造成物料、人体、场所、环境介质表面或者内部出现超过国家标准的放射性物质或者射线。

（二）核设施，是指核动力厂（核电厂、核热电厂、核供汽供热厂等）和其他反应堆（研究堆、实验堆、临界装置等）；核燃料生产、加工、贮存和后处理设施；放射性废物的处理和处置设施等。

（三）核技术利用，是指密封放射源、非密封放射源和射线装置在医疗、工业、农业、地质调查、科学研究和教学等领域中的使用。

（四）放射性同位素，是指某种发生放射性衰变的元素中具有相同原子序数但质量不同的核素。

（五）放射源，是指除研究堆和动力堆核燃料循环范畴的材料以外，永久密封在容器中或者有严密包层并呈固态的放射性材料。

（六）射线装置，是指X线机、加速器、中子发生器以及含放射源的装置。

（七）伴生放射性矿，是指含有较高水平天然放射性核素浓度的非铀矿（如稀土矿和磷酸盐矿等）。

（八）放射性废物，是指含有放射性核素或者被放射性核素污染，其浓度或者比活度大于国家确定的清洁解控水平，预期不再使用的废弃物。

二、核设施和铀（钍）矿的环境影响评价

《中华人民共和国放射性污染防治法》规定：

第十八条　核设施选址，应当进行科学论证，并按照国家有关规定办理审批手续。在办理核设施选址审批手续前，应当编制环境影响报告书，报生态环境主管部门审查批准；未经批准，有关部门不得办理核设施选址批准文件。

第二十条　核设施营运单位应当在申请领取核设施建造、运行许可证和办理退役审批手续前编制环境影响报告书，报生态环境主管部门审查批准；未经批准，有

关部门不得颁发许可证和办理批准文件。

核设施营运单位在进行核设施建造、装料、运行、退役等活动前，必须按照国务院有关核设施安全监督管理的规定，申请领取核设施建造、运行许可证和办理装料、退役等审批手续。核设施营运单位领取有关许可证或者批准文件后，方可进行相应的建造、装料、运行、退役等活动。

核设施选址，应当进行科学论证，并按照国家有关规定办理审批手续。在办理核设施选址审批手续前，应当编制环境影响报告书，报生态环境主管部门审查批准；未经批准，有关部门不得办理核设施选址批准文件。核设施的建造、营运和退役，核设施营运单位应当在申请领取核设施建造、运行许可证和办理退役审批手续前编制环境影响报告书，报生态环境主管部门审查批准；未经批准，有关部门不得颁发许可证和办理批准文件。由此可知，只有生态环境部才有对核设施的选址、建造、营运和退役环境影响报告书的审查批准权。

《中华人民共和国放射性污染防治法》第三十四条规定：

开发利用或者关闭铀（钍）矿的单位，应当在申请领取采矿许可证或者办理退役审批手续前编制环境影响报告书，报生态环境主管部门审查批准。

开发利用伴生放射性矿的单位，应当在申请领取采矿许可证前编制环境影响报告书，报省级以上人民政府环境保护行政主管部门审查批准。

根据《中华人民共和国放射性污染防治法》第三十四条第一款规定，开发利用或者关闭铀（钍）矿项目的环境影响报告书，只能由生态环境主管部门审查批准。据第二款规定，开发利用伴生放射性矿的项目的环境影响报告书，报省级以上人民政府生态环境主管部门审查批准。

开发利用铀（钍）矿的单位，应当在申请领取采矿许可证前编制环境影响报告书，报生态环境主管部门审查批准。关闭铀（钍）矿的单位，应当在办理退役审批手续前，编制环境影响报告书，报生态环境主管部门审查批准。

三、放射性废液和放射性固体废物的处置

《中华人民共和国放射性污染防治法》第四十二条规定：

产生放射性废液的单位，必须按照国家放射性污染防治标准的要求，对不得向环境排放的放射性废液进行处理或者贮存。

产生放射性废液的单位，向环境排放符合国家放射性污染防治标准的放射性废液，必须采用符合生态环境主管部门规定的排放方式。

禁止利用渗井、渗坑、天然裂隙、溶洞或者国家禁止的其他方式排放放射性废液。

法律对产生放射性废液的单位排放或处理、贮存放射性废液做出了规定。对不得向环境排放的放射性废液，产生放射性废液的单位必须按照国家放射性污染防治

标准的要求进行处理或者贮存；对符合国家放射性污染防治标准、可以向环境排放的放射性废液，产生放射性废液的单位，必须采用符合生态环境主管部门规定的排放方式排放，禁止利用渗井、渗坑、天然裂隙、溶洞或者国家禁止的其他方式排放放射性废液。

《中华人民共和国放射性污染防治法》有关规定：

第四十三条　低、中水平放射性固体废物在符合国家规定的区域实行近地表处置。

高水平放射性固体废物实行集中的深地质处置。

α放射性固体废物依照前款规定处置。

禁止在内河水域和海洋上处置放射性固体废物。

第四十四条　国务院核设施主管部门会同生态环境主管部门根据地质条件和放射性固体废物处置的需要，在环境影响评价的基础上编制放射性固体废物处置场所选址规划，报国务院批准后实施。

有关地方人民政府应当根据放射性固体废物处置场所选址规划，提供放射性固体废物处置场所的建设用地，并采取有效措施支持放射性固体废物的处置。

低、中水平放射性固体废物在符合国家规定的区域实行近地表处置。高水平放射性固体废物和α放射性固体废物实行集中的深地质处置。禁止在内河水域和海洋上处置放射性固体废物。

负责放射性固体废物处置场所选址规划编制的牵头单位是国务院核设施主管部门。由其会同生态环境主管部门，根据地质条件和放射性固体废物处置的需要，在环境影响评价的基础上编制放射性固体废物处置场所选址规划，报国务院批准后实施。有关地方人民政府应当根据放射性固体废物处置场所选址规划，提供放射性固体废物处置场所的建设用地，并采取有效措施支持放射性固体废物的处置。

《中华人民共和国放射性污染防治法》第四十五条规定：

产生放射性固体废物的单位，应当按照生态环境主管部门的规定，对其产生的放射性固体废物进行处理后，送交放射性固体废物处置单位处置，并承担处置费用。

放射性固体废物处置费用收取和使用管理办法，由国务院财政部门、价格主管部门会同生态环境主管部门规定。

放射性固体废物有偿处置。产生放射性固体废物的单位，应当按照生态环境主管部门的规定，先对其产生的放射性固体废物进行处理后，再送交放射性固体废物处置单位处置，并承担处置费用。放射性固体废物处置费用收取和使用管理办法，由国务院财政部门、价格主管部门会同生态环境主管部门规定。

放射性固体废物处置实行经营许可。设立专门从事放射性固体废物贮存、处置的单位，必须经生态环境主管部门审查批准，取得许可证。具体办法由国务院规定。禁止未经许可或者不按照许可的有关规定从事贮存和处置放射性固体废物的活动。

禁止将放射性固体废物提供或者委托给无许可证的单位贮存和处置。

第九节 《中华人民共和国清洁生产促进法》的有关规定

《中华人民共和国清洁生产促进法》由中华人民共和国第九届全国人民代表大会常务委员会第二十八次会议于2002年6月29日通过，自2003年1月1日起施行。2012年2月29日，中华人民共和国第十一届全国人民代表大会常务委员会第二十五次会议通过了《全国人民代表大会常务委员会关于修改〈中华人民共和国清洁生产促进法〉的决定》，修改后的法律自2012年7月1日起施行。

《中华人民共和国清洁生产促进法》所称清洁生产，是指不断采取改进设计、使用清洁的能源和原料、采用先进的工艺技术与设备、改善管理、综合利用等措施，从源头削减污染，提高资源利用效率，减少或者避免生产、服务和产品使用过程中污染物的产生和排放，以减轻或者消除对人类健康和环境的危害。

一、环境影响评价的相关规定

《中华人民共和国清洁生产促进法》第十八条规定：

新建、改建和扩建项目应当进行环境影响评价，对原料使用、资源消耗、资源综合利用以及污染物产生与处置等进行分析论证，优先采用资源利用率高以及污染物产生量少的清洁生产技术、工艺和设备。

二、落后生产技术、工艺、设备和产品的淘汰制度

《中华人民共和国清洁生产促进法》第十二条规定：

国家对浪费资源和严重污染环境的落后生产技术、工艺、设备和产品实行限期淘汰制度。国务院有关部门按照职责分工，制定并发布限期淘汰的生产技术、工艺、设备以及产品的名录。

目前执行2011年3月27日经国务院批准并于2011年6月1日施行的《产业结构调整指导目录（2011年本）》。

三、清洁生产的实施

《中华人民共和国清洁生产促进法》第十九条规定：

企业在进行技术改造过程中，应当采取以下清洁生产措施：

（一）采用无毒、无害或者低毒、低害的原料，替代毒性大、危害严重的原料；

（二）采用资源利用率高、污染物产生量少的工艺和设备，替代资源利用率低、污染物产生量多的工艺和设备；

（三）对生产过程中产生的废物、废水和余热等进行综合利用或者循环使用；

（四）采用能够达到国家或者地方规定的污染物排放标准和污染物排放总量控制指标的污染防治技术。

本条对进行技术改造的项目，从原料的选用、资源的利用、采用的工艺设备、所产生的废物的利用和需排污染物控制要求全过程分别作出了实施清洁生产的规定。

《中华人民共和国清洁生产促进法》第二十二条规定：

农业生产者应当科学地使用化肥、农药、农用薄膜和饲料添加剂，改进种植和养殖技术，实现农产品的优质、无害和农业生产废物的资源化，防止农业环境污染。

第十节　《中华人民共和国循环经济促进法》的有关规定

《中华人民共和国循环经济促进法》于 2008 年 8 月 29 日由第十一届全国人民代表大会常务委员会第四次会议通过，并以中华人民共和国国家主席第四号令公布，自 2009 年 1 月 1 日起施行。

《中华人民共和国循环经济促进法》制定了一系列促进循环经济发展的制度。其中包括：循环经济的规划制度；抑制资源浪费和污染物排放的总量控制制度；循环经济的评价和考核制度；以生产者为主的责任延伸制度；对高耗能、高耗水企业设立重点监管制度。《中华人民共和国循环经济促进法》具有以下特点。

一是立法理念综合地体现了促进经济增长、提高资源利用效率及保护和改善环境的目的价值。循环经济的模式并不简单地意味着资源的回收和再利用，从深层次上看，它强调的是既能满足人们消费需求，又能控制资源的消费，同时满足人们不断增长的生态和生活环境需求，最终建立环境负荷小但能持续发展的社会。

二是把点、线和面三个层次的责任有效地统一起来了，并突出了政府的责任。点上的责任是指该法在第九条和第十条把企业和个人的责任都明确化了；线上的责任是指本法第十一条分别规定了各个行业的责任；面上的责任是指本法第八条明确了各级政府对本行政区域（如开发区等）的责任。关于政府的责任，《中华人民共和国循环经济促进法》除了在第八条原则性地规定政府的责任外，还在第二章“基本管理制度”规定了政府的规划责任、产业结构调整责任等。本法在第十四条规定了上级政府对下级政府的循环经济评价和考核制度。

三是一般促进与重点促进相结合。一般促进是指本法在“总则”和“基本管理制度”两章规定了具有普遍适用意义的政策、目标、原则和管理制度；重点促进主要的表现是，本法“减量化”“再利用和资源化”两章对产品设计、产品包装、节水、节油、矿产资源节约、建筑材料节约、土地节约、灌溉水节约、政府节约、食物节约、林材节约或者资源的再利用、资源化等提出了原则要求，使循环经济法治建设涵盖了循环经济发展的主要环节和主要方面。

四是促进措施具有专门性和综合性。专门性，是指“激励措施”设置了专项基金、科技攻关、税收、投资计划、贷款、价格、收费、押金、政府采购、出口、奖励等奖励和惩罚措施；综合性是指各市场机制和各行政管控措施相互结合。综合性措施的法制化标志着我国的资源节约、环境保护工作真正进入经济和社会发展的主战场。

五是体现了预防优先和综合治理相结合的管理思想。这其中减量化、再利用和资源化对于发展循环经济都是必需的。减量化是环境资源法“预防优先”原则的具体化，再利用和资源化是环境资源法“综合治理”原则的具体化。

《中华人民共和国循环经济促进法》规定，从事工艺、设备、产品及包装物设计，应当按照减少资源消耗和废物产生的要求，优先选择采用易回收、易拆解、易降解、无毒无害或者低毒低害的材料和设计方案，并应当符合有关国家标准的强制性要求；工业企业应当采用先进或者适用的节水技术、工艺和设备，制定并实施节水计划，加强节水管理，对生产用水进行全过程控制；国家鼓励和支持企业使用高效节油产品。

法律规定，企业应当按照国家规定，对生产过程中产生的粉煤灰、煤矸石、尾矿、废石、废料、废气等工业废物进行综合利用；企业应当发展串联用水系统和循环用水系统，提高水的重复利用率，并采用先进技术、工艺和设备，对生产过程中产生的废水进行再生利用；企业应当采用先进或者适用的回收技术、工艺和设备，对生产过程中产生的余热、余压等进行综合利用。

国家对促进循环经济发展的产业活动给予税收优惠，并运用税收等措施鼓励进口先进的节能、节水、节材等技术、设备和产品；县级以上人民政府及其有关部门应当对在循环经济管理、科学技术研究、产品开发、示范和推广工作中做出显著成绩的单位和个人给予表彰和鼓励，企业事业单位应当对在循环经济发展中作出突出贡献的集体和个人给予表彰和奖励。

一、循环经济、减量化、再利用、资源化的法律定义

《中华人民共和国循环经济促进法》第二条规定：

本法所称循环经济，是指在生产、流通和消费等过程中进行的减量化、再利用、资源化活动的总称。

本法所称减量化，是指在生产、流通和消费等过程中减少资源消耗和废物产生。

本法所称再利用，是指将废物直接作为产品或者经修复、翻新、再制造后继续作为产品使用，或者将废物的全部或者部分作为其他产品的部件予以使用。

本法所称资源化，是指将废物直接作为原料进行利用或者对废物进行再生利用。

二、发展循环经济应遵循的原则

《中华人民共和国循环经济促进法》第四条规定：

发展循环经济应当在技术可行、经济合理和有利于节约资源、保护环境的前提下，按照减量化优先的原则实施。

在废物再利用和资源化过程中，应当保障生产安全，保证产品质量符合国家规定的标准，并防止产生再次污染。

三、企业事业单位实施循环经济的规定

《中华人民共和国循环经济促进法》第九条规定：

企业事业单位应当建立健全管理制度，采取措施，降低资源消耗，减少废物的产生量和排放量，提高废物的再利用和资源化水平。

四、新建、改建、扩建建设项目必须符合本行政区域主要污染物排放、建设用地和用水总量控制指标的要求

《中华人民共和国循环经济促进法》第十三条规定：

县级以上地方人民政府应当依据上级人民政府下达的本行政区域主要污染物排放、建设用地和用水总量控制指标，规划和调整本行政区域的产业结构，促进循环经济发展。

新建、改建、扩建建设项目，必须符合本行政区域主要污染物排放、建设用地和用水总量控制指标的要求。

五、减量化、再利用和资源化的有关规定

《中华人民共和国循环经济促进法》第三章、第四章分别对减量化和资源化再利用作了规定。

1. 关于减量化的规定

《中华人民共和国循环经济促进法》第十八条到第二十八条关于减量化的规定：

第十八条　国务院循环经济发展综合管理部门会同国务院环境保护等有关主管部门，定期发布鼓励、限制和淘汰的技术、工艺、设备、材料和产品名录。

禁止生产、进口、销售列入淘汰名录的设备、材料和产品，禁止使用列入淘汰名录的技术、工艺、设备和材料。

第十九条　从事工艺、设备、产品及包装物设计，应当按照减少资源消耗和废物产生的要求，优先选择采用易回收、易拆解、易降解、无毒无害或者低毒低害的材料和设计方案，并应当符合有关国家标准的强制性要求。

对在拆解和处置过程中可能造成环境污染的电器电子等产品，不得设计使用国家禁止使用的有毒有害物质。禁止在电器电子等产品中使用的有毒有害物质名录，由国务院循环经济发展综合管理部门会同国务院环境保护等有关主管部门制定。

设计产品包装物应当执行产品包装标准，防止过度包装造成资源浪费和环境污染。

第二十条　工业企业应当采用先进或者适用的节水技术、工艺和设备，制定并实施节水计划，加强节水管理，对生产用水进行全过程控制。

工业企业应当加强用水计量管理，配备和使用合格的用水计量器具，建立水耗统计和用水状况分析制度。

新建、改建、扩建建设项目，应当配套建设节水设施。节水设施应当与主体工程同时设计、同时施工、同时投产使用。

国家鼓励和支持沿海地区进行海水淡化和海水直接利用，节约淡水资源。

第二十一条　国家鼓励和支持企业使用高效节油产品。

电力、石油加工、化工、钢铁、有色金属和建材等企业，必须在国家规定的范围和期限内，以洁净煤、石油焦、天然气等清洁能源替代燃料油，停止使用不符合国家规定的燃油发电机组和燃油锅炉。

内燃机和机动车制造企业应当按照国家规定的内燃机和机动车燃油经济性标准，采用节油技术，减少石油产品消耗量。

第二十二条　开采矿产资源，应当统筹规划，制定合理的开发利用方案，采用合理的开采顺序、方法和选矿工艺。采矿许可证颁发机关应当对申请人提交的开发利用方案中的开采回采率、采矿贫化率、选矿回收率、矿山水循环利用率和土地复垦率等指标依法进行审查；审查不合格的，不予颁发采矿许可证。采矿许可证颁发机关应当依法加强对开采矿产资源的监督管理。

矿山企业在开采主要矿种的同时，应当对具有工业价值的共生和伴生矿实行综合开采、合理利用；对必须同时采出而暂时不能利用的矿产以及含有有用组分的尾矿，应当采取保护措施，防止资源损失和生态破坏。

第二十三条　建筑设计、建设、施工等单位应当按照国家有关规定和标准，对其设计、建设、施工的建筑物及构筑物采用节能、节水、节地、节材的技术工艺和小型、轻型、再生产品。有条件的地区，应当充分利用太阳能、地热能、风能等可再生能源。

国家鼓励利用无毒无害的固体废物生产建筑材料，鼓励使用散装水泥，推广使用预拌混凝土和预拌砂浆。

禁止损毁耕地烧砖。在国务院或者省、自治区、直辖市人民政府规定的期限和区域内，禁止生产、销售和使用黏土砖。

第二十四条　县级以上人民政府及其农业等主管部门应当推进土地集约利用，鼓励和支持农业生产者采用节水、节肥、节药的先进种植、养殖和灌溉技术，推动农业机械节能，优先发展生态农业。

在缺水地区，应当调整种植结构，优先发展节水型农业，推进雨水集蓄利用，建设和管护节水灌溉设施，提高用水效率，减少水的蒸发和漏失。

第二十五条　国家机关及使用财政性资金的其他组织应当厉行节约、杜绝浪费，带头使用节能、节水、节地、节材和有利于保护环境的产品、设备和设施，节约使用办公用品。国务院和县级以上地方人民政府管理机关事务工作的机构会同本级人民政府有关部门制定本级国家机关等机构的用能、用水定额指标，财政部门根据该定额指标制定支出标准。

城市人民政府和建筑物的所有者或者使用者，应当采取措施，加强建筑物维护管理，延长建筑物使用寿命。对符合城市规划和工程建设标准，在合理使用寿命内的建筑物，除为了公共利益的需要外，城市人民政府不得决定拆除。

第二十六条　餐饮、娱乐、宾馆等服务性企业，应当采用节能、节水、节材和有利于保护环境的产品，减少使用或者不使用浪费资源、污染环境的产品。

本法施行后新建的餐饮、娱乐、宾馆等服务性企业，应当采用节能、节水、节材和有利于保护环境的技术、设备和设施。

第二十七条　国家鼓励和支持使用再生水。在有条件使用再生水的地区，限制或者禁止将自来水作为城市道路清扫、城市绿化和景观用水使用。

第二十八条　国家在保障产品安全和卫生的前提下，限制一次性消费品的生产和销售。具体名录由国务院循环经济发展综合管理部门会同国务院财政、环境保护等有关主管部门制定。

对列入前款规定名录中的一次性消费品的生产和销售，由国务院财政、税务和对外贸易等主管部门制定限制性的税收和出口等措施。

2. 关于再利用和资源化的规定

《中华人民共和国循环经济促进法》第十九条到第四十一条关于再利用和资源化的规定：

第二十九条　县级以上人民政府应当统筹规划区域经济布局，合理调整产业结构，促进企业在资源综合利用等领域进行合作，实现资源的高效利用和循环使用。

各类产业园区应当组织区内企业进行资源综合利用，促进循环经济发展。

国家鼓励各类产业园区的企业进行废物交换利用、能量梯级利用、土地集约利用、水的分类利用和循环使用，共同使用基础设施和其他有关设施。

新建和改造各类产业园区应当依法进行环境影响评价，并采取生态保护和污染控制措施，确保本区域的环境质量达到规定的标准。

第三十条　企业应当按照国家规定，对生产过程中产生的粉煤灰、煤矸石、尾矿、废石、废料、废气等工业废物进行综合利用。

第三十一条　企业应当发展串联用水系统和循环用水系统，提高水的重复利用率。

企业应当采用先进技术、工艺和设备，对生产过程中产生的废水进行再生利用。

第三十二条　企业应当采用先进或者适用的回收技术、工艺和设备，对生产过程中产生的余热、余压等进行综合利用。

建设利用余热、余压、煤层气以及煤矸石、煤泥、垃圾等低热值燃料的并网发电项目，应当依照法律和国务院的规定取得行政许可或者报送备案。电网企业应当按照国家规定，与综合利用资源发电的企业签订并网协议，提供上网服务，并全额收购并网发电项目的上网电量。

第三十三条　建设单位应当对工程施工中产生的建筑废物进行综合利用；不具备综合利用条件的，应当委托具备条件的生产经营者进行综合利用或者无害化处置。

第三十四条　国家鼓励和支持农业生产者和相关企业采用先进或者适用技术，对农作物秸秆、畜禽粪便、农产品加工业副产品、废农用薄膜等进行综合利用，开发利用沼气等生物质能源。

第三十五条　县级以上人民政府及其林业主管部门应当积极发展生态林业，鼓励和支持林业生产者和相关企业采用木材节约和代用技术，开展林业废弃物和次小薪材、沙生灌木等综合利用，提高木材综合利用率。

第三十六条　国家支持生产经营者建立产业废物交换信息系统，促进企业交流产业废物信息。

企业对生产过程中产生的废物不具备综合利用条件的，应当提供给具备条件的生产经营者进行综合利用。

第三十七条　国家鼓励和推进废物回收体系建设。

地方人民政府应当按照城乡规划，合理布局废物回收网点和交易市场，支持废物回收企业和其他组织开展废物的收集、储存、运输及信息交流。

废物回收交易市场应当符合国家环境保护、安全和消防等规定。

第三十八条　对废电器电子产品、报废机动车船、废轮胎、废铅酸电池等特定产品进行拆解或者再利用，应当符合有关法律、行政法规的规定。

第三十九条　回收的电器电子产品，经过修复后销售的，必须符合再利用产品标准，并在显著位置标识为再利用产品。

回收的电器电子产品，需要拆解和再生利用的，应当交售给具备条件的拆解企业。

第四十条　国家支持企业开展机动车零部件、工程机械、机床等产品的再制造和轮胎翻新。

销售的再制造产品和翻新产品的质量必须符合国家规定的标准，并在显著位置标识为再制造产品或者翻新产品。

第四十一条　县级以上人民政府应当统筹规划建设城乡生活垃圾分类收集和资源化利用设施，建立和完善分类收集和资源化利用体系，提高生活垃圾资源化率。

县级以上人民政府应当支持企业建设污泥资源化利用和处置设施，提高污泥综合利用水平，防止产生再次污染。

第十一节　《中华人民共和国水法》的有关规定

《中华人民共和国水法》于 1988 年经全国人大常委会制定公布，2002 年 8 月 29 日第九届全国人民代表大会常务委员会第二十九次会议进行修订，自 2002 年 10 月 1 日起施行。根据 2009 年 8 月 27 日第十一届全国人民代表大会常务委员会第十次会议《关于修改部分法律的决定》第一次修正，根据 2016 年 7 月 2 日第十二届全国人民代表大会常务委员会第二十一次会议《关于修改〈中华人民共和国节约能源法〉等六部法律的决定》第二次修正。

水是自然环境中的一个基本要素，它在自然界中以固态、液态和气态三种状态存在。作为资源，水是人和一切动植物赖以生存的环境条件，是人类社会生活和生产活动所必需的物质基础，也是维持人类社会发展的主要能源之一。我国是一个水资源贫乏的国家，水资源总量约 2.8 万亿 m^3，人均占有的水资源量约 2 200 m^3，只有世界人均占有量的 1/4。近 20 年来，随着国民经济快速发展，水资源短缺、防汛抗旱、水环境恶化等问题日益突出。

一、水资源保护制度

《中华人民共和国水法》所称水资源包括地表水和地下水。水资源属于国家所有，国务院代表国家行使水资源的所有权。国家对水资源依法实行取水许可制度和有偿使用制度。国家保护水资源，采取有效措施，保护植被，植树种草，涵养水源，防治水土流失和水体污染，改善生态环境。县级以上人民政府水行政主管部门、流域管理机构以及其他有关部门在制定水资源开发、利用规划和调度水资源时，应当注意维持江河的合理流量和湖泊、水库以及地下水的合理水位，维护水体的自然净化能力。

国家实行水功能区划制度。由水行政主管部门会同生态环境主管部门、有关部门和有关人民政府，按照流域综合规划、水资源保护规划和经济社会发展要求，拟定水功能区划，报人民政府（国务院或者地方人民政府）或其授权的部门批准。

国家建立饮用水水源保护区制度。省级人民政府应当划定饮用水水源保护区，并采取措施，防止水源枯竭和水体污染，保证城乡居民饮用水安全。禁止在饮用水水源保护区内设置排污口。在江河、湖泊新建、改建或者扩大排污口，应当经过有管辖权的水行政主管部门或者流域管理机构同意，由生态环境主管部门负责对该建设项目的环境影响报告书进行审批。

二、水资源开发利用

《中华人民共和国水法》第三章关于“水资源开发利用”的规定：

第二十条　开发、利用水资源，应当坚持兴利与除害相结合，兼顾上下游、左右岸和有关地区之间的利益，充分发挥水资源的综合效益，并服从防洪的总体安排。

第二十一条　开发、利用水资源，应当首先满足城乡居民生活用水，并兼顾农业、工业、生态环境用水以及航运等需要。

在干旱和半干旱地区开发、利用水资源，应当充分考虑生态环境用水需要。

第二十二条　跨流域调水，应当进行全面规划和科学论证，统筹兼顾调出和调入流域的用水需要，防止对生态环境造成破坏。

第二十三条　地方各级人民政府应当结合本地区水资源的实际情况，按照地表水与地下水统一调度开发、开源与节流相结合、节流优先和污水处理再利用的原则，合理组织开发、综合利用水资源。

国民经济和社会发展规划以及城市总体规划的编制、重大建设项目的布局，应当与当地水资源条件和防洪要求相适应，并进行科学论证；在水资源不足的地区，应当对城市规模和建设耗水量大的工业、农业和服务业项目加以限制。

第二十四条　在水资源短缺的地区，国家鼓励对雨水和微咸水的收集、开发、利用和对海水的利用、淡化。

第二十五条　地方各级人民政府应当加强对灌溉、排涝、水土保持工作的领导，促进农业生产发展；在容易发生盐碱化和渍害的地区，应当采取措施，控制和降低地下水的水位。

农村集体经济组织或者其成员依法在本集体经济组织所有的集体土地或者承包土地上投资兴建水工程设施的，按照谁投资建设谁管理和谁受益的原则，对水工程设施及其蓄水进行管理和合理使用。

农村集体经济组织修建水库应当经县级以上地方人民政府水行政主管部门批准。

第二十六条　国家鼓励开发、利用水能资源。在水能丰富的河流，应当有计划地进行多目标梯级开发。

建设水力发电站，应当保护生态环境，兼顾防洪、供水、灌溉、航运、竹木流放和渔业等方面的需要。

第二十七条　国家鼓励开发、利用水运资源。在水生生物洄游通道、通航或者竹木流放的河流上修建永久性拦河闸坝，建设单位应当同时修建过鱼、过船、过木设施，或者经国务院授权的部门批准采取其他补救措施，并妥善安排施工和蓄水期间的水生生物保护、航运和竹木流放，所需费用由建设单位承担。

在不通航的河流或者人工水道上修建闸坝后可以通航的，闸坝建设单位应当同时修建过船设施或者预留过船设施位置。

第二十八条　任何单位和个人引水、截（蓄）水、排水，不得损害公共利益和他人的合法权益。

第二十九条　国家对水工程建设移民实行开发性移民的方针，按照前期补偿、补助与后期扶持相结合的原则，妥善安排移民的生产和生活，保护移民的合法权益。

移民安置应当与工程建设同步进行。建设单位应当根据安置地区的环境容量和可持续发展的原则，因地制宜，编制移民安置规划，经依法批准后，由有关地方人民政府组织实施。所需移民经费列入工程建设投资计划。

三、河道和湖泊管理要求

《中华人民共和国水法》第三十七条规定：

禁止在江河、湖泊、水库、运河、渠道内弃置、堆放阻碍行洪的物体和种植阻碍行洪的林木及高秆作物。

禁止在河道管理范围内建设妨碍行洪的建筑物、构筑物以及从事影响河势稳定、危害河岸堤防安全和其他妨碍河道行洪的活动。

《中华人民共和国水法》第四十条规定：

禁止围湖造地。已经围垦的，应当按照国家规定的防洪标准有计划地退地还湖。

禁止围垦河道。确需围垦的，应当经过科学论证，经省、自治区、直辖市人民政府水行政主管部门或者国务院水行政主管部门同意后，报本级人民政府批准。

四、工业用水重复利用规定

《中华人民共和国水法》第五十一条规定：

工业用水应当采用先进技术、工艺和设备，增加循环用水次数，提高水的重复利用率。

国家逐步淘汰落后的、耗水量高的工艺、设备和产品，具体名录由国务院经济综合主管部门会同国务院水行政主管部门和有关部门制定并公布。生产者、销售者或者生产经营中的使用者应当在规定的时间内停止生产、销售或者使用列入名录的工艺、设备和产品。

国家对落后的、耗水量高的工艺、设备和产品也实行强制淘汰制度。具体淘汰名录由国务院经济综合主管部门会同国务院水行政主管部门和有关部门制定并公布。列入淘汰名录的落后的、耗水量高的工艺、设备和产品的生产者、销售者或者生产经营中的使用者应当按照名录要求，在规定的时间内停止生产、销售或者使用。工业用水应当采用先进技术、工艺和设备，增加循环用水次数，提高水的重复利用率。

五、水资源、水域和水工程保护中禁止类和许可类活动的规定

《中华人民共和国水法》规定：

第三十七条　禁止在江河、湖泊、水库、运河、渠道内弃置、堆放阻碍行洪的物体和种植阻碍行洪的林木及高秆作物。

禁止在河道管理范围内建设妨碍行洪的建筑物、构筑物以及从事影响河势稳定、危害河岸堤防安全和其他妨碍河道行洪的活动。

第三十九条　国家实行河道采砂许可制度。河道采砂许可制度实施办法，由国务院规定。

在河道管理范围内采砂，影响河势稳定或者危及堤防安全的，有关县级以上人民政府水行政主管部门应当划定禁采区和规定禁采期，并予以公告。

第四十条　禁止围湖造地。已经围垦的，应当按照国家规定的防洪标准有计划地退地还湖。

禁止围垦河道。确需围垦的，应当经过科学论证，经省、自治区、直辖市人民政府水行政主管部门或者国务院水行政主管部门同意后，报本级人民政府批准。

第四十三条　国家对水工程实施保护。国家所有的水工程应当按照国务院的规定划定工程管理和保护范围。

国务院水行政主管部门或者流域管理机构管理的水工程，由主管部门或者流域管理机构商有关省、自治区、直辖市人民政府划定工程管理和保护范围。

前款规定以外的其他水工程，应当按照省、自治区、直辖市人民政府的规定，划定工程保护范围和保护职责。

在水工程保护范围内，禁止从事影响水工程运行和危害水工程安全的爆破、打井、采石、取土等活动。

第十二节　《中华人民共和国防沙治沙法》的有关规定

《中华人民共和国防沙治沙法》于 2001 年 8 月 31 日由第九届全国人民代表大会常务委员会第二十三次会议通过，自 2002 年 1 月 1 日起施行。根据 2018 年 10 月 26 日第十三届全国人民代表大会常务委员会第六次会议《关于修改〈中华人民共和国野生动物保护法〉等十五部法律的决定》修正。

我国是世界上土地沙化危害最为严重的国家之一，现有土地沙化面积 168.9 万 km^2，还有近 90 万 km^2 土地有明显沙化趋势，且沙化面积还在以每年 2 460 km^2 的速度扩展。

一、土地沙化的法律定义和环境影响评价要求

《中华人民共和国防沙治沙法》第二条规定：

在中华人民共和国境内，从事土地沙化的预防、沙化土地的治理和开发利用活动，必须遵守本法。

土地沙化是指因气候变化和人类活动所导致的天然沙漠扩张和沙质土壤上植被破坏、沙土裸露的过程。

本法所称土地沙化，是指主要因人类不合理活动所导致的天然沙漠扩张和沙质土壤上植被及覆盖物被破坏，形成流沙及沙土裸露的过程。

本法所称沙化土地，包括已经沙化的土地和具有明显沙化趋势的土地。具体范围，由国务院批准的全国防沙治沙规划确定。

造成土地沙化的原因有自然因素如气候变化和人类活动两种。土地沙化是指天然沙漠扩张和沙质土壤上植被破坏、沙土裸露的过程。而《中华人民共和国防沙治沙法》所称土地沙化，是指主要因人类不合理活动所导致的天然沙漠扩张和沙质土壤上植被及覆盖物被破坏，形成流沙及沙土裸露的过程。因此本法主要是对人类可能导致土地沙化的活动的限制与规范。

《中华人民共和国防沙治沙法》第二十一条规定：

在沙化土地范围内从事开发建设活动的，必须事先就该项目可能对当地及相关地区生态产生的影响进行环境影响评价，依法提交环境影响报告；环境影响报告应当包括有关防沙治沙的内容。

在沙化土地范围内从事各种开发建设活动的，都必须事先就该项目可能对当地及相关地区生态产生的影响进行评价，提交环境影响报告。环境影响报告应当包括有关防沙治沙的内容，所提防沙治沙措施和要求必须符合防沙治沙规划，要明确规定遏制土地沙化扩展趋势，逐步减少沙化土地的具体措施，如划出一定比例的土地，因地制宜地营造防风固沙林网、林带，种植多年生灌木和草本植物等。

二、沙化土地的保护

《中华人民共和国防沙治沙法》第二十二条规定：

在沙化土地封禁保护区范围内，禁止一切破坏植被的活动。

禁止在沙化土地封禁保护区范围内安置移民。对沙化土地封禁保护区范围内的农牧民，县级以上地方人民政府应当有计划地组织迁出，并妥善安置。沙化土地封禁保护区范围内尚未迁出的农牧民的生产生活，由沙化土地封禁保护区主管部门妥善安排。

未经国务院或者国务院指定的部门同意，不得在沙化土地封禁保护区范围内进行修建铁路、公路等建设活动。

第十三节 《中华人民共和国草原法》的有关规定

《中华人民共和国草原法》1985年6月18日第六届全国人民代表大会常务委员会第十一次会议通过，2002年12月28日第九届全国人民代表大会常务委员会第三十一次会议修订，自2003年3月1日起施行。2013年6月29日第十二届全国人民代表大会常务委员会第三次会议通过修改，自2013年6月29日起施行。

草原是在温带半干旱气候条件下，由旱生或半旱生、多年生草本植物组成的植被类型。它是以中温、旱生或半旱生密丛禾草为主的植物和相应的动物等构成的一个地带性的生态系统。《中华人民共和国草原法》所称草原，是指天然草原和人工草地。在中华人民共和国领域内从事草原规划、保护、建设、利用和管理活动，适用本法。国家对草原保护、建设、利用实行统一规划制度。

《中华人民共和国草原法》规定：

第十八条　编制草原保护、建设、利用规划，应当依据国民经济和社会发展规划并遵循下列原则：

（一）改善生态环境，维护生物多样性，促进草原的可持续利用；

（二）以现有草原为基础，因地制宜，统筹规划，分类指导；

（三）保护为主、加强建设、分批改良、合理利用；

（四）生态效益、经济效益、社会效益相结合。

第十九条　草原保护、建设、利用规划应当包括：草原保护、建设、利用的目标和措施，草原功能分区和各项建设的总体部署，各项专业规划等。

第二十条　草原保护、建设、利用规划应当与土地利用总体规划相衔接，与环境保护规划、水土保持规划、防沙治沙规划、水资源规划、林业长远规划、城市总体规划、村庄和集镇规划以及其他有关规划相协调。

第四十二条规定：

国家实行基本草原保护制度。下列草原应当划为基本草原，实施严格管理：

（一）重要放牧场；

（二）割草地；

（三）用于畜牧业生产的人工草地、退耕还草地以及改良草地、草种基地；

（四）对调节气候、涵养水源、保持水土、防风固沙具有特殊作用的草原；

（五）作为国家重点保护野生动植物生存环境的草原；

（六）草原科研、教学试验基地；

（七）国务院规定应当划为基本草原的其他草原。

基本草原的保护管理办法，由国务院制定。

第四十六条规定：

禁止开垦草原。对水土流失严重、有沙化趋势、需要改善生态环境的已垦草原，应当有计划、有步骤地退耕还草；已造成沙化、盐碱化、石漠化的，应当限期治理。

依据国家法律规定，草原是禁止开垦的，而且对水土流失严重、有沙化趋势、需要改善生态环境的已垦草原，应当有计划、有步骤地进行退耕还草；对已造成沙化、盐碱化、石漠化的已垦草原，强制规定进行限期治理，恢复和有效保护草原生态环境。

第十四节　《中华人民共和国文物保护法》的有关规定

《全国人民代表大会常务委员会关于修改〈中华人民共和国文物保护法〉》的决定》由中华人民共和国第十届全国人民代表大会常委会第三十一次会议于2007年12月29日通过，自公布之日起施行。2013年6月29日第十二届全国人民代表大会常务委员会第三次会议通过修改，自2013年6月29日起施行。2015年4月24日第十二届全国人民代表大会常务委员会第十四次会议通过修改，自2015年4月24日起施行。2017年11月4日，第十二届全国人民代表大会常务委员会第三十次会议审议通过了《全国人民代表大会常务委员会关于修改〈中华人民共和国会计法〉等十一部法律的决定》，其中包括《中华人民共和国文物保护法》，自2017年11月5日起施行。

一、文物保护的范围

中华人民共和国境内地下、内水和领海中遗存的一切文物，属于国家所有。《中华人民共和国文物保护法》第二条规定：

在中华人民共和国境内，下列文物受国家保护：

（一）具有历史、艺术、科学价值的古文化遗址、古墓葬、古建筑、石窟寺和石刻、壁画；

（二）与重大历史事件、革命运动或者著名人物有关的以及具有重要纪念意义、教育意义或者史料价值的近代现代重要史迹、实物、代表性建筑；

（三）历史上各时代珍贵的艺术品、工艺美术品；

（四）历史上各时代重要的文献资料以及具有历史、艺术、科学价值的手稿和图书资料等；

（五）反映历史上各时代、各民族社会制度、社会生产、社会生活的代表性实物。

文物认定的标准和办法由国务院文物行政部门制定，并报国务院批准。

具有科学价值的古脊椎动物化石和古人类化石同文物一样受国家保护。

文物保护单位是指不可移动文物。不可移动文物是指古文化遗址、古墓葬、古建筑、石窟寺、石刻、壁画、近代现代重要史迹和代表性建筑等。根据它们的历史、艺术、科学价值，可以分别确定为全国重点文物保护单位，省级文物保护单位，市、县级文物保护单位。历史上各时代重要实物、艺术品、文献、手稿、图书资料、代表性实物等可移动文物，分为珍贵文物和一般文物；珍贵文物分为一级文物、二级文物、三级文物。我国是一个有着 5 000 年文明史的古国，又是一个由 56 个民族组成的多民族国家，有着丰富多彩的历史文化遗产。目前我国已知的地上地下不可移动文物有 40 多万处，其中约 7 万处被列为各级文物保护单位；101 个城市被列为国家历史文化名城；长城、故宫等 28 处文化和自然遗产被列入《世界遗产名录》；全国有博物馆 2 000 多座；馆藏文物 2 000 万件。

二、文物保护单位保护范围内的禁止行为

《中华人民共和国文物保护法》有关规定：

第十七条　文物保护单位的保护范围内不得进行其他建设工程或者爆破、钻探、挖掘等作业。但是，因特殊情况需要在文物保护单位的保护范围内进行其他建设工程或者爆破、钻探、挖掘等作业的，必须保证文物保护单位的安全，并经核定公布该文物保护单位的人民政府批准，在批准前应当征得上一级人民政府文物行政部门同意；在全国重点文物保护单位的保护范围内进行其他建设工程或者爆破、钻探、挖掘等作业的，必须经省、自治区、直辖市人民政府批准，在批准前应当征得国务院文物行政部门同意。

第十八条　根据保护文物的实际需要，经省、自治区、直辖市人民政府批准，可以在文物保护单位的周围划出一定的建设控制地带，并予以公布。

在文物保护单位的建设控制地带内进行建设工程，不得破坏文物保护单位的历史风貌；工程设计方案应当根据文物保护单位的级别，经相应的文物行政部门同意后，报城乡建设规划部门批准。

第十九条　在文物保护单位的保护范围和建设控制地带内，不得建设污染文物保护单位及其环境的设施，不得进行可能影响文物保护单位安全及其环境的活动。对已有的污染文物保护单位及其环境的设施，应当限期治理。

文物保护单位的保护范围，是指对文物保护单位本体及周围一定范围实施重点保护的区域。

文物保护单位的建设控制地带，是指在文物保护单位的保护范围外，为保护文物保护单位的安全、环境、历史风貌而对建设项目加以限制的区域。

第十五节　《中华人民共和国森林法》的有关规定

1984 年，全国人大常委会通过了《中华人民共和国森林法》。1998 年 4 月 29 日，第九届全国人民代表大会常务委员会第二次会议通过颁布了修改的《中华人民共和国森林法》。2000 年 1 月 29 日，国务院发布了《中华人民共和国森林法实施条例》。在中华人民共和国领域内从事森林、林木的培育种植、采伐利用和森林、林木、林

地的经营管理活动，都必须遵守本法。

一、森林

森林，是指存在于一定区域内的以树木或其他木本植物为主体的植物群落。森林资源，包括森林、林木、林地以及依托森林、林木、林地的野生动物、植物和微生物。森林，包括乔木林和竹林。林木，包括树木和竹子。林地，包括郁闭度 0.2 以上的乔木林地以及竹林地、灌木林地、疏林地、采伐迹地、火烧迹地、未成林造林地、苗圃地和县级以上人民政府规划的宜林地。在我国，森林资源属于国家所有，但由法律规定属于集体所有的除外。

二、建设工程、开垦及开采的限制和禁止规定

《中华人民共和国森林法》第十八条规定：

进行勘查、开采矿藏和各项建设工程，应当不占或者少占林地；必须占用或者征用林地的，经县级以上人民政府林业主管部门审核同意后，依照有关土地管理的法律、行政法规办理建设用地审批手续，并由用地单位依照国务院有关规定缴纳森林植被恢复费。森林植被恢复费专款专用，由林业主管部门依照有关规定统一安排植树造林，恢复森林植被，植树造林面积不得少于因占用、征用林地而减少的森林植被面积。上级林业主管部门应当定期督促、检查下级林业主管部门组织植树造林、恢复森林植被的情况。

任何单位和个人不得挪用森林植被恢复费。县级以上人民政府审计机关应当加强对森林植被恢复费使用情况的监督。

第二十三条规定：

禁止毁林开垦和毁林采石、采砂、采土以及其他毁林行为。

禁止在幼林地和特种用途林内砍柴、放牧。

进入森林和森林边缘地区的人员，不得擅自移动或者损坏为林业服务的标志。

三、采伐森林和林木必须遵守的规定

《中华人民共和国森林法》第三十一条规定：

采伐森林和林木必须遵守下列规定：

（一）成熟的用材林应当根据不同情况，分别采取择伐、皆伐和渐伐方式，皆伐应当严格控制，并在采伐的当年或者次年内完成更新造林；

（二）防护林和特种用途林中的国防林、母树林、环境保护林、风景林，只准进行抚育和更新性质的采伐；

（三）特种用途林中的名胜古迹和革命纪念地的林木、自然保护区的森林，严禁采伐。

第十六节 《中华人民共和国渔业法》的有关规定

《中华人民共和国渔业法》于1986年1月20日经第六届全国人民代表大会常务委员会第十四次会议通过，并从1986年7月1日起施行。根据2000年10月31日第九届全国人民代表大会常务委员会第十八次会议《关于修改〈中华人民共和国渔业法〉的决定》第一次修正，根据2004年8月28日第十届全国人民代表大会常务委员会第十一次会议《关于修改〈中华人民共和国渔业法〉的决定》第二次修正。根据2009年8月27日第十一届全国人民代表大会常务委员会第十次会议《关于修改部分法律的决定》第三次修正，根据2013年12月28日第十二届全国人民代表大会常务委员会第六次会议《关于修改〈中华人民共和国海洋环境保护法〉等七部法律的决定》第四次修正。

《中华人民共和国渔业法》第二条规定：

在中华人民共和国的内水、滩涂、领海、专属经济区以及中华人民共和国管辖的一切其他海域从事养殖和捕捞水生动物、水生植物等渔业生产活动，都必须遵守本法。

《中华人民共和国渔业法》从地域范围和行为范围就其适用范围作出了规定。就地域范围而言，包括我国的内水、滩涂、领海、专属经济区和管辖的一切其他海域，我国管辖的其他海域主要是指大陆架和毗连区。就行为范围而言，包括从事养殖和捕捞水生动物、水生植物等渔业生产活动。

《中华人民共和国渔业法》第三十二条规定：

在鱼、虾、蟹洄游通道建闸、筑坝，对渔业资源有严重影响的，建设单位应当建造过鱼设施或者采取其他补救措施。

第十七节 《中华人民共和国矿产资源法》的有关规定

1986年3月19日，第六届全国人大常委会第十五次会议通过了《中华人民共和国矿产资源法》，根据1996年8月29日第八届全国人大常委会第二十一次会议《关于修改〈中华人民共和国矿产资源法〉的决定》修正。1994年3月26日国务院还制定了《中华人民共和国矿产资源法实施细则》。根据2009年8月27日第十一届全国人大常委会第十次会议通过的《全国人民代表大会常务委员会关于修改部分法律的决定》修正。

一、矿产资源及其限采规定

矿产资源是指由地质作用形成的，具有利用价值的，呈固态、液态、气态的自然资源。矿产资源是人类赖以生存和发展以及经济建设的物质基础，是重要的自然资源和国家宝贵的财富。矿产资源属于国家所有，由国务院行使国家矿产资源的所有权。地表或者地下的矿产资源的国家所有权，不因其所依附的土地的所有权或者使用权的不同而改变。国家保障矿产资源的合理开发利用。禁止任何组织或者个人用任何手段侵占或者破坏矿产资源。勘查、开采矿产资源，必须依法分别申请、经批准取得探矿权、采矿权，并办理登记；但是，已经依法申请取得采矿权的矿山企业在划定的矿区范围内为本企业的生产而进行的勘查除外。国家保护探矿权和采矿权不受侵犯，保障矿区和勘查作业区的生产秩序、工作秩序不受影响和破坏。从事矿产资源勘查和开采的，必须符合规定的资质条件。

《中华人民共和国矿产资源法》第二十条规定：

非经国务院授权的有关主管部门同意，不得在下列地区开采矿产资源：

（一）港口、机场、国防工程设施圈定地区以内；

（二）重要工业区、大型水利工程设施、城镇市政工程设施附近一定距离以内；

（三）铁路、重要公路两侧一定距离以内；

（四）重要河流、堤坝两侧一定距离以内；

（五）国家划定的自然保护区、重要风景区，国家重点保护的不能移动的历史文物和名胜古迹所在地；

（六）国家规定不得开采矿产资源的其他地区。

二、关闭矿山的有关规定

《中华人民共和国矿产资源法》第二十一条规定：

关闭矿山，必须提出矿山闭坑报告及有关采掘工程、不安全隐患、土地复垦利用、环境保护的资料，并按照国家规定报请审查批准。

三、矿产资源开采的有关规定

《中华人民共和国矿产资源法》第四章关于“矿产资源的开采”的有关规定：

第二十九条　开采矿产资源，必须采取合理的开采顺序、开采方法和选矿工艺。矿山企业的开采回采率、采矿贫化率和选矿回收率应当达到设计要求。

第三十条　在开采主要矿产的同时，对具有工业价值的共生和伴生矿产应当统一规划，综合开采，综合利用，防止浪费；对暂时不能综合开采或者必须同时采出而暂时还不能综合利用的矿产以及含有有用组分的尾矿，应当采取有效的保护措施，防止损失破坏。

第三十一条　开采矿产资源，必须遵守国家劳动安全卫生规定，具备保障安全生产的必要条件。

第三十二条　开采矿产资源，必须遵守有关环境保护的法律规定，防止污染环境。

开采矿产资源，应当节约用地。耕地、草原、林地因采矿受到破坏的，矿山企业应当因地制宜地采取复垦利用、植树种草或者其他利用措施。

开采矿产资源给他人生产、生活造成损失的，应当负责赔偿，并采取必要的补救措施。

第三十三条　在建设铁路、工厂、水库、输油管道、输电线路和各种大型建筑物或者建筑群之前，建设单位必须向所在省、自治区、直辖市地质矿产主管部门了解拟建工程所在地区的矿产资源分布和开采情况。非经国务院授权的部门批准，不得压覆重要矿床。

第三十四条　国务院规定由指定的单位统一收购的矿产品，任何其他单位或者个人不得收购；开采者不得向非指定单位销售。

第十八节　《中华人民共和国土地管理法》的有关规定

1986 年 6 月 25 日第六届全国人民代表大会常务委员会第十六次会议通过《中华人民共和国土地管理法》；根据 1988 年 12 月 29 日第七届全国人民代表大会常务委员会第五次会议《关于修改〈中华人民共和国土地管理法〉的决定》第一次修正；1998 年 8 月 29 日第九届全国人民代表大会常务委员会第四次会议修订，自 1999 年 1 月 1 日起施行；根据 2004 年 8 月 28 日第十届全国人民代表大会常务委员会第十一次会议《关于修改〈中华人民共和国土地管理法〉的决定》第二次修正。

土地资源是指在当前和可预见的未来对人类有用的土地。它具有固定性、生产性、有限性、不可替代性等特征。土地具有多种用途，使用其中的哪一种或哪几种用途则取决于人们的意愿。但对某一块具体土地来说，用于不同的用途，其实现的经济效益和产生的环境效益往往大不相同。

一、国家土地用途管制制度

我国实行土地的社会主义公有制，即全民所有制和劳动群众集体所有制。全民所有，即国家所有土地的所有权由国务院代表国家行使。任何单位和个人不得侵占、买卖或者以其他形式非法转让土地。土地使用权可以依法转让。国家为了公共利益的需要，可以依法对土地实行征收或者征用并给予补偿。国家依法实行国有土地有偿使用制度。但是，国家在法律规定的范围内划拨国有土地使用权的除外。为了保证合理地使用土地，1998 年修改后的《中华人民共和国土地管理法》增加了关于“国家实行土地用途管制制度”的规定。

《中华人民共和国土地管理法》第四条规定：

国家实行土地用途管制制度。

国家编制土地利用总体规划，规定土地用途，将土地分为农用地、建设用地和未利用地。严格限制农用地转为建设用地，控制建设用地总量，对耕地实行特殊保护。

前款所称农用地是指直接用于农业生产的土地，包括耕地、林地、草地、农田水利用地、养殖水面等；建设用地是指建造建筑物、构筑物的土地，包括城乡住宅和公共设施用地、工矿用地、交通水利设施用地、旅游用地、军事设施用地等；未利用地是指农用地和建设用地以外的土地。

使用土地的单位和个人必须严格按照土地利用总体规划确定的用途使用土地。

二、保护耕地和基本农田的有关规定

《中华人民共和国土地管理法》第三十一条规定：

国家保护耕地，严格控制耕地转为非耕地。

国家实行占用耕地补偿制度。非农业建设经批准占用耕地的，按照“占多少，垦多少”的原则，由占用耕地的单位负责开垦与所占用耕地的数量和质量相当的耕地；没有条件开垦或者开垦的耕地不符合要求的，应当按照省、自治区、直辖市的规定缴纳耕地开垦费，专款用于开垦新的耕地。

省、自治区、直辖市人民政府应当制定开垦耕地计划，监督占用耕地的单位按照计划开垦耕地或者按照计划组织开垦耕地，并进行验收。

第三十四条规定：

国家实行基本农田保护制度。下列耕地应当根据土地利用总体规划划入基本农田保护区，严格管理：

（一）经国务院有关主管部门或者县级以上地方人民政府批准确定的粮、棉、油生产基地内的耕地；

（二）有良好的水利与水土保持设施的耕地，正在实施改造计划以及可以改造的中、低产田；

（三）蔬菜生产基地；

（四）农业科研、教学试验田；

（五）国务院规定应当划入基本农田保护区的其他耕地。

各省、自治区、直辖市划定的基本农田应当占本行政区域内耕地的百分之八十以上。

基本农田保护区以乡（镇）为单位进行划区定界，由县级人民政府土地行政主管部门会同同级农业行政主管部门组织实施。

三、建设占用土地的有关规定

《中华人民共和国土地管理法》规定：

第四十三条　任何单位和个人进行建设，需要使用土地的，必须依法申请使用国有土地；但是，兴办乡镇企业和村民建设住宅经依法批准使用本集体经济组织农民集体所有的土地的，或者乡（镇）村公共设施和公益事业建设经依法批准使用农民集体所有的土地的除外。

前款所称依法申请使用的国有土地包括国家所有的土地和国家征用的原属于农民集体所有的土地。

第四十四条　建设占用土地，涉及农用地转为建设用地的，应当办理农用地转用审批手续。

省、自治区、直辖市人民政府批准的道路、管线工程和大型基础设施建设项目、国务院批准的建设项目占用土地，涉及农用地转为建设用地的，由国务院批准。

在土地利用总体规划确定的城市和村庄、集镇建设用地规模范围内，为实施该规划而将农用地转为建设用地的，按土地利用年度计划分批次由原批准土地利用总体规划的机关批准。在已批准的农用地转用范围内，具体建设项目用地可以由市、县人民政府批准。

本条第二款、第三款规定以外的建设项目占用土地，涉及农用地转为建设用地的，由省、自治区、直辖市人民政府批准。

四、需经国务院批准征用的土地

《中华人民共和国土地管理法》第四十五条规定：

征用下列土地的，由国务院批准：

（一）基本农田；

（二）基本农田以外的耕地超过三十五公顷的；

（三）其他土地超过七十公顷的。

征用前款规定以外的土地的，由省、自治区、直辖市人民政府批准，并报国务院备案。

征用农用地的，应当依照本法第四十四条的规定先行办理农用地转用审批。其中，经国务院批准农用地转用的，同时办理征地审批手续，不再另行办理征地审批；经省、自治区、直辖市人民政府在征地批准权限内批准农用地转用的，同时办理征地审批手续，不再另行办理征地审批，超过征地批准权限的，应当依照本条第一款的规定另行办理征地审批。

第十九节　《中华人民共和国水土保持法》的有关规定

《中华人民共和国水土保持法》于1991年6月29日第七届全国人民代表大会常务委员会第二十次会议通过，2010年12月25日第十一届全国人民代表大会常务委员会第十八次会议修订，自2011年3月1日起施行。

《中华人民共和国水土保持法》所称水土保持，是指对自然因素和人为活动造成水土流失所采取的预防和治理措施，其目的是为了预防和治理水土流失，保护和合理利用水土资源，减轻水、旱、风沙灾害，改善生态环境，保障经济社会可持续发展。水土保持是建立良好的生态环境的一项根本性措施。任何单位和个人都有保护水土资源、预防和治理水土流失的义务。

《中华人民共和国水土保持法》规定：

第二十四条　生产建设项目选址、选线应当避让水土流失重点预防区和重点治理区；无法避让的，应当提高防治标准，优化施工工艺，减少地表扰动和植被损坏范围，有效控制可能造成的水土流失。

第二十五条　在山区、丘陵区、风沙区以及水土保持规划确定的容易发生水土流失的其他区域开办可能造成水土流失的生产建设项目，生产建设单位应当编制水土保持方案，报县级以上人民政府水行政主管部门审批，并按照经批准的水土保持方案，采取水土流失预防和治理措施。没有能力编制水土保持方案的，应当委托具备相应技术条件的机构编制。

水土保持方案应当包括水土流失预防和治理的范围、目标、措施和投资等内容。

第二十八条　依法应当编制水土保持方案的生产建设项目，其生产建设活动中排弃的砂、石、土、矸石、尾矿、废渣等应当综合利用；不能综合利用，确需废弃的，应当堆放在水土保持方案确定的专门存放地，并采取措施保证不产生新的危害。

第三十八条　对生产建设活动所占用土地的地表土应当进行分层剥离、保存和利用，做到土石方挖填平衡，减少地表扰动范围；对废弃的砂、石、土、矸石、尾矿、废渣等存放地，应当采取拦挡、坡面防护、防洪排导等措施。生产建设活动结束后，应当及时在取土场、开挖面和存放地的裸露土地上植树种草、恢复植被，对闭库的尾矿库进行复垦。

在干旱缺水地区从事生产建设活动，应当采取防止风力侵蚀措施，设置降水蓄渗设施，充分利用降水资源。

第二十节　《中华人民共和国野生动物保护法》的有关规定

《中华人民共和国野生动物保护法》于 1988 年 11 月 8 日由第七届全国人民代表大会常务委员会第四次会议通过，自 1989 年 3 月 1 日起施行。根据 2004 年 8 月 28 日第十届全国人民代表大会常务委员会第十一次会议《关于修改〈中华人民共和国野生动物保护法〉的决定》修正。2016 年 7 月 2 日中华人民共和国第十二届全国人民代表大会常务委员会第二十一次会议修订，自 2017 年 1 月 1 日起施行。

野生动物是自然环境的重要组成部分，是可以再生的自然资源，对于维护生态平衡，为人类提供各种食品、毛皮、药物以及在科学研究等方面都具有重要意义。

《中华人民共和国野生动物保护法》所保护的野生动物，是指珍贵、濒危的陆生、水生野生动物和有益的或者有重要经济、科学研究价值的陆生野生动物。按其保护程度，分为国家重点保护野生动物、地方重点保护野生动物和非重点保护野生动物。国家重点保护的野生动物是指列入国家重点保护野生动物名录而被加以特殊保护的动物。分为一级保护野生动物和二级保护野生动物。地方重点保护野生动物是指列入地方重点保护野生动物名录而被加以特殊保护的动物。国家和地方重点保护野生动物以外的野生动物均为非重点保护野生动物。野生动物资源属于国家所有。

一、适用范围

《中华人民共和国野生动物保护法》第二条规定：

在中华人民共和国领域及管辖的其他海域，从事野生动物保护及相关活动，适用本法。

本法规定保护的野生动物，是指珍贵、濒危的陆生、水生野生动物和有重要生态、科学、社会价值的陆生野生动物。

本法规定的野生动物及其制品，是指野生动物的整体（含卵、蛋）、部分及其衍生物。

珍贵、濒危的水生野生动物以外的其他水生野生动物的保护，适用《中华人民共和国渔业法》等有关法律的规定。

《中华人民共和国野生动物保护法》从地域范围和行为范围就本法的适用范围作出了规定。就地域范围而言，是在我国境内。就行为范围而言，包括从事野生动物的保护、驯养繁殖、开发利用活动。本法规定保护的野生动物，是指珍贵、濒危的陆生、水生野生动物和有益的或者有重要经济、科学研究价值的陆生野生动物。不包括珍贵、濒危的水生野生动物以外的其他水生野生动物，它们的保护适用渔业法的规定。

二、野生动物的保护

《中华人民共和国野生动物保护法》规定：

第十条　国家对野生动物实行分类分级保护。

国家对珍贵、濒危的野生动物实行重点保护。国家重点保护的野生动物分为一级保护野生动物和二级保护野生动物。国家重点保护野生动物名录，由国务院野生动物保护主管部门组织科学评估后制定，并每五年根据评估情况确定对名录进行调整。国家重点保护野生动物名录报国务院批准公布。

地方重点保护野生动物，是指国家重点保护野生动物以外，由省、自治区、直辖市重点保护的野生动物。地方重点保护野生动物名录，由省、自治区、直辖市人民政府组织科学评估后制定、调整并公布。

有重要生态、科学、社会价值的陆生野生动物名录，由国务院野生动物保护主管部门组织科学评估后制定、调整并公布。

三、野生动物栖息地状况的调查、监测和评估

《中华人民共和国野生动物保护法》规定：

第十二条　国务院野生动物保护主管部门应当会同国务院有关部门，根据野生动物及其栖息地状况的调查、监测和评估结果，确定并发布野生动物重要栖息地名录。

省级以上人民政府依法划定相关自然保护区域，保护野生动物及其重要栖息地，保护、恢复和改善野生动物生存环境。对不具备划定相关自然保护区域条件的，县级以上人民政府可以采取划定禁猎（渔）区、规定禁猎（渔）期等其他形式予以保护。

禁止或者限制在相关自然保护区域内引入外来物种、营造单一纯林、过量施洒农药等人为干扰、威胁野生动物生息繁衍的行为。

相关自然保护区域，依照有关法律法规的规定划定和管理。

第十三条　县级以上人民政府及其有关部门在编制有关开发利用规划时，应当充分考虑野生动物及其栖息地保护的需要，分析、预测和评估规划实施可能对野生动物及其栖息地保护产生的整体影响，避免或者减少规划实施可能造成的不利后果。

四、野生动物保护的相关规定

《中华人民共和国野生动物保护法》第十三条规定：

禁止在相关自然保护区域建设法律法规规定不得建设的项目。机场、铁路、公路、水利水电、围堰、围填海等建设项目的选址选线，应当避让相关自然保护区域、野生动物迁徙洄游通道；无法避让的，应当采取修建野生动物通道、过鱼设施等措施，消除或者减少对野生动物的不利影响。

建设项目可能对相关自然保护区域、野生动物迁徙洄游通道产生影响的，环境影响评价文件的审批部门在审批环境影响评价文件时，涉及国家重点保护野生动物的，应当征求国务院野生动物保护主管部门意见；涉及地方重点保护野生动物的，应当征求省、自治区、直辖市人民政府野生动物保护主管部门意见。

野生动物及其生存环境受法律保护，禁止任何单位和个人非法猎捕或者破坏。建设对国家或者地方重点保护野生动物的生存环境产生不利影响的项目，建设单位应当进行环境影响评价，编制环境影响报告书并向有权审批的生态环境主管部门报批。负责审批的生态环境主管部门在审批前，应征求野生动物行政主管部门的意见。

国家对珍贵、濒危的野生动物实行重点、分级保护。必要时在国家和地方重点保护野生动物的主要生息繁衍的地区和水域，通过建立自然保护区的形式，加强对国家和地方重点保护野生动物及其生存环境的保护管理。

第二十一节 《中华人民共和国防洪法》的有关规定

《中华人民共和国防洪法》于 1997 年 8 月 29 日第八届全国人民代表大会常务委员会第二十七次会议通过，自 1998 年 1 月 1 日起施行。根据 2009 年 8 月 27 日第十一届全国人民代表大会常务委员会第十次会议《关于修改部分法律的决定》第一次修正，根据 2015 年 4 月 24 日第十二届全国人民代表大会常务委员会第十四次会议《关于修改〈中华人民共和国港口法〉等七部法律的决定》第二次修正，根据 2016 年 7 月 2 日第十二届全国人民代表大会常务委员会第二十一次会议《关于修改〈中华人民共和国节约能源法〉等六部法律的决定》第三次修正。

《中华人民共和国防洪法》规定：

第二十七条　建设跨河、穿河、穿堤、临河的桥梁、码头、道路、渡口、管道、缆线、取水、排水等工程设施，应当符合防洪标准、岸线规划、航运要求和其他技术要求，不得危害堤防安全，影响河势稳定、妨碍行洪畅通；其工程建设方案未经有关水行政主管部门根据前述防洪要求审查同意的，建设单位不得开工建设。

前款工程设施需要占用河道、湖泊管理范围内土地，跨越河道、湖泊空间或者穿越河床的，建设单位应当经有关水行政主管部门对该工程设施建设的位置和界限审查批准后，方可依法办理开工手续；安排施工时，应当按照水行政主管部门审查批准的位置和界限进行。

第二十九条　防洪区是指洪水泛滥可能淹及的地区，分为洪泛区、蓄滞洪区和防洪保护区。

洪泛区是指尚无工程设施保护的洪水泛滥所及的地区。

蓄滞洪区是指包括分洪口在内的河堤背水面以外临时贮存洪水的低洼地区及湖泊等。

防洪保护区是指在防洪标准内受防洪工程设施保护的地区。

洪泛区、蓄滞洪区和防洪保护区的范围，在防洪规划或者防御洪水方案中划定，并报请省级以上人民政府按照国务院规定的权限批准后予以公告。

第二十二节 《中华人民共和国城乡规划法》的有关规定

《中华人民共和国城乡规划法》于 2007 年 10 月 28 日由第十届全国人民代表大会常务委员会第三十次会议通过，自 2008 年 1 月 1 日起施行。根据 2015 年 4 月 24 日第十二届全国人民代表大会常务委员会第十四次会议《关于修改〈中华人民共和国港口法〉等七部法律的决定》修正。

城乡规划包括城镇体系规划、城市规划、镇规划、乡规划和村庄规划。城市规划、镇规划分为总体规划和详细规划。详细规划分为控制性详细规划和修建性详细规划。制定和实施城乡规划，在规划区内进行建设活动，必须遵守《中华人民共和国城乡规划法》。

一、城乡规划、规划区及规划编制

《中华人民共和国城乡规划法》规定：

第二条 制定和实施城乡规划，在规划区内进行建设活动，必须遵守本法。

本法所称城乡规划，包括城镇体系规划、城市规划、镇规划、乡规划和村庄规划。城市规划、镇规划分为总体规划和详细规划。详细规划分为控制性详细规划和修建性详细规划。

本法所称规划区，是指城市、镇和村庄的建成区以及因城乡建设和发展需要，必须实行规划控制的区域。规划区的具体范围由有关人民政府在组织编制的城市总体规划、镇总体规划、乡规划和村庄规划中，根据城乡经济社会发展水平和统筹城乡发展的需要划定。

第十三条 省、自治区人民政府组织编制省域城镇体系规划，报国务院审批。

省域城镇体系规划的内容应当包括：城镇空间布局和规模控制，重大基础设施的布局，为保护生态环境、资源等需要严格控制的区域。

第十七条 城市总体规划、镇总体规划的内容应当包括：城市、镇的发展布局，功能分区，用地布局，综合交通体系，禁止、限制和适宜建设的地域范围，各类专项规划等。

规划区范围、规划区内建设用地规模、基础设施和公共服务设施用地、水源地和水系、基本农田和绿化用地、环境保护、自然与历史文化遗产保护以及防灾减灾等内容，应当作为城市总体规划、镇总体规划的强制性内容。

城市总体规划、镇总体规划的规划期限一般为二十年。城市总体规划还应当对城市更长远的发展作出预测性安排。

第十八条 乡规划、村庄规划应当从农村实际出发，尊重村民意愿，体现地方和农村特色。

乡规划、村庄规划的内容应当包括：规划区范围，住宅、道路、供水、排水、供电、垃圾收集、畜禽养殖场所等农村生产、生活服务设施、公益事业等各项建设的用地布局、建设要求，以及对耕地等自然资源和历史文化遗产保护、防灾减灾等的具体安排。乡规划还应当包括本行政区域内的村庄发展布局。

制定和实施城乡规划，应当遵循城乡统筹、合理布局、节约土地、集约发展和先规划后建设的原则，改善生态环境，促进资源、能源节约和综合利用，保护耕地等自然资源和历史文化遗产，保持地方特色、民族特色和传统风貌，防止污染和其他公害，并符合区域人口发展、国防建设、防灾减灾和公共卫生、公共安全的需要。

二、城乡规划的实施

《中华人民共和国城乡规划法》规定：

第三十条　城市新区的开发和建设，应当合理确定建设规模和时序，充分利用现有市政基础设施和公共服务设施，严格保护自然资源和生态环境，体现地方特色。

在城市总体规划、镇总体规划确定的建设用地范围以外，不得设立各类开发区和城市新区。

第三十一条　旧城区的改建，应当保护历史文化遗产和传统风貌，合理确定拆迁和建设规模，有计划地对危房集中、基础设施落后等地段进行改建。

历史文化名城、名镇、名村的保护以及受保护建筑物的维护和使用，应当遵守有关法律、行政法规和国务院的规定。

第三十二条　城乡建设和发展，应当依法保护和合理利用风景名胜资源，统筹安排风景名胜区及周边乡、镇、村庄的建设。

风景名胜区的规划、建设和管理，应当遵守有关法律、行政法规和国务院的规定。

第三十五条　城乡规划确定的铁路、公路、港口、机场、道路、绿地、输配电设施及输电线路走廊、通信设施、广播电视设施、管道设施、河道、水库、水源地、自然保护区、防汛通道、消防通道、核电站、垃圾填埋场及焚烧厂、污水处理厂和公共服务设施的用地以及其他需要依法保护的用地，禁止擅自改变用途。

第二十三节　《中华人民共和国河道管理条例》的有关规定

《中华人民共和国河道管理条例》于 1988 年 6 月 10 日中华人民共和国国务院令第 3 号发布并实施。根据 2011 年 1 月 8 日国务院令第 588 号《国务院关于废止和修改部分行政法规的决定》修订。根据 2017 年 3 月 1 日国务院令第 676 号《国务院关于修改和废止部分行政法规的决定》第二次修订。根据 2017 年 10 月 7 日国务院令第 687 号《国务院关于修改部分行政法规的决定》第三次修订。2018 年 4 月 4 日国务院令第 698 号《国务院关于修改部分行政法规的决定》第四次修订。

《中华人民共和国河道管理条例》规定：

第十六条　城镇建设和发展不得占用河道滩地。城镇规划的临河界限，由河道主管机关会同城镇规划等有关部门确定。沿河城镇在编制和审查城镇规划时，应当事先征求河道主管机关的意见。

第二十五条　在河道管理范围内进行下列活动，必须报经河道主管机关批准；涉及其他部门的，由河道主管机关会同有关部门批准：

（一）采砂、取土、淘金、弃置砂石或者淤泥；

（二）爆破、钻探、挖筑鱼塘；

（三）在河道滩地存放物料、修建厂房或者其他建筑设施；

（四）在河道滩地开采地下资源及进行考古发掘。

第三十四条　向河道、湖泊排污的排污口的设置和扩大，排污单位在向环境保护部门申报之前，应当征得河道主管机关的同意。

第三十五条　在河道管理范围内，禁止堆放、倾倒、掩埋、排放污染水体的物体。禁止在河道内清洗装贮过油类或者有毒污染物的车辆、容器。

河道主管机关应当开展河道水质监测工作，协同环境保护部门对水污染防治实施监督管理。

第二十四节　《中华人民共和国自然保护区条例》的有关规定

1994 年 10 月 9 日国务院令第 167 号发布《中华人民共和国自然保护区条例》，自 1994 年 12 月 1 日起施行。根据 2011 年 1 月 8 日国务院令第 588 号《国务院关于废止和修改部分行政法规的决定》修订，根据 2017 年 10 月 7 日国务院令第 687 号《国务院关于修改部分行政法规的决定》第二次修订。

一、自然保护区的功能区划分及保护要求

《中华人民共和国自然保护区条例》规定：

第十八条　自然保护区可以分为核心区、缓冲区和实验区。

自然保护区内保存完好的天然状态的生态系统以及珍稀、濒危动植物的集中分布地，应当划为核心区，禁止任何单位和个人进入；除依照本条例第二十七条的规定经批准外，也不允许进入从事科学研究活动。

核心区外围可以划定一定面积的缓冲区，只准进入从事科学研究观测活动。

缓冲区外围划为实验区，可以进入从事科学试验、教学实习、参观考察、旅游以及驯化、繁殖珍稀、濒危野生动植物等活动。

原批准建立自然保护区的人民政府认为必要时，可以在自然保护区的外围划定一定面积的外围保护地带。

二、自然保护区内的禁止行为

《中华人民共和国自然保护区条例》规定：

第二十六条　禁止在自然保护区内进行砍伐、放牧、狩猎、捕捞、采药、开垦、烧荒、开矿、采石、挖沙等活动；但是，法律、行政法规另有规定的除外。

第二十七条　禁止任何人进入自然保护区的核心区。因科学研究的需要，必须进入核心区从事科学研究观测、调查活动的，应当事先向自然保护区管理机构提交

申请和活动计划，并经自然保护区管理机构批准；其中，进入国家级自然保护区核心区的，应当经省、自治区、直辖市人民政府有关自然保护区行政主管部门批准。

自然保护区核心区内原有居民确有必要迁出的，由自然保护区所在地的地方人民政府予以妥善安置。

第二十八条 禁止在自然保护区的缓冲区开展旅游和生产经营活动。因教学科研的目的，需要进入自然保护区的缓冲区从事非破坏性的科学研究、教学实习和标本采集活动的，应当事先向自然保护区管理机构提交申请和活动计划，经自然保护区管理机构批准。

从事前款活动的单位和个人，应当将其活动成果的副本提交自然保护区管理机构。

第二十九条第三款：

严禁开设与自然保护区保护方向不一致的参观、旅游项目。

第三十二条 在自然保护区的核心区和缓冲区内，不得建设任何生产设施。在自然保护区的实验区内，不得建设污染环境、破坏资源或者景观的生产设施；建设其他项目，其污染物排放不得超过国家和地方规定的污染物排放标准。在自然保护区的实验区内已经建成的设施，其污染物排放超过国家和地方规定的排放标准的，应当限期治理；造成损害的，必须采取补救措施。

在自然保护区的外围保护地带建设的项目，不得损害自然保护区内的环境质量；已造成损害的，应当限期治理。

限期治理决定由法律、法规规定的机关作出，被限期治理的企业事业单位必须按期完成治理任务。

三、内部未分区的自然保护区的管理要求

《中华人民共和国自然保护区条例》规定：

第三十条 自然保护区的内部未分区的，依照本条例有关核心区和缓冲区的规定管理。

第二十五节 《风景名胜区条例》的有关规定

《风景名胜区条例》于2006年9月6日国务院第149次常务会议通过，2006年9月19日公布，自2006年12月1日起施行。

风景名胜区，是指具有观赏、文化或者科学价值，自然景观、人文景观比较集中，环境优美，可供人们游览或者进行科学、文化活动的区域。设立风景名胜区，应当有利于保护和合理利用风景名胜资源。新设立的风景名胜区与自然保护区不得重合或者交叉；已设立的风景名胜区与自然保护区重合或者交叉的，风景名胜区规划与自然保护区规划应当相协调。

《风景名胜区条例》规定：

第二十四条　风景名胜区内的景观和自然环境，应当根据可持续发展的原则，严格保护，不得破坏或者随意改变。

风景名胜区管理机构应当建立健全风景名胜资源保护的各项管理制度。

风景名胜区内的居民和游览者应当保护风景名胜区的景物、水体、林草植被、野生动物和各项设施。

第二十五条　风景名胜区管理机构应当对风景名胜区内的重要景观进行调查、鉴定，并制定相应的保护措施。

第二十六条　在风景名胜区内禁止进行下列活动：

（一）开山、采石、开矿、开荒、修坟立碑等破坏景观、植被和地形地貌的活动；

（二）修建储存爆炸性、易燃性、放射性、毒害性、腐蚀性物品的设施；

（三）在景物或者设施上刻划、涂污；

（四）乱扔垃圾。

第二十七条　禁止违反风景名胜区规划，在风景名胜区内设立各类开发区和在核心景区内建设宾馆、招待所、培训中心、疗养院以及与风景名胜资源保护无关的其他建筑物；已经建设的，应当按照风景名胜区规划，逐步迁出。

第二十八条　在风景名胜区内从事本条例第二十六条、第二十七条禁止范围以外的建设活动，应当经风景名胜区管理机构审核后，依照有关法律、法规的规定办理审批手续。

在国家级风景名胜区内修建缆车、索道等重大建设工程，项目的选址方案应当报国务院建设主管部门核准。

第二十九条　在风景名胜区内进行下列活动，应当经风景名胜区管理机构审核后，依照有关法律、法规的规定报有关主管部门批准：

（一）设置、张贴商业广告；

（二）举办大型游乐等活动；

（三）改变水资源、水环境自然状态的活动；

（四）其他影响生态和景观的活动。

第三十条　风景名胜区内的建设项目应当符合风景名胜区规划，并与景观相协调，不得破坏景观、污染环境、妨碍游览。

在风景名胜区内进行建设活动的，建设单位、施工单位应当制定污染防治和水土保持方案，并采取有效措施，保护好周围景物、水体、林草植被、野生动物资源和地形地貌。

第三十一条　国家建立风景名胜区管理信息系统，对风景名胜区规划实施和资源保护情况进行动态监测。

国家级风景名胜区所在地的风景名胜区管理机构应当每年向国务院建设主管部

门报送风景名胜区规划实施和土地、森林等自然资源保护的情况；国务院建设主管部门应当将土地、森林等自然资源保护的情况，及时抄送国务院有关部门。

第二十六节 《基本农田保护条例》的有关规定

《基本农田保护条例》经1998年12月24日国务院第十二次常务会议通过，1998年12月27日国务院令第257号发布，自1999年1月1日起施行，根据2011年1月8日《国务院关于废止和修改部分行政法规的决定》修订。

一、基本农田和基本农田保护区

《基本农田保护条例》规定：

第二条 国家实行基本农田保护制度。

本条例所称基本农田，是指按照一定时期人口和社会经济发展对农产品的需求，依据土地利用总体规划确定的不得占用的耕地。

本条例所称基本农田保护区，是指为对基本农田实行特殊保护而依据土地利用总体规划和依照法定程序确定的特定保护区域。

二、建设项目与基本农田保护

《基本农田保护条例》规定：

第十五条 基本农田保护区经依法划定后，任何单位和个人不得改变或者占用。国家能源、交通、水利、军事设施等重点建设项目选址确实无法避开基本农田保护区，需要占用基本农田，涉及农用地转用或者征用土地的，必须经国务院批准。

第十六条 经国务院批准占用基本农田的，当地人民政府应当按照国务院的批准文件修改土地利用总体规划，并补充划入数量和质量相当的基本农田。占用单位应当按照占多少、垦多少的原则，负责开垦与所占基本农田的数量与质量相当的耕地；没有条件开垦或者开垦的耕地不符合要求的，应当按照省、自治区、直辖市的规定缴纳耕地开垦费，专款用于开垦新的耕地。

占用基本农田的单位应当按照县级以上地方人民政府的要求，将所占用基本农田耕作层的土壤用于新开垦耕地、劣质地或者其他耕地的土壤改良。

第十七条 禁止任何单位和个人在基本农田保护区内建窑、建房、建坟、挖砂、采石、采矿、取土、堆放固体废弃物或者进行其他破坏基本农田的活动。

禁止任何单位和个人占用基本农田发展林果业和挖塘养鱼。

第十八条 禁止任何单位和个人闲置、荒芜基本农田。经国务院批准的重点建设项目占用基本农田的，满1年不使用而又可以耕种并收获的，应当由原耕种该幅基本农田的集体或者个人恢复耕种，也可以由用地单位组织耕种；1年以上未动工建设的，应当按照省、自治区、直辖市的规定缴纳闲置费；连续 2 年未使用的，经国务院批准，由县级以上人民政府无偿收回用地单位的土地使用权；该幅土地原为农民集体所有的，应当交由原农村集体经济组织恢复耕种，重新划入基本农田保护区。

承包经营基本农田的单位或者个人连续 2 年弃耕抛荒的，原发包单位应当终止承包合同，收回发包的基本农田。

第二十七节　《土地复垦条例》的有关规定

《土地复垦条例》经 2011 年 2 月 22 日国务院第 145 次常务会议通过，2011 年 3 月 5 日中华人民共和国国务院令第 592 号公布，自公布之日起施行。

《土地复垦条例》所称土地复垦，是指对生产建设活动和自然灾害损毁的土地，采取整治措施，使其达到可供利用状态的活动。

一、生产建设活动损毁土地复垦的原则

《土地复垦条例》规定：

第三条　生产建设活动损毁的土地，按照“谁损毁，谁复垦”的原则，由生产建设单位或者个人（以下称土地复垦义务人）负责复垦。但是，由于历史原因无法确定土地复垦义务人的生产建设活动损毁的土地（以下称历史遗留损毁土地），由县级以上人民政府负责组织复垦。

自然灾害损毁的土地，由县级以上人民政府负责组织复垦。

第四条　生产建设活动应当节约集约利用土地，不占或者少占耕地；对依法占用的土地应当采取有效措施，减少土地损毁面积，降低土地损毁程度。

土地复垦应当坚持科学规划、因地制宜、综合治理、经济可行、合理利用的原则。复垦的土地应当优先用于农业。

二、生产建设活动损毁土地的复垦

《土地复垦条例》规定：

第十条　下列损毁土地由土地复垦义务人负责复垦：

（一）露天采矿、烧制砖瓦、挖沙取土等地表挖掘所损毁的土地；

（二）地下采矿等造成地表塌陷的土地；

（三）堆放采矿剥离物、废石、矿渣、粉煤灰等固体废弃物压占的土地；

（四）能源、交通、水利等基础设施建设和其他生产建设活动临时占用所损毁的土地。

第十六条　土地复垦义务人应当建立土地复垦质量控制制度，遵守土地复垦标准和环境保护标准，保护土壤质量与生态环境，避免污染土壤和地下水。

土地复垦义务人应当首先对拟损毁的耕地、林地、牧草地进行表土剥离，剥离的表土用于被损毁土地的复垦。

禁止将重金属污染物或者其他有毒有害物质用作回填或者充填材料。受重金属污染物或者其他有毒有害物质污染的土地复垦后，达不到国家有关标准的，不得用于种植食用农作物。

第二十八节 《医疗废物管理条例》的有关规定

《医疗废物管理条例》经2003年6月4日国务院第十次常务会议通过，2003年6月16日中华人民共和国国务院令第380号公布，自公布之日起施行。

《医疗废物管理条例》所称医疗废物，是指医疗卫生机构在医疗、预防、保健以及其他相关活动中产生的具有直接或者间接感染性、毒性以及其他危害性的废物。《医疗废物管理条例》适用于医疗废物的收集、运送、贮存、处置以及监督管理等活动。医疗卫生机构收治的传染病病人或者疑似传染病病人产生的生活垃圾，按照医疗废物进行管理和处置。医疗卫生机构废弃的麻醉、精神、放射性、毒性等药品及其相关的废物的管理，依照有关法律、行政法规和国家有关规定、标准执行。

一、医疗卫生机构对医疗废物的管理

《医疗废物管理条例》规定：

第十六条 医疗卫生机构应当及时收集本单位产生的医疗废物，并按照类别分置于防渗漏、防锐器穿透的专用包装物或者密闭的容器内。

医疗废物专用包装物、容器，应当有明显的警示标识和警示说明。

医疗废物专用包装物、容器的标准和警示标识的规定，由国务院卫生行政主管部门和生态环境主管部门共同制定。

第十七条 医疗卫生机构应当建立医疗废物的暂时贮存设施、设备，不得露天存放医疗废物；医疗废物暂时贮存的时间不得超过2天。

医疗废物的暂时贮存设施、设备，应当远离医疗区、食品加工区和人员活动区以及生活垃圾存放场所，并设置明显的警示标识和防渗漏、防鼠、防蚊蝇、防蟑螂、防盗以及预防儿童接触等安全措施。

医疗废物的暂时贮存设施、设备应当定期消毒和清洁。

第十八条 医疗卫生机构应当使用防渗漏、防遗撒的专用运送工具，按照本单位确定的内部医疗废物运送时间、路线，将医疗废物收集、运送至暂时贮存地点。

运送工具使用后应当在医疗卫生机构内指定的地点及时消毒和清洁。

第十九条 医疗卫生机构应当根据就近集中处置的原则，及时将医疗废物交由医疗废物集中处置单位处置。

医疗废物中病原体的培养基、标本和菌种、毒种保存液等高危险废物，在交医疗废物集中处置单位处置前应当就地消毒。

第二十条　医疗卫生机构产生的污水、传染病病人或者疑似传染病病人的排泄物，应当按照国家规定严格消毒；达到国家规定的排放标准后，方可排入污水处理系统。

第二十一条　不具备集中处置医疗废物条件的农村，医疗卫生机构应当按照县级人民政府卫生行政主管部门、生态环境主管部门的要求，自行就地处置其产生的医疗废物。自行处置医疗废物的，应当符合下列基本要求：

（一）使用后的一次性医疗器具和容易致人损伤的医疗废物，应当消毒并作毁形处理；

（二）能够焚烧的，应当及时焚烧；

（三）不能焚烧的，消毒后集中填埋。

二、医疗废物集中处置单位的贮存、处置设施选址的规定

《医疗废物管理条例》第二十四条规定：

医疗废物集中处置单位的贮存、处置设施，应当远离居（村）民居住区、水源保护区和交通干道，与工厂、企业等工作场所有适当的安全防护距离，并符合国务院生态环境主管部门的规定。

第二十九节　《危险化学品安全管理条例》的有关规定

《危险化学品安全管理条例》于 2002 年 1 月 9 日经国务院第五十二次常务会议通过，2002 年 1 月 26 日中华人民共和国国务院第 344 号令公布。2011 年 2 月 16 日经国务院第 144 次常务会议修订通过，自 2011 年 12 月 1 日起施行。2013 年 12 月 4 日国务院第 32 次常务会议通过修改，自 2013 年 12 月 7 日起施行。

危险化学品与废气、废水、固体废物等污染物质不同，它本身不是污染物质，其危险主要是就其性质和风险而言，如对其管理得当和使用科学，并不一定造成环境污染。但如果管理不善或者使用不当，导致其进入环境，则会对人体和环境造成严重的持久性的损害，并且通常难以消除。

该条例所称危险化学品，是指具有毒害、腐蚀、爆炸、燃烧、助燃等性质，对人体、设施、环境具有危害的剧毒化学品和其他化学品。危险化学品目录，由国务院安全生产监督管理部门会同国务院工业和信息化、公安、环境保护、卫生、质量监督检验检疫、交通运输、铁路、民用航空、农业主管部门，根据化学品危险特性的鉴别和分类标准确定、公布，并适时调整。

《危险化学品安全管理条例》规定：

第十一条 国家对危险化学品的生产、储存实行统筹规划、合理布局。

国务院工业和信息化主管部门以及国务院其他有关部门依据各自职责，负责危险化学品生产、储存的行业规划和布局。

地方人民政府组织编制城乡规划，应当根据本地区的实际情况，按照确保安全的原则，规划适当区域专门用于危险化学品的生产、储存。

第十九条 危险化学品生产装置或者储存数量构成重大危险源的危险化学品储存设施（运输工具加油站、加气站除外），与下列场所、设施、区域的距离应当符合国家有关规定：

（一）居住区以及商业中心、公园等人员密集场所；

（二）学校、医院、影剧院、体育场（馆）等公共设施；

（三）饮用水水源、水厂以及水源保护区；

（四）车站、码头（依法经许可从事危险化学品装卸作业的除外）、机场以及通信干线、通信枢纽、铁路线路、道路交通干线、水路交通干线、地铁风亭以及地铁站出入口；

（五）基本农田保护区、基本草原、畜禽遗传资源保护区、畜禽规模化养殖场（养殖小区）、渔业水域以及种子、种畜禽、水产苗种生产基地；

（六）河流、湖泊、风景名胜区、自然保护区；

（七）军事禁区、军事管理区；

（八）法律、行政法规规定的其他场所、设施、区域。

已建的危险化学品生产装置或者储存数量构成重大危险源的危险化学品储存设施不符合前款规定的，由所在地设区的市级人民政府安全生产监督管理部门会同有关部门监督其所属单位在规定期限内进行整改；需要转产、停产、搬迁、关闭的，由本级人民政府决定并组织实施。

储存数量构成重大危险源的危险化学品储存设施的选址，应当避开地震活动断层和容易发生洪灾、地质灾害的区域。

本条例所称重大危险源，是指生产、储存、使用或者搬运危险化学品，且危险化学品的数量等于或者超过临界量的单元（包括场所和设施）。

第三十节 《中华人民共和国防治海岸工程建设项目污染损害海洋环境管理条例》的有关规定

《中华人民共和国防治海岸工程建设项目污染损害海洋环境管理条例》于 1990 年 5 月 25 日经国务院第六十一次常务会议通过，1990 年 6 月 25 日国务院令第 62 号公布。2007 年 9 月 25 日，根据国务院令第 507 号《国务院关于修改〈中华人民共和国防治海岸工程建设项目污染损害海洋环境管理条例〉的决定》修订，自 2008 年 1 月 1 日起施行。根据 2017 年 3 月 1 日国务院令第 676 号《国务院关于修改和废止部分行政法规的决定》第二次修订。根据 2018 年 3 月 19 日国务院令第 698 号《国务院关于修改和废止部分行政法规的决定》第三次修订。

一、海岸工程建设项目的法律定义及范围

《中华人民共和国防治海岸工程建设项目污染损害海洋环境管理条例》规定：

第二条　本条例所称海岸工程建设项目，是指位于海岸或者与海岸连接，工程主体位于海岸线向陆一侧，对海洋环境产生影响的新建、改建、扩建工程项目。具体包括：

（一）港口、码头、航道、滨海机场工程项目；

（二）造船厂、修船厂；

（三）滨海火电站、核电站、风电站；

（四）滨海物资存储设施工程项目；

（五）滨海矿山、化工、轻工、冶金等工业工程项目；

（六）固体废弃物、污水等污染物处理处置排海工程项目；

（七）滨海大型养殖场；

（八）海岸防护工程、砂石场和入海河口处的水利设施；

（九）滨海石油勘探开发工程项目；

（十）国务院环境保护主管部门会同国家海洋主管部门规定的其他海岸工程项目。

二、建设各类海岸工程建设项目应采取的环境保护措施

《中华人民共和国防治海岸工程建设项目污染损害海洋环境管理条例》规定：

第十四条　建设港口、码头，应当设置与其吞吐能力和货物种类相适应的防污设施。

港口、油码头、化学危险品码头，应当配备海上重大污染损害事故应急设备和器材。

现有港口、码头未达到前两款规定要求的，由环境保护主管部门会同港口、码头主管部门责令其限期设置或者配备。

第十五条　建设岸边造船厂、修船厂，应当设置与其性质、规模相适应的残油、废油接收处理设施，含油废水接收处理设施，拦油、收油、消油设施，工业废水接收处理设施，工业和船舶垃圾接收处理设施等。

第十六条　建设滨海核电站和其他核设施，应当严格遵守国家有关核环境保护和放射防护的规定及标准。

第十七条　建设岸边油库，应当设置含油废水接收处理设施，库场地面冲刷废水的集接、处理设施和事故应急设施；输油管线和储油设施应当符合国家关于防渗漏、防腐蚀的规定。

第十八条　建设滨海矿山，在开采、选矿、运输、贮存、冶炼和尾矿处理等过程中，应当按照有关规定采取防止污染损害海洋环境的措施。

第十九条　建设滨海垃圾场或者工业废渣填埋场，应当建造防护堤坝和场底封闭层，设置渗液收集、导出、处理系统和可燃性气体防爆装置。

第二十条　修筑海岸防护工程，在入海河口处兴建水利设施、航道或者综合整治工程，应当采取措施，不得损害生态环境及水产资源。

第二十一条　兴建海岸工程建设项目，不得改变、破坏国家和地方重点保护的野生动植物的生存环境。不得兴建可能导致重点保护的野生动植物生存环境污染和破坏的海岸工程建设项目；确需兴建的，应当征得野生动植物行政主管部门同意，并由建设单位负责组织采取易地繁育等措施，保证物种延续。

在鱼、虾、蟹、贝类的洄游通道建闸、筑坝，对渔业资源有严重影响的，建设单位应当建造过鱼设施或者采取其他补救措施。

三、禁止兴建的海岸工程建设项目

《中华人民共和国防治海岸工程建设项目污染损害海洋环境管理条例》规定：

第九条　禁止兴建向中华人民共和国海域及海岸转嫁污染的中外合资经营企业、中外合作经营企业和外资企业；海岸工程建设项目引进技术和设备，应当有相应的防治污染措施，防止转嫁污染。

第十条　在海洋特别保护区、海上自然保护区、海滨风景游览区、盐场保护区、海水浴场、重要渔业水域和其他需要特殊保护的区域内不得建设污染环境、破坏景观的海岸工程建设项目；在其区域外建设海岸工程建设项目的，不得损害上述区域的环境质量。法律法规另有规定的除外。

第二十三条　禁止在红树林和珊瑚礁生长的地区，建设毁坏红树林和珊瑚礁生态系统的海岸工程建设项目。

第三十一节　《防治海洋工程建设项目污染损害海洋环境管理条例》的有关规定

《防治海洋工程建设项目污染损害海洋环境管理条例》于 2006 年 8 月 30 日经国务院第 148 次常务会议通过，2006 年 9 月 19 日国务院第 475 号令公布，自 2006 年 11 月 1 日起施行。根据 2017 年 3 月 1 日《国务院关于修改和废止部分行政法规的决定》修订。根据2018年3月19日《国务院关于修改和废止部分行政法规的决定》第二次修订。

一、海洋工程建设项目的法律定义及范围

《防治海洋工程建设项目污染损害海洋环境管理条例》规定：

第三条 本条例所称海洋工程，是指以开发、利用、保护、恢复海洋资源为目的，并且工程主体位于海岸线向海一侧的新建、改建、扩建工程。具体包括：

（一）围填海、海上堤坝工程；

（二）人工岛、海上和海底物资储藏设施、跨海桥梁、海底隧道工程；

（三）海底管道、海底电（光）缆工程；

（四）海洋矿产资源勘探开发及其附属工程；

（五）海上潮汐电站、波浪电站、温差电站等海洋能源开发利用工程；

（六）大型海水养殖场、人工鱼礁工程；

（七）盐田、海水淡化等海水综合利用工程；

（八）海上娱乐及运动、景观开发工程；

（九）国家海洋主管部门会同国务院环境保护主管部门规定的其他海洋工程。

二、海洋环境影响报告书的内容

《防治海洋工程建设项目污染损害海洋环境管理条例》第九条规定：

第九条 海洋工程环境影响报告书应当包括下列内容：

（一）工程概况；

（二）工程所在海域环境现状和相邻海域开发利用情况；

（三）工程对海洋环境和海洋资源可能造成影响的分析、预测和评估；

（四）工程对相邻海域功能和其他开发利用活动影响的分析及预测；

（五）工程对海洋环境影响的经济损益分析和环境风险分析；

（六）拟采取的环境保护措施及其经济、技术论证；

（七）公众参与情况；

（八）环境影响评价结论。

海洋工程可能对海岸生态环境产生破坏的，其环境影响报告书中应当增加工程对近岸自然保护区等陆地生态系统影响的分析和评价。

三、海洋工程的污染防治

《防治海洋工程建设项目污染损害海洋环境管理条例》规定：

第二十条 严格控制围填海工程。禁止在经济生物的自然产卵场、繁殖场、索饵场和鸟类栖息地进行围填海活动。

围填海工程使用的填充材料应当符合有关环境保护标准。

第二十八条　海洋工程需要拆除或者改作他用的，应当在作业前报原核准该工程环境影响报告书的海洋主管部门批准。拆除或者改变用途后可能产生重大环境影响的，应当进行环境影响评价。

海洋工程需要在海上弃置的，应当拆除可能造成海洋环境污染损害或者影响海洋资源开发利用的部分，并按照有关海洋倾倒废弃物管理的规定进行。

海洋工程拆除时，施工单位应当编制拆除的环境保护方案，采取必要的措施，防止对海洋环境造成污染和损害。

四、污染物排放管理

《防治海洋工程建设项目污染损害海洋环境管理条例》规定：

第二十九条　海洋油气矿产资源勘探开发作业中产生的污染物的处置，应当遵守下列规定：

（一）含油污水不得直接或者经稀释排放入海，应当经处理符合国家有关排放标准后再排放；

（二）塑料制品、残油、废油、油基泥浆、含油垃圾和其他有毒有害残液残渣，不得直接排放或者弃置入海，应当集中储存在专门容器中，运回陆地处理。

第三十条　严格控制向水基泥浆中添加油类，确需添加的，应当如实记录并向原核准该工程环境影响报告书的海洋主管部门报告添加油的种类和数量。禁止向海域排放含油量超过国家规定标准的水基泥浆和钻屑。

第三十一条　建设单位在海洋工程试运行或者正式投入运行后，应当如实记录污染物排放设施、处理设备的运转情况及其污染物的排放、处置情况，并按照国家海洋主管部门的规定，定期向原核准该工程环境影响报告书的海洋主管部门报告。

第三十二条　县级以上人民政府海洋主管部门，应当按照各自的权限核定海洋工程排放污染物的种类、数量，根据国务院价格主管部门和财政部门制定的收费标准确定排污者应当缴纳的排污费数额。

排污者应当到指定的商业银行缴纳排污费。

第三十三条　海洋油气矿产资源勘探开发作业中应当安装污染物流量自动监控仪器，对生产污水、机舱污水和生活污水的排放进行计量。

第三十四条　禁止向海域排放油类、酸液、碱液、剧毒废液和高、中水平放射性废水；严格限制向海域排放低水平放射性废水，确需排放的，应当符合国家放射性污染防治标准。

严格限制向大气排放含有毒物质的气体，确需排放的，应当经过净化处理，并不得超过国家或者地方规定的排放标准；向大气排放含放射性物质的气体，应当符合国家放射性污染防治标准。

严格控制向海域排放含有不易降解的有机物和重金属的废水；其他污染物的排放应当符合国家或者地方标准。

第三十二节　《畜禽规模养殖污染防治条例》及相关规范性文件

2013 年 11 月 11 日，国务院第 643 号令发布《畜禽规模养殖污染防治条例》，自 2014 年 1 月 1 日起施行。

近年来，我国畜禽养殖业发展迅速，但由此引发畜禽养殖污染已不容小觑，畜禽养殖业环境问题也已经成为妨碍产业本身健康发展的重要因素。《畜禽规模养殖污染防治条例》立法的目的，是要推动畜禽养殖业从加强科学规划布局、适度规模化集约化发展、加强环保设施建设、推进种养结合、提高废物利用率入手，提高畜禽养殖业可持续发展能力，提升产业发展水平，提升产业综合效益。

一、畜禽养殖场、养殖小区禁止建设区域规定

《畜禽规模养殖污染防治条例》第十一条规定：

第十一条　禁止在下列区域内建设畜禽养殖场、养殖小区：

（一）饮用水水源保护区，风景名胜区；

（二）自然保护区的核心区和缓冲区；

（三）城镇居民区、文化教育科学研究区等人口集中区域；

（四）法律、法规规定的其他禁止养殖区域。

二、优化项目选址、合理布置养殖场区的规定

为打好污染防治攻坚战，改善农业农村生产生活环境，充分发挥环境影响评价制度的预防作用，生态环境部《关于做好畜禽规模养殖项目环境影响评价管理工作的通知》（环办环评〔2018〕31 号）规定：

一、优化项目选址，合理布置养殖场区

项目环评应充分论证选址的环境合理性，选址应避开当地划定的禁止养殖区域，并与区域主体功能区规划、环境功能区划、土地利用规划、城乡规划、畜牧业发展规划、畜禽养殖污染防治规划等规划相协调。当地未划定禁止养殖区域的，应避开饮用水水源保护区、风景名胜区、自然保护区的核心区和缓冲区、村镇人口集中区域，以及法律、法规规定的禁止养殖区域。

项目环评应结合环境保护要求优化养殖场区内部布置。畜禽养殖区及畜禽粪污贮存、处理和畜禽尸体无害化处理等产生恶臭影响的设施，应位于养殖场区主导风向的下风向位置，并尽量远离周边环境保护目标。参照《畜禽养殖业污染防治技术

规范》，并根据恶臭污染物无组织排放源强，以及当地的环境及气象等因素，按照《环境影响评价技术导则大气环境》要求计算大气环境防护距离，作为养殖场选址以及周边规划控制的依据，减轻对周围环境保护目标的不利影响。

三、畜禽粪便、污水综合利用规定

《畜禽规模养殖污染防治条例》规定：

第十五条　国家鼓励和支持采取粪肥还田、制取沼气、制造有机肥等方法，对畜禽养殖废弃物进行综合利用。

第十六条　国家鼓励和支持采取种植和养殖相结合的方式消纳利用畜禽养殖废弃物，促进畜禽粪便、污水等废弃物就地就近利用。

第十七条　国家鼓励和支持沼气制取、有机肥生产等废弃物综合利用以及沼渣沼液输送和施用、沼气发电等相关配套设施建设。

第十八条　将畜禽粪便、污水、沼渣、沼液等用作肥料的，应当与土地的消纳能力相适应，并采取有效措施，消除可能引起传染病的微生物，防止污染环境和传播疫病。

《关于做好畜禽规模养殖项目环境影响评价管理工作的通知》（环办环评〔2018〕31号）规定：

二、加强粪污减量控制，促进畜禽养殖粪污资源化利用

项目环评应以农业绿色发展为导向，优化工艺，通过采取优化饲料配方、提高饲养技术等措施，从源头减少粪污的产生量。鼓励采取干清粪方式，采取水泡粪工艺的应最大限度降低用水量。场区应采取雨污分离措施，防止雨水进入粪污收集系统。

项目环评应结合地域、畜种、规模等特点以及地方相关部门制定的畜禽粪污综合利用目标等要求，加强畜禽养殖粪污资源化利用，因地制宜选择经济高效适用的处理利用模式，采取粪污全量收集还田利用、污水肥料化利用、粪便垫料回用、异位发酵床、粪污专业化能源利用等模式处理利用畜禽粪污，促进畜禽规模养殖项目“种养结合”绿色发展。

鼓励根据土地承载能力确定畜禽养殖场的适宜养殖规模，土地承载能力可采用农业农村主管部门发布的测算技术方法确定。耕地面积大、土地消纳能力相对较高的区域，畜禽养殖场产生的粪污应力争实现全部就地就近资源化利用或委托第三方处理；当土地消纳能力不足时，应进一步提高资源化利用能力或适当减少养殖规模。鼓励依托符合环保要求的专业化粪污处理利用企业，提高畜禽养殖粪污集中收集利用能力。环评应明确畜禽养殖粪污资源化利用的主体，严格落实利用渠道或途径，确保资源化利用有效实施。

四、畜禽养殖废弃物无害化处理的规定

《畜禽规模养殖污染防治条例》规定：

第十九条　从事畜禽养殖活动和畜禽养殖废弃物处理活动，应当及时对畜禽粪便、畜禽尸体、污水等进行收集、贮存、清运，防止恶臭和畜禽养殖废弃物渗出、泄漏。

第二十条　向环境排放经过处理的畜禽养殖废弃物，应当符合国家和地方规定的污染物排放标准和总量控制指标。畜禽养殖废弃物未经处理，不得直接向环境排放。

第二十一条　染疫畜禽以及染疫畜禽排泄物、染疫畜禽产品、病死或者死因不明的畜禽尸体等病害畜禽养殖废弃物，应当按照有关法律、法规和国务院农牧主管部门的规定，进行深埋、化制、焚烧等无害化处理，不得随意处置。

《关于做好畜禽规模养殖项目环境影响评价管理工作的通知》（环办环评〔2018〕31号）规定：

三、强化粪污治理措施，做好污染防治

项目环评应强化对粪污的治理措施，加强畜禽养殖粪污资源化利用过程中的污染控制，推进粪污资源的良性利用，应对无法资源化利用的粪污采取治理措施确保达标排放。畜禽规模养殖项目应配套建设与养殖规模相匹配的雨污分离设施，以及粪污贮存、处理和利用设施等，委托满足相关环保要求的第三方代为利用或者处理的，可不自行建设粪污处理或利用设施。

项目环评应明确畜禽粪污贮存、处理和利用措施。贮存池应采取有效的防雨、防渗和防溢流措施，防止畜禽粪污污染地下水。贮存池总有效容积应根据贮存期确定。进行资源化利用的畜禽粪污须处理并达到畜禽粪便还田、无害化处理等技术规范要求。畜禽规模养殖项目配套建设沼气工程的，应充分考虑沼气制备及贮存过程中的环境风险，制定环境风险防范措施及应急预案。

畜禽养殖粪污作为肥料还田利用的，应明确畜禽养殖场与还田利用的林地、农田之间的输送系统及环境管理措施，严格控制肥水输送沿途的弃、撒和跑冒滴漏，防止进入外部水体。对无法采取资源化利用的畜禽养殖废水应明确处理措施及工艺，确保达标排放或消毒回用，排放去向应符合国家和地方的有关规定，不得排入敏感水域和有特殊功能的水域。

依据相关法律法规和技术规范，制定明确的病死畜禽处理、处置方案，及时处理病死畜禽。针对畜禽规模养殖项目的恶臭影响，可采取控制饲养密度、改善舍内通风、及时清粪、采用除臭剂、集中收集处理等措施，确保项目恶臭污染物达标排放。

第三十三节 《消耗臭氧层物质管理条例》及相关规范性文件

为了加强对消耗臭氧层物质的管理，履行《保护臭氧层维也纳公约》和《关于消耗臭氧层物质的蒙特利尔议定书》规定的义务，保护臭氧层和生态环境，保障人体健康，2010 年 4 月 8 日，国务院令第 573 号公布《消耗臭氧层物质管理条例》，自 2010 年 6 月 1 日起施行。2018 年 3 月 19 日，根据国务院令第 698 号《国务院关于修改和废止部分行政法规的决定》修订。

一、适用范围及相关含义

《消耗臭氧层物质管理条例》规定：

第二条　本条例所称消耗臭氧层物质，是指对臭氧层有破坏作用并列入《中国受控消耗臭氧层物质清单》的化学品。

《中国受控消耗臭氧层物质清单》由国务院环境保护主管部门会同国务院有关部门制定、调整和公布。

第三条　在中华人民共和国境内从事消耗臭氧层物质的生产、销售、使用和进出口等活动，适用本条例。

前款所称生产，是指制造消耗臭氧层物质的活动。前款所称使用，是指利用消耗臭氧层物质进行的生产经营等活动，不包括使用含消耗臭氧层物质的产品的活动。

根据《消耗臭氧层物质管理条例》规定，2010 年 9 月 27 日，原环境保护部、发展改革委、工业和信息化部三部门联合发布《关于发布〈中国受控消耗臭氧层物质清单〉的公告》（公告 2010 年　第 72 号）。

二、消耗臭氧层物质生产、使用配额管理规定

国家对消耗臭氧层物质的生产、使用实行总量控制和配额管理。《消耗臭氧层物质管理条例》第十条规定：

消耗臭氧层物质的生产、使用单位，应当依照本条例的规定申请领取生产或者使用配额许可证。但是，使用单位有下列情形之一的，不需要申请领取使用配额许可证：

（一）维修单位为了维修制冷设备、制冷系统或者灭火系统使用消耗臭氧层物质的；

（二）实验室为了实验分析少量使用消耗臭氧层物质的；

（三）出入境检验检疫机构为了防止有害生物传入传出使用消耗臭氧层物质实施检疫的；

（四）国务院环境保护主管部门规定的不需要申请领取使用配额许可证的其他

情形。

三、防止或减少消耗臭氧层物质的泄漏和排放

消耗臭氧层物质的生产、使用单位，应当按照规定采取必要的措施，防止或者减少消耗臭氧层物质的泄漏和排放。《消耗臭氧层物质管理条例》第二十条规定：

消耗臭氧层物质的生产、使用单位，应当按照国务院环境保护主管部门的规定采取必要的措施，防止或者减少消耗臭氧层物质的泄漏和排放。

从事含消耗臭氧层物质的制冷设备、制冷系统或者灭火系统的维修、报废处理等经营活动的单位，应当按照国务院环境保护主管部门的规定对消耗臭氧层物质进行回收、循环利用或者交由从事消耗臭氧层物质回收、再生利用、销毁等经营活动的单位进行无害化处置。

从事消耗臭氧层物质回收、再生利用、销毁等经营活动的单位，应当按照国务院环境保护主管部门的规定对消耗臭氧层物质进行无害化处置，不得直接排放。

四、生产和使用臭氧层破坏物质建设项目管理规定

《消耗臭氧层物质管理条例》第六条规定：

国务院环境保护主管部门根据国家方案和消耗臭氧层物质淘汰进展情况，会同国务院有关部门确定并公布限制或者禁止新建、改建、扩建生产、使用消耗臭氧层物质建设项目的类别，制定并公布限制或者禁止生产、使用、进出口消耗臭氧层物质的名录。

因特殊用途确需生产、使用前款规定禁止生产、使用的消耗臭氧层物质的，按照《关于消耗臭氧层物质的蒙特利尔议定书》有关允许用于特殊用途的规定，由国务院环境保护主管部门会同国务院有关部门批准。

根据我国政府批准加入的《关于消耗臭氧层物质的蒙特利尔议定书》（以下简称《议定书》）及其有关修正案，除特殊用途外，我国已淘汰受控用途的哈龙、全氯氟烃、四氯化碳、甲基氯仿和甲基溴等消耗臭氧层物质的生产和使用，正在逐步削减受控用途的含氢氯氟烃的生产和使用。为实现《议定书》规定的履约目标，依据《消耗臭氧层物质管理条例》的有关规定，2018 年 1 月 23 日，原环境保护部公布了《关于生产和使用臭氧层破坏物质建设项目管理有关工作的通知》（环大气〔2018〕5 号），该通知规定：

一、禁止新建、扩建生产和使用作为制冷剂、发泡剂、灭火剂、溶剂、清洗剂、加工助剂、气雾剂、土壤熏蒸剂等受控用途的消耗臭氧层物质的建设项目。

二、改建、异址建设生产受控用途的消耗臭氧层物质的建设项目，禁止增加消耗臭氧层物质生产能力。

三、新建、改建、扩建生产化工原料用途的消耗臭氧层物质的建设项目，生产的消耗臭氧层物质仅用于企业自身下游化工产品的专用原料用途，不得对外销售。

四、新建、改建、扩建副产四氯化碳的建设项目，应当配套建设四氯化碳处置设施。

第五章　环境政策与环境准入

一、生态文明体制改革总体方案

2015 年 9 月 11 日召开的中共中央政治局会议，审议通过了《生态文明体制改革总体方案》，方案为加快建立系统完整的生态文明制度体系，加快推进生态文明建设，增强生态文明体制改革的系统性、整体性、协同性提出了基础性制度框架，是生态文明领域改革的顶层设计和部署。

该方案包括生态文明体制改革的总体要求、健全自然资源资产产权制度、建立国土空间开发保护制度、建立空间规划体系、完善资源总量管理和全面节约制度、健全资源有偿使用和生态补偿制度、建立健全环境治理体系、健全环境治理和生态保护市场体系、完善生态文明绩效评价考核和责任追究制度、生态文明体制改革的实施保障十个部分。其与环境保护密切相关的主要内容有：

1．建立健全环境治理体系

① 完善污染物排放许可制。尽快在全国范围建立统一公平、覆盖所有固定污染源的企业排放许可制，依法核发排污许可证，排污者必须持证排污，禁止无证排污或不按许可证规定排污。

② 建立污染防治区域联动机制。完善京津冀、长三角、珠三角等重点区域大气污染防治联防联控协作机制，其他地方要结合地理特征、污染程度、城市空间分布以及污染物输送规律，建立区域协作机制。在部分地区开展环境保护管理体制创新试点，统一规划、统一标准、统一环评、统一监测、统一执法。开展按流域设置环境监管和行政执法机构试点，构建各流域内相关省级涉水部门参加、多形式的流域水环境保护协作机制和风险预警防控体系。建立陆海统筹的污染防治机制和重点海域污染物排海总量控制制度。完善突发环境事件应急机制，提高与环境风险程度、污染物种类等相匹配的突发环境事件应急处置能力。

③ 建立农村环境治理体制机制。建立以绿色生态为导向的农业补贴制度，加快制定和完善相关技术标准和规范，加快推进化肥、农药、农膜减量化以及畜禽养殖废弃物资源化和无害化，鼓励生产使用可降解农膜。完善农作物秸秆综合利用制度。健全化肥农药包装物、农膜回收贮运加工网络。采取财政和村集体补贴、住户付费、社会资本参与的投入运营机制，加强农村污水和垃圾处理等环保设施建设。采取政

府购买服务等多种扶持措施，培育发展各种形式的农业面源污染治理、农村污水垃圾处理市场主体。强化县乡两级政府的环境保护职责，加强环境监管能力建设。财政支农资金的使用要统筹考虑增强农业综合生产能力和防治农村污染。

④ 健全环境信息公开制度。全面推进大气和水等环境信息公开、排污单位环境信息公开、监管部门环境信息公开，健全建设项目环境影响评价信息公开机制。健全环境新闻发言人制度。引导人民群众树立环保意识，完善公众参与制度，保障人民群众依法有序行使环境监督权。建立环境保护网络举报平台和举报制度，健全举报、听证、舆论监督等制度。

⑤ 严格实行生态环境损害赔偿制度。强化生产者环境保护法律责任，大幅度提高违法成本。健全环境损害赔偿方面的法律制度、评估方法和实施机制，对违反环保法律法规的，依法严惩重罚；对造成生态环境损害的，以损害程度等因素依法确定赔偿额度；对造成严重后果的，依法追究刑事责任。

⑥ 完善环境保护管理制度。建立和完善严格监管所有污染物排放的环境保护管理制度，将分散在各部门的环境保护职责调整到一个部门，逐步实行城乡环境保护工作由一个部门进行统一监管和行政执法的体制。有序整合不同领域、不同部门、不同层次的监管力量，建立权威统一的环境执法体制，充实执法队伍，赋予环境执法强制执行的必要条件和手段。完善行政执法和环境司法的衔接机制。

2．健全环境治理和生态保护市场体系

推行排污权交易制度。在企业排污总量控制制度基础上，尽快完善初始排污权核定，扩大涵盖的污染物覆盖面。在现行以行政区为单元层层分解机制基础上，根据行业先进排污水平，逐步强化以企业为单元进行总量控制、通过排污权交易获得减排收益的机制。在重点流域和大气污染重点区域，合理推进跨行政区排污权交易。扩大排污权有偿使用和交易试点，将更多条件成熟地区纳入试点。加强排污权交易平台建设。制定排污权核定、使用费收取使用和交易价格等规定。

二、国务院关于加快推进生态文明建设的意见

生态文明建设是中国特色社会主义事业的重要内容，关系人民福祉，关乎民族未来，事关“两个一百年”奋斗目标和中华民族伟大复兴中国梦的实现。党中央、国务院高度重视生态文明建设，先后出台了一系列重大决策部署，推动生态文明建设，2015 年 4 月 25 日中共中央、国务院发布《关于加快推进生态文明建设的意见》。其主要内容是：

1．总体要求

（1）指导思想

以邓小平理论、“三个代表”重要思想、科学发展观为指导，全面贯彻党的十八大和十八届二中、三中、四中全会精神，深入贯彻习近平总书记系列重要讲话精神，

认真落实党中央、国务院的决策部署，坚持以人为本、依法推进，坚持节约资源和保护环境的基本国策，把生态文明建设放在突出的战略位置，融入经济建设、政治建设、文化建设、社会建设各方面和全过程，协同推进新型工业化、信息化、城镇化、农业现代化和绿色化，以健全生态文明制度体系为重点，优化国土空间开发格局，全面促进资源节约利用，加大自然生态系统和环境保护力度，大力推进绿色发展、循环发展、低碳发展，弘扬生态文化，倡导绿色生活，加快建设美丽中国，使蓝天常在、青山常在、绿水常在，实现中华民族永续发展。

（2）基本原则

坚持把节约优先、保护优先、自然恢复为主作为基本方针。在资源开发与节约中，把节约放在优先位置，以最少的资源消耗支撑经济社会持续发展；在环境保护与发展中，把保护放在优先位置，在发展中保护、在保护中发展；在生态建设与修复中，以自然恢复为主，与人工修复相结合。

坚持把绿色发展、循环发展、低碳发展作为基本途径。经济社会发展必须建立在资源得到高效循环利用、生态环境受到严格保护的基础上，与生态文明建设相协调，形成节约资源和保护环境的空间格局、产业结构、生产方式。

坚持把深化改革和创新驱动作为基本动力。充分发挥市场配置资源的决定性作用和更好地发挥政府作用，不断深化制度改革和科技创新，建立系统完整的生态文明制度体系，强化科技创新引领作用，为生态文明建设注入强大动力。

坚持把培育生态文化作为重要支撑。将生态文明纳入社会主义核心价值体系，加强生态文化的宣传教育，倡导勤俭节约、绿色低碳、文明健康的生活方式和消费模式，提高全社会生态文明意识。

坚持把重点突破和整体推进作为工作方式。既立足当前，着力解决对经济社会可持续发展制约性强、群众反映强烈的突出问题，打好生态文明建设攻坚战；又着眼长远，加强顶层设计与鼓励基层探索相结合，持之以恒全面推进生态文明建设。

（3）主要目标

到 2020 年，资源节约型和环境友好型社会建设取得重大进展，主体功能区布局基本形成，经济发展质量和效益显著提高，生态文明主流价值观在全社会得到推行，生态文明建设水平与全面建成小康社会目标相适应。

国土空间开发格局进一步优化。经济、人口布局向均衡方向发展，陆海空间开发强度、城市空间规模得到有效控制，城乡结构和空间布局明显优化。

资源利用更加高效。单位国内生产总值二氧化碳排放强度比 2005 年下降 40%～45%，能源消耗强度持续下降，资源产出率大幅提高，用水总量力争控制在 6 700 亿 m^3 以内，万元工业增加值用水量降低到 65 m^3 以下，农田灌溉水有效利用系数提高到 0.55 以上，非化石能源占一次能源消费比重达到 15%左右。

生态环境质量总体改善。主要污染物排放总量继续减少，大气环境质量、重点流域和近岸海域水环境质量得到改善，重要江河湖泊水功能区水质达标率提高到80%以上，饮用水安全保障水平持续提升，土壤环境质量总体保持稳定，环境风险得到有效控制。森林覆盖率达到23%以上，草原综合植被覆盖度达到56%，湿地面积不低于8亿亩，50%以上可治理沙化土地得到治理，自然岸线保有率不低于35%，生物多样性丧失速度得到基本控制，全国生态系统稳定性明显增强。

生态文明重大制度基本确立。基本形成源头预防、过程控制、损害赔偿、责任追究的生态文明制度体系，自然资源资产产权和用途管制、生态保护红线、生态保护补偿、生态环境保护管理体制等关键制度建设取得决定性成果。

2. 加大自然生态系统和环境保护力度，切实改善生态环境质量

良好生态环境是最公平的公共产品，是最普惠的民生福祉。要严格源头预防、不欠新账，加快治理突出生态环境问题、多还旧账，让人民群众呼吸新鲜的空气，喝上干净的水，在良好的环境中生产生活。

① 保护和修复自然生态系统。加快生态安全屏障建设，形成以青藏高原、黄土高原—川滇、东北森林带、北方防沙带、南方丘陵山地带、近岸近海生态区以及大江大河重要水系为骨架，以其他重点生态功能区为重要支撑，以禁止开发区域为重要组成的生态安全战略格局。实施重大生态修复工程，扩大森林、湖泊、湿地面积，提高沙区、草原植被覆盖率，有序实现休养生息。加强森林保护，将天然林资源保护范围扩大到全国；大力开展植树造林和森林经营，稳定和扩大退耕还林范围，加快重点防护林体系建设；完善国有林场和国有林区经营管理体制，深化集体林权制度改革。严格落实禁牧休牧和草畜平衡制度，加快推进基本草原划定和保护工作；加大退牧还草力度，继续实行草原生态保护补助奖励政策；稳定和完善草原承包经营制度。启动湿地生态效益补偿和退耕还湿。加强水生生物保护，开展重要水域增殖放流活动。继续推进京津风沙源治理、黄土高原地区综合治理、石漠化综合治理，开展沙化土地封禁保护试点。加强水土保持，因地制宜推进小流域综合治理。实施地下水保护和超采漏斗区综合治理，逐步实现地下水采补平衡。强化农田生态保护，实施耕地质量保护与提升行动，加大退化、污染、损毁农田改良和修复力度，加强耕地质量调查监测与评价。实施生物多样性保护重大工程，建立监测评估与预警体系，健全国门生物安全查验机制，有效防范物种资源丧失和外来物种入侵，积极参加生物多样性国际公约谈判和履约工作。加强自然保护区建设与管理，对重要生态系统和物种资源实施强制性保护，切实保护珍稀濒危野生动植物、古树名木及自然生境。建立国家公园体制，实行分级、统一管理，保护自然生态和自然文化遗产原真性、完整性。研究建立江河湖泊生态水量保障机制。加快灾害调查评价、监测预警、防治和应急等防灾减灾体系建设。

② 全面推进污染防治。按照以人为本、防治结合、标本兼治、综合施策的原则，建立以保障人体健康为核心、以改善环境质量为目标、以防控环境风险为基线的环

境管理体系，健全跨区域污染防治协调机制，加快解决人民群众反映强烈的大气、水、土壤污染等突出环境问题。继续落实大气污染防治行动计划，逐渐消除重污染天气，切实改善大气环境质量。实施水污染防治行动计划，严格饮用水水源保护，全面推进涵养区、源头区等水源地环境整治，加强供水全过程管理，确保饮用水安全；加强重点流域、区域、近岸海域水污染防治和良好湖泊生态环境保护，控制和规范淡水养殖，严格入河（湖、海）排污管理；推进地下水污染防治。制定实施土壤污染防治行动计划，优先保护耕地土壤环境，强化工业污染场地治理，开展土壤污染治理与修复试点。加强农业面源污染防治，加大种养业特别是规模化畜禽养殖污染防治力度，科学施用化肥、农药，推广节能环保型炉灶，净化农产品产地和农村居民生活环境。加大城乡环境综合整治力度。推进重金属污染治理。开展矿山地质环境恢复和综合治理，推进尾矿安全、环保存放，妥善处理处置矿渣等大宗固体废物。建立健全化学品、持久性有机污染物、危险废物等环境风险防范与应急管理工作机制。切实加强核设施运行监管，确保核安全万无一失。

③ 积极应对气候变化。坚持当前长远相互兼顾、减缓适应全面推进，通过节约能源和提高能效，优化能源结构，增加森林、草原、湿地、海洋碳汇等手段，有效控制二氧化碳、甲烷、氢氟碳化物、全氟化碳、六氟化硫等温室气体排放。提高适应气候变化特别是应对极端天气和气候事件能力，加强监测、预警和预防，提高农业、林业、水资源等重点领域和生态脆弱地区适应气候变化的水平。扎实推进低碳省区、城市、城镇、产业园区、社区试点。坚持共同但有区别的责任原则、公平原则、各自能力原则，积极建设性地参与应对气候变化国际谈判，推动建立公平合理的全球应对气候变化格局。

3. 健全生态文明制度体系

加快建立系统完整的生态文明制度体系，引导、规范和约束各类开发、利用、保护自然资源的行为，用制度保护生态环境。

① 健全法律法规。全面清理现行法律法规中与加快推进生态文明建设不相适应的内容，加强法律法规间的衔接。研究制定节能评估审查、节水、应对气候变化、生态补偿、湿地保护、生物多样性保护、土壤环境保护等方面的法律法规，修订土地管理法、大气污染防治法、水污染防治法、节约能源法、循环经济促进法、矿产资源法、森林法、草原法、野生动物保护法等。

② 完善标准体系。加快制定修订一批能耗、水耗、地耗、污染物排放、环境质量等方面的标准，实施能效和排污强度“领跑者”制度，加快标准升级步伐。提高建筑物、道路、桥梁等建设标准。环境容量较小、生态环境脆弱、环境风险高的地区要执行污染物特别排放限值。鼓励各地区依法制定更加严格的地方标准。建立与国际接轨、适应我国国情的能效和环保标识认证制度。

③ 健全自然资源资产产权制度和用途管制制度。对水流、森林、山岭、草原、

荒地、滩涂等自然生态空间进行统一确权登记，明确国土空间的自然资源资产所有者、监管者及其责任。完善自然资源资产用途管制制度，明确各类国土空间开发、利用、保护边界，实现能源、水资源、矿产资源按质量分级、梯级利用。严格节能评估审查、水资源论证和取水许可制度。坚持并完善最严格的耕地保护和节约用地制度，强化土地利用总体规划和年度计划管控，加强土地用途转用许可管理。完善矿产资源规划制度，强化矿产开发准入管理。有序推进国家自然资源资产管理体制改革。

④ 完善生态环境监管制度。建立严格监管所有污染物排放的环境保护管理制度。完善污染物排放许可证制度，禁止无证排污和超标准、超总量排污。违法排放污染物、造成或可能造成严重污染的，要依法查封扣押排放污染物的设施设备。对严重污染环境的工艺、设备和产品实行淘汰制度。实行企事业单位污染物排放总量控制制度，适时调整主要污染物指标种类，纳入约束性指标。健全环境影响评价、清洁生产审核、环境信息公开等制度。建立生态保护修复和污染防治区域联动机制。

⑤ 严守资源环境生态红线。树立底线思维，设定并严守资源消耗上限、环境质量底线、生态保护红线，将各类开发活动限制在资源环境承载能力之内。合理设定资源消耗“天花板”，加强能源、水、土地等战略性资源管控，强化能源消耗强度控制，做好能源消费总量管理。继续实施水资源开发利用控制、用水效率控制、水功能区限制纳污三条红线管理。划定永久基本农田，严格实施永久保护，对新增建设用地占用耕地规模实行总量控制，落实耕地占补平衡，确保耕地数量不下降、质量不降低。严守环境质量底线，将大气、水、土壤等环境质量“只能更好、不能变坏”作为地方各级政府环保责任红线，相应确定污染物排放总量限值和环境风险防控措施。在重点生态功能区、生态环境敏感区和脆弱区等区域划定生态红线，确保生态功能不降低、面积不减少、性质不改变；科学划定森林、草原、湿地、海洋等领域生态红线，严格自然生态空间征（占）用管理，有效遏制生态系统退化的趋势。探索建立资源环境承载能力监测预警机制，对资源消耗和环境容量接近或超过承载能力的地区，及时采取区域限批等限制性措施。

⑥ 完善经济政策。健全价格、财税、金融等政策，激励、引导各类主体积极投身生态文明建设。深化自然资源及其产品价格改革，凡是能由市场形成价格的都交给市场，政府定价要体现基本需求与非基本需求以及资源利用效率高低的差异，体现生态环境损害成本和修复效益。进一步深化矿产资源有偿使用制度改革，调整矿业权使用费征收标准。加大财政资金投入，统筹有关资金，对资源节约和循环利用、新能源和可再生能源开发利用、环境基础设施建设、生态修复与建设、先进适用技术研发示范等给予支持。将高耗能、高污染产品纳入消费税征收范围。推动环境保护费改税。加快资源税从价计征改革，清理取消相关收费基金，逐步将资源税征收范围扩展到占用各种自然生态空间。完善节能环保、新能源、生态建设的税收优惠政策。推广绿色信贷，支持符合条件的项目通过资本市场融资。探索排污权抵押等

融资模式。深化环境污染责任保险试点，研究建立巨灾保险制度。

⑦ 推行市场化机制。加快推行合同能源管理、节能低碳产品和有机产品认证、能效标识管理等机制。推进节能发电调度，优先调度可再生能源发电资源，按机组能耗和污染物排放水平依次调用化石类能源发电资源。建立节能量、碳排放权交易制度，深化交易试点，推动建立全国碳排放权交易市场。加快水权交易试点，培育和规范水权市场。全面推进矿业权市场建设。扩大排污权有偿使用和交易试点范围，发展排污权交易市场。积极推进环境污染第三方治理，引入社会力量投入环境污染治理。

⑧ 健全生态保护补偿机制。科学界定生态保护者与受益者权利义务，加快形成生态损害者赔偿、受益者付费、保护者得到合理补偿的运行机制。结合深化财税体制改革，完善转移支付制度，归并和规范现有生态保护补偿渠道，加大对重点生态功能区的转移支付力度，逐步提高其基本公共服务水平。建立地区间横向生态保护补偿机制，引导生态受益地区与保护地区之间、流域上游与下游之间，通过资金补助、产业转移、人才培训、共建园区等方式实施补偿。建立独立公正的生态环境损害评估制度。

⑨ 健全政绩考核制度。建立体现生态文明要求的目标体系、考核办法、奖惩机制。把资源消耗、环境损害、生态效益等指标纳入经济社会发展综合评价体系，大幅增加考核权重，强化指标约束，不唯经济增长论英雄。完善政绩考核办法，根据区域主体功能定位，实行差别化的考核制度。对限制开发区域、禁止开发区域和生态脆弱的国家扶贫开发工作重点县，取消地区生产总值考核；对农产品主产区和重点生态功能区，分别实行农业优先和生态保护优先的绩效评价；对禁止开发的重点生态功能区，重点评价其自然文化资源的原真性、完整性。根据考核评价结果，对生态文明建设成绩突出的地区、单位和个人给予表彰奖励。探索编制自然资源资产负债表，对领导干部实行自然资源资产和环境责任离任审计。

⑩完善责任追究制度。建立领导干部任期生态文明建设责任制，完善节能减排目标责任考核及问责制度。严格责任追究，对违背科学发展要求、造成资源环境生态严重破坏的要记录在案，实行终身追责，不得转任重要职务或提拔使用，已经调离的也要问责。对推动生态文明建设工作不力的，要及时诫勉谈话；对不顾资源和生态环境盲目决策、造成严重后果的，要严肃追究有关人员的领导责任；对履职不力、监管不严、失职渎职的，要依纪依法追究有关人员的监管责任。

三、关于划定并严守生态保护红线的若干意见

2017 年 2 月，中共中央办公厅、国务院办公厅印发《关于划定并严守生态保护红线的若干意见》（简称《意见》），标志着全国生态保护红线划定与制度建设正式全面启动。

1. 总体目标

2017年年底前，京津冀区域、长江经济带沿线各省（直辖市）划定生态保护红线；2018年年底前，其他省（自治区、直辖市）划定生态保护红线；2020年年底前，全面完成全国生态保护红线划定，勘界定标，基本建立生态保护红线制度，国土生态空间得到优化和有效保护，生态功能保持稳定，国家生态安全格局更加完善。到2030年，生态保护红线布局进一步优化，生态保护红线制度有效实施，生态功能显著提升，国家生态安全得到全面保障。

2. 生态保护红线的含义

生态保护红线是指在生态空间范围内具有特殊重要生态功能、必须强制性严格保护的区域，是保障和维护国家生态安全的底线和生命线，通常包括具有重要水源涵养、生物多样性维护、水土保持、防风固沙、海岸生态稳定等功能的生态功能重要区域，以及水土流失、土地沙化、石漠化、盐渍化等生态环境敏感脆弱区域。

划定并严守生态保护红线，是贯彻落实主体功能区制度、实施生态空间用途管制的重要举措，是提高生态产品供给能力和生态系统服务功能、构建国家生态安全格局的有效手段，是健全生态文明制度体系、推动绿色发展的有力保障。

3. 严守生态保护红线

① 明确属地管理责任。地方各级党委和政府是严守生态保护红线的责任主体，要将生态保护红线作为相关综合决策的重要依据和前提条件，履行好保护责任。各有关部门要按照职责分工，加强监督管理，做好指导协调、日常巡护和执法监督，共守生态保护红线。建立目标责任制，把保护目标、任务和要求层层分解，落到实处。创新激励约束机制，对生态保护红线保护成效突出的单位和个人予以奖励；对造成破坏的，依法依规予以严肃处理。根据需要设置生态保护红线管护岗位，提高居民参与生态保护积极性。

② 确立生态保护红线优先地位。生态保护红线划定后，相关规划要符合生态保护红线空间管控要求，不符合的要及时进行调整。空间规划编制要将生态保护红线作为重要基础，发挥生态保护红线对于国土空间开发的底线作用。

③ 实行严格管控。生态保护红线原则上按禁止开发区域的要求进行管理。严禁不符合主体功能定位的各类开发活动，严禁任意改变用途。生态保护红线划定后，只能增加、不能减少，因国家重大基础设施、重大民生保障项目建设等需要调整的，由省级政府组织论证，提出调整方案，经原环境保护部、国家发展改革委会同有关部门提出审核意见后，报国务院批准。因国家重大战略资源勘查需要，在不影响主体功能定位的前提下，经依法批准后予以安排勘查项目。

④ 加大生态保护补偿力度。财政部会同有关部门加大对生态保护红线的支持力度，加快健全生态保护补偿制度，完善国家重点生态功能区转移支付政策。推动生态保护红线所在地区和受益地区探索建立横向生态保护补偿机制，共同分担生态保

护任务。

⑤ 加强生态保护与修复。实施生态保护红线保护与修复，作为山水林田湖生态保护和修复工程的重要内容。以县级行政区为基本单元建立生态保护红线台账系统，制定实施生态系统保护与修复方案。优先保护良好生态系统和重要物种栖息地，建立和完善生态廊道，提高生态系统完整性和连通性。分区分类开展受损生态系统修复，采取以封禁为主的自然恢复措施，辅以人工修复，改善和提升生态功能。选择水源涵养和生物多样性维护为主导生态功能的生态保护红线，开展保护与修复示范。有条件的地区，可逐步推进生态移民，有序推动人口适度集中安置，降低人类活动强度，减小生态压力。按照陆海统筹、综合治理的原则，开展海洋国土空间生态保护红线的生态整治修复，切实强化生态保护红线及周边区域污染联防联治，重点加强生态保护红线内入海河流综合整治。

⑥ 建立监测网络和监管平台。原环境保护部、国家发展改革委、原国土资源部会同有关部门建设和完善生态保护红线综合监测网络体系，充分发挥地面生态系统、环境、气象、水文水资源、水土保持、海洋等监测站点和卫星的生态监测能力，布设相对固定的生态保护红线监控点位，及时获取生态保护红线监测数据。建立国家生态保护红线监管平台。依托国务院有关部门生态环境监管平台和大数据，运用云计算、物联网等信息化手段，加强监测数据集成分析和综合应用，强化生态气象灾害监测预警能力建设，全面掌握生态系统构成、分布与动态变化，及时评估和预警生态风险，提高生态保护红线管理决策科学化水平。实时监控人类干扰活动，及时发现破坏生态保护红线的行为，对监控发现的问题，通报当地政府，由有关部门依据各自职能组织开展现场核查，依法依规进行处理。2017 年年底前完成国家生态保护红线监管平台试运行。各省（自治区、直辖市）应依托国家生态保护红线监管平台，加强能力建设，建立本行政区监管体系，实施分层级监管，及时接收和反馈信息，核查和处理违法行为。

⑦ 开展定期评价。原环境保护部、国家发展改革委会同有关部门建立生态保护红线评价机制。从生态系统格局、质量和功能等方面，建立生态保护红线生态功能评价指标体系和方法。定期组织开展评价，及时掌握全国、重点区域、县域生态保护红线生态功能状况及动态变化，评价结果作为优化生态保护红线布局、安排县域生态保护补偿资金和实行领导干部生态环境损害责任追究的依据，并向社会公布。

⑧ 强化执法监督。各级环境保护部门和有关部门要按照职责分工加强生态保护红线执法监督。建立生态保护红线常态化执法机制，定期开展执法督查，不断提高执法规范化水平。及时发现和依法处罚破坏生态保护红线的违法行为，切实做到有案必查、违法必究。有关部门要加强与司法机关的沟通协调，健全行政执法与刑事司法联动机制。

⑨ 建立考核机制。原环境保护部、国家发展改革委会同有关部门，根据评价结

果和目标任务完成情况，对各省（自治区、直辖市）党委和政府开展生态保护红线保护成效考核，并将考核结果纳入生态文明建设目标评价考核体系，作为党政领导班子和领导干部综合评价及责任追究、离任审计的重要参考。

⑩ 严格责任追究。对违反生态保护红线管控要求、造成生态破坏的部门、地方、单位和有关责任人员，按照有关法律法规和《党政领导干部生态环境损害责任追究办法（试行）》等规定实行责任追究。对推动生态保护红线工作不力的，区分情节轻重，予以诫勉、责令公开道歉、组织处理或党纪政纪处分，构成犯罪的依法追究刑事责任。对造成生态环境和资源严重破坏的，要实行终身追责，责任人不论是否已调离、提拔或者退休，都必须严格追责。

四、全国生态环境保护纲要

2000 年 11 月 26 日，国务院发布了《全国生态环境保护纲要》（国发〔2000〕38 号，简称《纲要》），要求各地区、各有关部门要根据《纲要》，制订本地区、本部门的生态环境保护规划，积极采取措施，加大生态环境保护工作力度，扭转生态环境恶化趋势，为实现祖国秀美山川的宏伟目标而努力奋斗。

“九五”以来，国家进一步加大了生态环境建设的力度，退耕还林还草、退田还湖、天然林保护、草原建设等生态建设工程取得重大进展，一些生态破坏严重的地区得到有效的恢复和改善。但总体上看，我国普遍存在的粗放型经济增长方式和掠夺式的资源开发利用方式仍未根本转变，以牺牲环境为代价换取眼前和局部利益的现象在一些地区依然严重。只抓生态建设，不注意生态保护，边建设边破坏，不仅加大了国家生态建设的任务和压力，而且也无法巩固生态建设成果，难以从根本上遏制生态恶化的趋势，实现生态环境状况的好转。只有坚持“保护优先、预防为主、防治结合”的生态环境保护与建设工作方针，并不断加强对自然资源开发的生态保护监管，才能逐步取得成效。

制定《纲要》的根本出发点就是全面落实“保护优先、预防为主、防治结合”的方针，以减少新的生态破坏，巩固生态建设成果，从根本上遏制我国生态环境不断恶化的趋势。

1. 全国生态环境保护目标

通过生态环境保护，遏制生态环境破坏，减轻自然灾害的危害；促进自然资源的合理、科学利用，实现自然生态系统良性循环；以改善生态环境质量和维护国家生态环境安全，确保国民经济和社会的可持续发展。

近期目标，到 2010 年基本遏制生态环境破坏趋势。建设一批生态功能保护区，使重要生态功能区的生态系统和生态功能得到保护与恢复；在切实抓好现有自然保护区建设与管理的同时，抓紧建设一批新的自然保护区；加强生态示范区和生态农业县建设，全国部分县（市、区）基本实现秀美山川、自然生态系统良性循环。

远期目标，到2030年全面遏制生态环境恶化的趋势。全国50%的县（市、区）实现秀美山川、自然生态系统良性循环，30%以上的城市达到生态城市和园林城市标准。到2050年，力争全国生态环境得到全面改善，实现城乡环境清洁和自然生态系统良性循环，全国大部分地区实现秀美山川的宏伟目标。

2．重要生态功能区的类型和级别及保护措施

江河源头区、重要水源涵养区、水土保持的重点预防保护区和重点监督区、江河洪水调蓄区、防风固沙区和重要渔业水域等重要生态功能区，在保持流域、区域生态平衡，减轻自然灾害，确保国家和地区生态环境安全方面具有重要作用。这些区域的现有植被和自然生态系统应严加保护，通过建立生态功能保护区，实施保护措施，防止生态环境的破坏和生态功能的退化。

生态功能保护区分为两级，跨省域和重点流域、重点区域的重要生态功能区，建立国家级生态功能保护区；跨地（市）和县（市）的重要生态功能区，建立省级和地（市）级生态功能保护区。

生态功能保护区的保护措施包括：停止一切导致生态功能继续退化的开发活动和其他人为破坏活动；停止一切产生严重环境污染的工程项目建设；严格控制人口增长，区内人口已超出承载能力的应采取必要的移民措施；改变粗放生产经营方式，走生态经济型发展道路，对已经破坏的重要生态系统，要结合生态环境建设措施，认真组织重建与恢复，尽快遏制生态环境恶化趋势。

3．各类资源开发利用的生态环境保护要求

① 切实加强对水、土地、森林、草原、海洋、矿产等重要自然资源的环境管理，严格资源开发利用中的生态环境保护工作。各类自然资源的开发，必须遵守相关的法律法规，依法履行生态环境影响评价手续；资源开发重点建设项目，应编报水土保持方案，否则一律不得开工建设。

② 水资源开发利用的生态环境保护。水资源的开发利用要全流域统筹兼顾，生产、生活和生态用水综合平衡，坚持开源与节流并重，节流优先，治污为本，科学开源，综合利用。建立缺水地区高耗水项目管制制度，逐步调整用水紧缺地区的高耗水产业，停止新上高耗水项目，确保流域生态用水。在发生江河断流、湖泊萎缩、地下水超采的流域和地区，应停上新的加重水平衡失调的蓄水、引水和灌溉工程；合理控制地下水开采，做到采补平衡；在地下水严重超采地区，划定地下水禁采区，抓紧清理不合理的抽水设施，防止出现大面积的地下漏斗和地表塌陷。继续加大二氧化硫和酸雨控制力度，合理开发利用和保护大气水资源；对于擅自围垦的湖泊和填占的河道，要限期退耕还湖还水。通过科学的监测评价和功能区划，规范排污许可证制度和排污口管理制度。严禁向水体倾倒垃圾和建筑、工业废料，进一步加大水污染特别是重点江河湖泊水污染治理力度，加快城市污水处理设施、垃圾集中处理设施建设。加大农业面源污染控制力度，鼓励畜禽粪便资源化，确保养殖废水达

标排放，严格控制氮、磷严重超标地区的氮肥、磷肥施用量。

③ 土地资源开发利用的生态环境保护。依据土地利用总体规划，实施土地用途管制制度，明确土地承包者的生态环境保护责任，加强生态用地保护，冻结征用具有重要生态功能的草地、林地、湿地。建设项目确需占用生态用地的，应严格依法报批和补偿，并实行"占一补一"的制度，确保恢复面积不少于占用面积。加强对交通、能源、水利等重大基础设施建设的生态环境保护监管，建设线路和施工场址要科学选比，尽量减少占用林地、草地和耕地，防止水土流失和土地沙化。加强非牧场草地开发利用的生态监管。大江大河上中游陡坡耕地要按照有关规划，有计划、分步骤地实行退耕还林还草，并加强对退耕地的管理，防止复耕。

④ 森林、草原资源开发利用的生态环境保护。对具有重要生态功能的林区、草原，应划为禁垦区、禁伐区或禁牧区，严格管护；已经开发利用的，要退耕退牧，育林育草，使其休养生息。实施天然林保护工程，最大限度地保护和发挥好森林的生态效益；要切实保护好各类水源涵养林、水土保持林、防风固沙林、特种用途林等生态公益林；对毁林、毁草开垦的耕地和造成的废弃地，要按照"谁批准、谁负责，谁破坏、谁恢复"的原则，限期退耕还林还草。加强森林、草原防火和病虫鼠害防治工作，努力减少林草资源灾害性损失；加大火烧迹地、采伐迹地的封山育林育草力度，加速林区、草原生态环境的恢复和生态功能的提高。大力发展风能、太阳能、生物质能等可再生能源技术，减少樵采对林草植被的破坏。

发展牧业要坚持以草定畜，防止超载过牧。严重超载过牧的，应核定载畜量，限期压减牲畜头数。采取保护和利用相结合的方针，严格实行草场禁牧期、禁牧区和轮牧制度，积极开发秸秆饲料，逐步推行舍饲圈养办法，加快退化草场的恢复。在干旱、半干旱地区要因地制宜调整粮畜生产比重，大力实施种草养畜富民工程。在农牧交错区进行农业开发，不得造成新的草场破坏；发展绿洲农业，不得破坏天然植被。对牧区的已垦草场，应限期退耕还草，恢复植被。

⑤ 生物物种资源开发利用的生态环境保护。生物物种资源的开发应在保护物种多样性和确保生物安全的前提下进行。依法禁止一切形式的捕杀、采集濒危野生动植物的活动。严厉打击濒危野生动植物的非法贸易。严格限制捕杀、采集和销售益虫、益鸟、益兽。鼓励野生动植物的驯养、繁育。加强野生生物资源开发管理，逐步划定准采区，规范采挖方式，严禁乱采滥挖；严格禁止采集和销售发菜，取缔一切发菜贸易，坚决制止在干旱、半干旱草原滥挖具有重要固沙作用的各类野生药用植物。切实搞好重要鱼类的产卵场、索饵场、越冬场、洄游通道和重要水生生物及其生境的保护。加强生物安全管理，建立转基因生物活体及其产品的进出口管理制度和风险评估制度；对引进外来物种必须进行风险评估，加强进口检疫工作，防止国外有害物种进入国内。

⑥ 海洋和渔业资源开发利用的生态环境保护。海洋和渔业资源开发利用必须按

功能区划进行，做到统一规划，合理开发利用。切实加强海岸带的管理，严格围垦造地建港、海岸工程和旅游设施建设的审批，严格保护红树林、珊瑚礁、沿海防护林。加强重点渔场、江河出海口、海湾及其他渔业水域等重要水生资源繁育区的保护，严格渔业资源开发的生态环境保护监管。加大海洋污染防治力度，逐步建立污染物排海总量控制制度，加强对海上油气勘探开发、海洋倾废、船舶排污和港口的环境管理，逐步建立海上重大污染事故应急体系。

⑦ 矿产资源开发利用的生态环境保护。严禁在生态功能保护区、自然保护区、风景名胜区、森林公园内采矿。严禁在崩塌滑坡危险区、泥石流易发区和易导致自然景观破坏的区域采石、采砂、取土。矿产资源开发利用必须严格规划管理，开发应选取有利于生态环境保护的工期、区域和方式，把开发活动对生态环境的破坏减少到最低限度。矿产资源开发必须防止次生地质灾害的发生。在沿江、沿河、沿湖、沿库、沿海地区开采矿产资源，必须落实生态环境保护措施，尽量避免和减少对生态环境的破坏。已造成破坏的，开发者必须限期恢复。已停止采矿或关闭的矿山、坑口，必须及时做好土地复垦。

⑧ 旅游资源开发利用的生态环境保护。旅游资源的开发必须明确环境保护的目标与要求，确保旅游设施建设与自然景观相协调。科学确定旅游区的游客容量，合理设计旅游线路，使旅游基础设施建设与生态环境的承载能力相适应。加强自然景观、景点的保护，限制对重要自然遗迹的旅游开发，从严控制重点风景名胜区的旅游开发，严格管制索道等旅游设施的建设规模与数量，对不符合规划要求建设的设施，要限期拆除。旅游区的污水、烟尘和生活垃圾处理，必须实现达标排放和科学处置。

4. 对生态良好地区的生态环境实施积极性保护

生态良好地区特别是物种丰富区是生态环境保护的重点区域，要采取积极的保护措施，保证这些区域的生态系统和生态功能不被破坏。在物种丰富、具有自然生态系统代表性、典型性、未受破坏的地区，应抓紧抢建一批新的自然保护区。

继续开展城镇环境综合整治，进一步加快能源结构调整和工业污染源治理，切实加强城镇建设项目和建筑工地的环境管理，积极推进环保模范城市和环境优美城镇创建工作。

国家鼓励和支持生态良好地区，在实施可持续发展战略中发挥示范作用。进一步加快县（市）生态示范区和生态农业县建设步伐。在有条件的地区，应努力推动地级和省级生态示范区的建设。

《纲要》要求各地要抓紧编制生态功能区划，指导自然资源开发和产业合理布局，推动经济社会与生态环境保护协调、健康发展。制定重大经济技术政策、社会发展规划、经济发展计划时，应依据生态功能区划，充分考虑生态环境影响问题。自然资源的开发和植树种草、水土保持、草原建设等重大生态环境建设项目，必须开展环境影响评价。对可能造成生态环境破坏和不利影响的项目，必须做到生态环境保护和恢复措施与资源开发和建设项目同步设计，同步施工，同步检查验收。对可能造成生态环境严重破坏的，应严格评审，坚决禁止。

五、国家重点生态功能保护区规划纲要

生态功能保护区是指在涵养水源、保持水土、调蓄洪水、防风固沙、维系生物多样性等方面具有重要作用的重要生态功能区内，有选择地划定一定面积予以重点保护和限制开发建设的区域。建立生态功能保护区，保护区域重要生态功能，对于防止和减轻自然灾害，协调流域及区域生态保护与经济社会发展，保障国家和地方生态安全具有重要意义。国家重点生态功能保护区是指对保障国家生态安全具有重要意义，需要国家和地方共同保护和管理的生态功能保护区。

党中央、国务院对重要生态功能区的保护工作十分重视。2000年国务院印发的《全国生态环境保护纲要》明确提出，要通过建立生态功能保护区，实施保护措施，防止生态环境的破坏和生态功能的退化。《中华人民共和国国民经济和社会发展第十一个五年规划纲要》将重要生态功能区建设作为推进形成主体功能区，构建资源节约型、环境友好型社会的重要任务之一。《国务院关于落实科学发展观加强环境保护的决定》将保持“重点生态功能保护区、自然保护区等的生态功能基本稳定”作为我国环境保护的目标之一。

根据党中央、国务院对建立生态功能保护区的要求，国家环境保护总局组织编制了《国家重点生态功能保护区规划纲要》。该纲要根据我国生态功能重要性和生态敏感性评价结果，结合《中华人民共和国国民经济和社会发展第十一个五年规划纲要》和《国务院关于编制全国主体功能区规划的意见》提出的限制开发区域有关要求，确定了我国重点生态功能保护区建设的主要目标和任务，以此来指导我国生态功能保护区的建设。根据《中华人民共和国国民经济和社会发展第十一个五年规划纲要》和《国务院关于落实科学发展观加强环境保护的决定》，生态功能保护区实行限制开发，在坚持保护优先、防治结合的前提下，合理选择发展方向，发展特色优势产业，防止各种不合理的开发建设活动导致生态功能的退化，从而减轻区域自然生态系统的压力，保护和恢复区域生态功能，逐步恢复生态平衡。

1. 指导思想

以科学发展观为指导，以保障国家和区域生态安全为出发点，以维护并改善区域重要生态功能为目标，以调整产业结构为手段，统筹人与自然和谐发展，把生态保护和建设与地方社会经济发展、群众生活水平提高有机结合起来，统一规划，优先保护，限制开发，严格监管，促进我国重要生态功能区经济、社会和环境的协调发展。

2. 基本原则

① 统筹规划，分步实施。生态功能保护区建设是一个长期的系统工程，应统筹规划，分步实施，在明确重点生态功能保护区建设布局的基础上，分期分批开展，逐步推进，积极探索生态功能保护区建设多样化模式，建立符合我国国情的生态功能保护区格局体系。

② 高度重视，精心组织。各级环保部门要将重点生态功能保护区的规划编制、相关配套政策的制定和研究、管理技术规范研究作为生态环境保护的重要内容。并通过与相关部门的协调和衔接，力争将生态功能保护区的建设纳入当地经济社会发展规划。

③ 保护优先，限制开发。生态功能保护区属于限制开发区，应坚持保护优先、限制开发、点状发展的原则，因地制宜地制定生态功能保护区的财政、产业、投资、人口和绩效考核等社会经济政策，强化生态环境保护执法监督，加强生态功能保护和恢复，引导资源环境可承载的特色产业发展，限制损害主导生态功能的产业扩张，走生态经济型的发展道路。

④ 避免重复，互为补充。生态功能保护区属于限制开发区，自然保护区、世界文化自然遗产、风景名胜区、森林公园等各类特别保护区域属于禁止开发区，生态功能保护区建设要考虑两者之间的协调与补充。在空间范围上，生态功能保护区不包含自然保护区、世界文化自然遗产、风景名胜区、森林公园、地质公园等特别保护区域；在建设内容上，避免重复，互相补充；在管理机制上，各类特别保护区域的隶属关系和管理方式不变。

3. 主要任务

重点生态功能保护区属于限制开发区，要在保护优先的前提下，合理选择发展方向，发展特色优势产业，加强生态环境保护和修复，加大生态环境监管力度，保护和恢复区域生态功能。

（1）合理引导产业发展。充分利用生态功能保护区的资源优势，合理选择发展方向，调整区域产业结构，发展有益于区域主导生态功能发挥的资源环境可承载的特色产业，限制不符合主导生态功能保护需要的产业发展，鼓励使用清洁能源。

① 限制损害区域生态功能的产业扩张。根据生态功能保护区的资源禀赋、环境容量，合理确定区域产业发展方向，限制高污染、高能耗、高物耗产业的发展。要依法淘汰严重污染环境、严重破坏区域生态、严重浪费资源能源的产业，要依法关闭破坏资源、污染环境和损害生态系统功能的企业。

② 发展资源环境可承载的特色产业。依据资源禀赋的差异，积极发展生态农业、生态林业、生态旅游业；在中药材资源丰富的地区，建设药材基地，推动生物资源的开发；在畜牧业为主的区域，建立稳定、优质、高产的人工饲草基地，推行舍饲圈养；在重要防风固沙区，合理发展沙产业；在蓄滞洪区，发展避洪经济；在海洋

生态功能保护区，发展海洋生态养殖、生态旅游等海洋生态产业。

③ 推广清洁能源。积极推广沼气、风能、小水电、太阳能、地热能及其他清洁能源，解决农村能源需求，减少对自然生态系统的破坏。

（2）保护和恢复生态功能。遵循先急后缓、突出重点，保护优先、积极治理，因地制宜、因害设防的原则，结合已实施或规划实施的生态治理工程，加大区域自然生态系统的保护和恢复力度，恢复和维护区域生态功能。

① 提高水源涵养能力。在水源涵养生态功能保护区内，结合已有的生态保护和建设重大工程，加强森林、草地和湿地的管护和恢复，严格监管矿产、水资源开发，严肃查处毁林、毁草、破坏湿地等行为，合理开发水电，提高区域水源涵养生态功能。

② 恢复水土保持功能。在水土保持生态功能保护区内，实施水土流失的预防监督和水土保持生态修复工程，加强小流域综合治理，营造水土保持林，禁止毁林开荒、烧山开荒和陡坡地开垦，合理开发自然资源，保护和恢复自然生态系统，增强区域水土保持能力。

③ 增强防风固沙功能。在防风固沙生态功能保护区内，积极实施防沙治沙等生态治理工程，严禁过度放牧、樵采、开荒，合理利用水资源，保障生态用水，提高区域生态系统防沙固沙的能力。

④ 提高调洪蓄洪能力。在洪水调蓄生态功能保护区内，严禁围垦湖泊、湿地，积极实施退田还湖还湿工程，禁止在蓄滞洪区建设与行洪泄洪无关的工程设施，巩固平垸行洪、退田还湿的成果，增强区内调洪蓄洪能力。

⑤ 增强生物多样性维护能力。在生物多样性维护生态功能保护区内，采取严格的保护措施，构建生态走廊，防止人为破坏，促进自然生态系统的恢复。对于生境遭受严重破坏的地区，采用生物措施和工程措施相结合的方式，积极恢复自然生境，建立野生动植物救护中心和繁育基地。禁止滥捕、乱采、乱猎等行为，加强外来入侵物种管理。

⑥ 保护重要海洋生态功能。在海洋生态功能保护区内，合理开发利用海洋资源，禁止过度捕捞，保护海洋珍稀濒危物种及其栖息地，防治海洋污染，开展海洋生态恢复，维护海洋生态系统的主要生态功能。

（3）强化生态环境监管。通过加强法律法规和监管能力建设，提高环境执法能力，避免边建设、边破坏；通过强化监测和科研，提高区内生态环境监测、预报、预警水平，及时准确掌握区内主导生态功能的动态变化情况，为生态功能保护区的建设和管理提供决策依据；通过强化宣传教育，增强区内广大群众对区域生态功能重要性的认识，自觉维护区域和流域生态安全。

① 强化监督管理能力。健全完善相关法律法规，加大生态环境监察力度，抓紧制订生态功能保护区法规，建立生态功能保护区监管协调机制，制定不同类型生态

功能保护区管理办法，发布禁止、限制发展的产业名录。加强生态功能保护区环境执法能力，组织相关部门开展联合执法检查。

② 提高监测预警能力。开展生态功能保护区生态环境监测，制定生态环境质量评价与监测技术规范，建立生态功能保护区生态环境状况评价的定期通报制度。充分利用相关部门的生态环境监测资料，实现生态功能保护区生态环境监测信息共享，并建立重点生态功能保护区生态环境监测网络和管理信息系统，为生态功能保护区的管理和决策提供科学依据。

③ 增强宣传教育能力。结合各地已有的生态环境保护宣教基地，在生态功能保护区内建立生态教育警示基地，提高公众参与生态功能保护区建设的积极性。加强生态环境保护法规、知识和技术培训，提高生态功能保护区管理人员和技术人员的专业知识和技术水平。

④ 加强科研支撑能力。开展生态功能保护区建设与管理的理论和应用技术研究，揭示不同区域生态系统结构和生态服务功能作用机理及其演变规律。引导科研机构积极开展生态修复技术、生态监测技术等应用技术的研究。

六、全国生态脆弱区保护规划纲要

我国是世界上生态脆弱区分布面积最大、脆弱生态类型最多、生态脆弱性表现最明显的国家之一。我国的生态脆弱区大多位于生态过渡区和植被交错区，处于农牧、林牧、农林等复合交错带，是我国目前生态问题突出、经济相对落后和人民生活贫困区。同时，也是我国环境监管的薄弱地区。加强生态脆弱区保护，增强生态环境监管力度，促进生态脆弱区经济发展，有利于维护生态系统的完整性，实现人与自然的和谐发展，是贯彻落实科学发展观，牢固树立生态文明观念，促进经济社会又好又快发展的必然要求。

党中央、国务院高度重视生态脆弱区的保护。《国务院关于落实科学发展观加强环境保护的决定》明确指出在生态脆弱地区要实行限制开发。为此，“十一五”期间，原环境保护部通过实施“三区推进”（即自然保护区、重要生态功能保护区和生态脆弱区）的生态保护战略，为改善生态脆弱区生态环境提供政策保障。该《纲要》明确了生态脆弱区的地理分布、现状特征及其生态保护的指导思想、原则和任务，为恢复和重建生态脆弱区生态环境提供科学依据。

1. 指导思想

以邓小平理论和“三个代表”重要思想为指导，贯彻落实科学发展观，建设生态文明，以维护生态系统完整性，恢复和改善脆弱生态系统为目标，在坚持优先保护、限制开发、统筹规划、防治结合的前提下，通过适时监测、科学评估和预警服务，及时掌握脆弱区生态环境演变动态，因地制宜，合理选择发展方向，优化产业结构，力争在发展中解决生态环境问题。同时，强化法制监管，倡导生态文明，积极增进群众参与意识，全面恢复脆弱区生态系统。

2. 基本原则

预防为主，保护优先。建立健全脆弱区生态监测与预警体系，以科学监测、合理评估和预警服务为手段，强化"环境准入"，科学指导脆弱区生态保育与产业发展活动，促进脆弱区的生态恢复。

分区推进，分类指导。按照区域生态特点，优化资源配置和生产力空间布局，以科技促保护，以保护促发展，维护生态脆弱区自然生态平衡。

强化监管，适度开发。强化生态环境监管执法力度，坚持适度开发，积极引导资源环境可承载的特色产业发展，保护和恢复脆弱区生态系统，是维护区域生态系统完整性、实现生态环境质量明显改善和区域可持续发展的必由之路。

统筹规划，分步实施。在明确区域分布、地理环境特点、重点生态问题和成因的基础上，制定相应的应对战略，分期分批开展，逐步推进，积极探索生态脆弱区保护的多样化模式，形成生态脆弱区保护格局。

3. 规划主要任务

（1）总体任务

以维护区域生态系统完整性、保证生态过程连续性和改善生态系统服务功能为中心，优化产业布局，调整产业结构，全面限制有损于脆弱区生态环境的产业扩张，发展与当地资源环境承载力相适应的特色产业和环境友好产业，从源头控制生态退化；加强生态保育，增强脆弱区生态系统的抗干扰能力；建立健全脆弱区生态环境监测、评估及预警体系；强化资源开发监管和执法力度，促进脆弱区资源环境协调发展。

（2）具体任务

① 调整产业结构，促进脆弱区生态与经济的协调发展根据生态脆弱区资源禀赋、自然环境特点及容量，调整产业结构，优化产业布局，重点发展与脆弱区资源环境相适宜的特色产业和环境友好产业。同时，按流域或区域编制生态脆弱区环境友好产业发展规划，严格限制有损于脆弱区生态环境的产业扩张，研究并探索有利于生态脆弱区经济发展与生态保育耦合模式，全面推行生态脆弱区产业发展规划战略环境影响评价制度。

② 加强生态保育，促进生态脆弱区修复进程。在全面分析和研究不同类型生态脆弱区生态环境脆弱性成因、机制、机理及演变规律的基础上，确立适宜的生态保育对策。通过技术集成、技术创新以及新成果、新工艺的应用，提高生态修复效果，保障脆弱区自然生态系统和人工生态系统的健康发展。同时，高度重视环境极度脆弱、生态退化严重、具有重要保护价值的地区如重要江河源头区、重大工程水土保持区、国家生态屏障区和重度水土流失区的生态应急工程建设与技术创新；密切关注具有明显退化趋势的潜在生态脆弱区环境演变动态的监测与评估，因地制宜，科

学规划，采取不同保育措施，快速恢复脆弱区植被，增强脆弱区自身防护效果，全面遏制生态退化。

③ 加强生态监测与评估能力建设，构建脆弱区生态安全预警体系。在全国生态脆弱典型区建立长期定位生态监测站，全面构建全国生态脆弱区生态安全预警网络体系。同时，研究制定适宜不同生态脆弱区生态环境质量评估指标体系，科学监测和合理评估脆弱生态系统结构、功能和生态过程动态演变规律，建立脆弱区生态背景数据库资源共享平台，并利用网络视频和模型预测技术，实现脆弱区生态系统健康网络诊断与安全预警服务，为国家环境决策与管理提供技术支撑。

④ 强化资源开发监管执法力度，防止无序开发和过度开发。加强资源开发监管与执法力度，全面开展脆弱区生态环境监察工作，严格禁止超采、过牧、乱垦、滥挖以及非法采矿、无序修路等资源破坏行为发生；以生态脆弱区资源禀赋和生态环境承载力基线为基础，通过科学规划，确立适宜的资源开发模式与强度、可持续利用途径、资源开发监管办法以及资源开发过程中生态保护措施；研究制定生态脆弱区资源开发监管条例，编制适宜不同生态脆弱区资源开发生态恢复与重建技术标准及技术规范，积极推进脆弱区生态保育、系统恢复与重建进程。

七、全国主体功能区规划

2010年12月21日，国务院印发《全国主体功能区规划》（国发〔2010〕46号）。该规划是我国国土空间开发的战略性、基础性和约束性规划。编制实施《全国主体功能区规划》，是深入贯彻落实科学发展观的重大战略举措，对于推进形成人口、经济和资源环境相协调的国土空间开发格局，加快转变经济发展方式，促进经济长期平稳较快发展和社会和谐稳定，实现全面建设小康社会目标和社会主义现代化建设长远目标，具有重要战略意义。

1. 主体功能区划分

规划将我国国土空间分为以下主体功能区：按开发方式，分为优化开发区域、重点开发区域、限制开发区域和禁止开发区域；按开发内容，分为城市化地区、农产品主产区和重点生态功能区；按层级，分为国家和省级两个层面。

优化开发区域、重点开发区域、限制开发区域和禁止开发区域，是基于不同区域的资源环境承载能力、现有开发强度和未来发展潜力，以是否适宜或如何进行大规模高强度工业化城镇化开发为基准划分的。

城市化地区、农产品主产区和重点生态功能区，是以提供主体产品的类型为基准划分的。城市化地区是以提供工业品和服务产品为主体功能的地区，也提供农产品和生态产品；农产品主产区是以提供农产品为主体功能的地区，也提供生态产品、服务产品和部分工业品；重点生态功能区是以提供生态产品为主体功能的地区，也提供一定的农产品、服务产品和工业品。

优化开发区域是经济比较发达、人口比较密集、开发强度较高、资源环境问题更加突出，从而应该优化进行工业化城镇化开发的城市化地区。

重点开发区域是有一定经济基础、资源环境承载能力较强、发展潜力较大、集聚人口和经济的条件较好，从而应该重点进行工业化城镇化开发的城市化地区。优化开发和重点开发区域都属于城市化地区，开发内容总体上相同，开发强度和开发方式不同。

限制开发区域分为两类：一类是农产品主产区，即耕地较多、农业发展条件较好，尽管也适宜工业化城镇化开发，但从保障国家农产品安全以及中华民族永续发展的需要出发，必须把增强农业综合生产能力作为发展的首要任务，从而应该限制进行大规模高强度工业化城镇化开发的地区；一类是重点生态功能区，即生态系统脆弱或生态功能重要，资源环境承载能力较低，不具备大规模高强度工业化城镇化开发的条件，必须把增强生态产品生产能力作为首要任务，从而应该限制进行大规模高强度工业化城镇化开发的地区。

禁止开发区域是依法设立的各级各类自然文化资源保护区域，以及其他禁止进行工业化城镇化开发、需要特殊保护的重点生态功能区。国家层面禁止开发区域，包括国家级自然保护区、世界文化自然遗产、国家级风景名胜区、国家森林公园和国家地质公园。省级层面的禁止开发区域，包括省级及以下各级各类自然文化资源保护区域、重要水源地以及其他省级人民政府根据需要确定的禁止开发区域。

各类主体功能区，在全国经济社会发展中具有同等重要的地位，只是主体功能不同，开发方式不同，保护内容不同，发展首要任务不同，国家支持重点不同。对城市化地区主要支持其集聚人口和经济，对农产品主产区主要支持其增强农业综合生产能力，对重点生态功能区主要支持其保护和修复生态环境。

2．规划开发原则中关于保护自然的有关要求

要按照建设环境友好型社会的要求，根据国土空间的不同特点，以保护自然生态为前提、以水土资源承载能力和环境容量为基础进行有度有序开发，走人与自然和谐的发展道路。

① 把保护水面、湿地、林地和草地放到与保护耕地同等重要位置。

② 工业化城镇化开发必须建立在对所在区域资源环境承载能力综合评价的基础上，严格控制在水资源承载能力和环境容量允许的范围内。编制区域规划等应事先进行资源环境承载能力综合评价，并把保持一定比例的绿色生态空间作为规划的主要内容。

③ 在水资源严重短缺、生态脆弱、生态系统重要、环境容量小、地震和地质灾害等自然灾害危险性大的地区，要严格控制工业化城镇化开发，适度控制其他开发活动，缓解开发活动对自然生态的压力。

④ 严禁各类破坏生态环境的开发活动。能源和矿产资源开发，要尽可能不损害生态环境并应最大限度地修复原有生态环境。

⑤ 加强对河流原始生态的保护。实现从事后治理向事前保护转变，实行严格的水资源管理制度，明确水资源开发利用、水功能区限制纳污及用水效率控制指标。在保护河流生态的基础上有序开发水能资源。严格控制地下水超采，加强对超采的治理和对地下水源的涵养与保护。加强水土流失综合治理及预防监督。

⑥ 交通、输电等基础设施建设要尽量避免对重要自然景观和生态系统的分割，从严控制穿越禁止开发区域。

⑦ 农业开发要充分考虑对自然生态系统的影响，积极发挥农业的生态、景观和间隔功能。严禁有损自然生态系统的开荒以及侵占水面、湿地、林地、草地等农业开发活动。

⑧ 在确保省域内耕地和基本农田面积不减少的前提下，继续在适宜的地区实行退耕还林、退牧还草、退田还湖。在农业用水严重超出区域水资源承载能力的地区实行退耕还水。

⑨ 生态遭到破坏的地区要尽快偿还生态欠账。生态修复行为要有利于构建生态廊道和生态网络。

⑩保护天然草地、沼泽地、苇地、滩涂、冻土、冰川及永久积雪等自然空间。

3. 国家层面优化开发区域的功能定位和发展方向

① 功能定位。国家优化开发区域的功能定位是：提升国家竞争力的重要区域，带动全国经济社会发展的龙头，全国重要的创新区域，我国在更高层次上参与国际分工及有全球影响力的经济区，全国重要的人口和经济密集区。

② 发展方向和开发原则。国家优化开发区域应率先加快转变经济发展方式，调整优化经济结构，提升参与全球分工与竞争的层次。发展方向和开发原则是：

——优化空间结构。减少工矿建设空间和农村生活空间，适当扩大服务业、交通、城市居住、公共设施空间，扩大绿色生态空间。控制城市蔓延扩张、工业遍地开花和开发区过度分散。

——优化城镇布局。进一步健全城镇体系，促进城市集约紧凑发展，围绕区域中心城市明确各城市的功能定位和产业分工，推进城市间的功能互补和经济联系，提高区域的整体竞争力。

——优化人口分布。合理控制特大城市主城区的人口规模，增强周边地区和其他城市吸纳外来人口的能力，引导人口均衡、集聚分布。

——优化产业结构。推动产业结构向高端、高效、高附加值转变，增强高新技术产业、现代服务业、先进制造业对经济增长的带动作用。发展都市型农业、节水农业和绿色有机农业；积极发展节能、节地、环保的先进制造业，大力发展拥有自主知识产权的高新技术产业，加快发展现代服务业，尽快形成服务经济为主的产业结构。积极发展科技含量和附加值高的海洋产业。

——优化发展方式。率先实现经济发展方式的根本性转变。研究与试验发展经费支出占地区生产总值比重明显高于全国平均水平。大力提高清洁能源比重，壮大循环经济规模，广泛应用低碳技术，大幅度降低二氧化碳排放强度，能源和水资源消耗以及污染物排放等标准达到或接近国际先进水平，全部实现垃圾无害化处理和污水达标排放。加强区域环境监管，建立健全区域污染联防联治机制。

——优化基础设施布局。优化交通、能源、水利、通信、环保、防灾等基础设施的布局和建设，提高基础设施的区域一体化和同城化程度。

——优化生态系统格局。把恢复生态、保护环境作为必须实现的约束性目标。严格控制开发强度，加大生态环境保护投入，加强环境治理和生态修复，净化水系、提高水质，切实严格保护耕地以及水面、湿地、林地、草地和文化自然遗产，保护好城市之间的绿色开敞空间，改善人居环境。

4．国家层面重点开发区域的功能定位和发展方向

① 功能定位。国家重点开发区域的功能定位是：支撑全国经济增长的重要增长极，落实区域发展总体战略、促进区域协调发展的重要支撑点，全国重要的人口和经济密集区。

② 发展方向和开发原则。重点开发区域应在优化结构、提高效益、降低消耗、保护环境的基础上推动经济可持续发展；推进新型工业化进程，提高自主创新能力，聚集创新要素，增强产业集聚能力，积极承接国际及国内优化开发区域产业转移，形成分工协作的现代产业体系；加快推进城镇化，壮大城市综合实力，改善人居环境，提高集聚人口的能力；发挥区位优势，加快沿边地区对外开放，加强国际通道和口岸建设，形成我国对外开放新的窗口和战略空间。发展方向和开发原则是：

——统筹规划国土空间。适度扩大先进制造业空间，扩大服务业、交通和城市居住等建设空间，减少农村生活空间，扩大绿色生态空间。

——健全城市规模结构。扩大城市规模，尽快形成辐射带动力强的中心城市，发展壮大其他城市，推动形成分工协作、优势互补、集约高效的城市群。

——促进人口加快集聚。完善城市基础设施和公共服务，进一步提高城市的人口承载能力，城市规划和建设应预留吸纳外来人口的空间。

——形成现代产业体系。增强农业发展能力，加强优质粮食生产基地建设，稳定粮食生产能力。发展新兴产业，运用高新技术改造传统产业，全面加快发展服务业，增强产业配套能力，促进产业集群发展。合理开发并有效保护能源和矿产资源，将资源优势转化为经济优势。

——提高发展质量。确保发展质量和效益，工业园区和开发区的规划建设应遵循循环经济的理念，大力提高清洁生产水平，减少主要污染物排放，降低资源消耗和二氧化碳排放强度。

——完善基础设施。统筹规划建设交通、能源、水利、通信、环保、防灾等基础设施，构建完善、高效、区域一体、城乡统筹的基础设施网络。

——保护生态环境。事先做好生态环境、基本农田等保护规划，减少工业化城镇化对生态环境的影响，避免出现土地过多占用、水资源过度开发和生态环境压力过大等问题，努力提高环境质量。

——把握开发时序。区分近期、中期和远期实施有序开发，近期重点建设好国家批准的各类开发区，对目前尚不需要开发的区域，应作为预留发展空间予以保护。

5. 国家层面限制开发区域的功能定位和发展方向

（1）限制开发区域（农产品主产区）。国家层面限制开发的农产品主产区是指具备较好的农业生产条件，以提供农产品为主体功能，以提供生态产品、服务产品和工业品为其他功能，需要在国土空间开发中限制进行大规模高强度工业化城镇化开发，以保持并提高农产品生产能力的区域。

① 功能定位。国家层面农产品主产区的功能定位是：保障农产品供给安全的重要区域，农村居民安居乐业的美好家园，社会主义新农村建设的示范区。

② 发展方向和开发原则。农产品主产区应着力保护耕地，稳定粮食生产，发展现代农业，增强农业综合生产能力，增加农民收入，加快建设社会主义新农村，保障农产品供给，确保国家粮食安全和食物安全。发展方向和开发原则是：

——加强土地整治，搞好规划、统筹安排、连片推进，加快中低产田改造，推进连片标准粮田建设。鼓励农民开展土壤改良。

——加强水利设施建设，加快大中型灌区、排灌泵站配套改造以及水源工程建设。鼓励和支持农民开展小型农田水利设施建设、小流域综合治理。建设节水农业，推广节水灌溉，发展旱作农业。

——优化农业生产布局和品种结构，搞好农业布局规划，科学确定不同区域农业发展重点，形成优势突出和特色鲜明的产业带。

——国家支持农产品主产区加强农产品加工、流通、储运设施建设，引导农产品加工、流通、储运企业向主产区聚集。

——粮食主产区要进一步提高生产能力，主销区和产销平衡区要稳定粮食自给水平。根据粮食产销格局变化，加大对粮食主产区的扶持力度，集中力量建设一批基础条件好、生产水平高、调出量大的粮食生产核心区。在保护生态前提下，开发资源有优势、增产有潜力的粮食生产后备区。

——大力发展油料生产，鼓励发挥优势，发展棉花、糖料生产，着力提高品质和单产。转变养殖业发展方式，推进规模化和标准化，促进畜牧和水产品的稳定增产。

——在复合产业带内，要处理好多种农产品协调发展的关系，根据不同产品的特点和相互影响，合理确定发展方向和发展途径。

——控制农产品主产区开发强度，优化开发方式，发展循环农业，促进农业资源的永续利用。鼓励和支持农产品、畜产品、水产品加工副产物的综合利用。加强农业面源污染防治。

——加强农业基础设施建设，改善农业生产条件。加快农业科技进步和创新，提高农业物质技术装备水平。强化农业防灾减灾能力建设。

——积极推进农业的规模化、产业化，发展农产品深加工，拓展农村就业和增收空间。

——以县城为重点推进城镇建设和非农产业发展，加强县城和乡镇公共服务设施建设，完善小城镇公共服务和居住功能。

——农村居民点以及农村基础设施和公共服务设施的建设，要统筹考虑人口迁移等因素，适度集中、集约布局。

（2）限制开发区域（重点生态功能区）。国家层面限制开发的重点生态功能区是指生态系统十分重要，关系全国或较大范围区域的生态安全，目前生态系统有所退化，需要在国土空间开发中限制进行大规模高强度工业化城镇化开发，以保持并提高生态产品供给能力的区域。

① 功能定位。国家重点生态功能区的功能定位是：保障国家生态安全的重要区域，人与自然和谐相处的示范区。经综合评价，国家重点生态功能区包括大小兴安岭森林生态功能区等 25 个地区（详见国家重点生态功能区名录）。总面积约 386 万 km^2，占全国陆地国土面积的 40.2%；2008 年年底总人口约 1.1 亿人，占全国总人口的 8.5%。国家重点生态功能区分为水源涵养型、水土保持型、防风固沙型和生物多样性维护型四种类型。

② 发展方向。国家重点生态功能区要以保护和修复生态环境、提供生态产品为首要任务，因地制宜地发展不影响主体功能定位的适宜产业，引导超载人口逐步有序转移（表6-1）。

——水源涵养型。推进天然林草保护、退耕还林和围栏封育，治理水土流失，维护或重建湿地、森林、草原等生态系统。严格保护具有水源涵养功能的自然植被，禁止过度放牧、无序采矿、毁林开荒、开垦草原等行为。加强大江大河源头及上游地区的小流域治理和植树造林，减少面源污染。拓宽农民增收渠道，解决农民长远生计，巩固退耕还林、退牧还草成果。

表 6-1　国家重点生态功能区的类型和发展方向

区域	类型	综合评价	发展方向
大小兴安岭森林生态功能区	水源涵养	森林覆盖率高，具有完整的寒温带森林生态系统，是松嫩平原和呼伦贝尔草原的生态屏障。目前原始森林受到较严重的破坏，出现不同程度的生态退化现象	加强天然林保护和植被恢复，大幅度调减木材产量，对生态公益林禁止商业性采伐，植树造林，涵养水源，保护野生动物
长白山森林生态功能区		拥有温带最完整的山地垂直生态系统，是大量珍稀物种资源的生物基因库。目前森林破坏导致环境改变，威胁多种动植物物种的生存	禁止非保护性采伐，植树造林，涵养水源，防止水土流失，保护生物多样性
阿尔泰山地森林草原生态功能区		森林茂密，水资源丰沛，是额尔齐斯河和乌伦古河的发源地，对北疆地区绿洲开发、生态环境保护和经济发展具有较高的生态价值。目前草原超载过牧，草场植被受到严重破坏	禁止非保护性采伐，合理更新林地。保护天然草原，以草定畜，增加饲草料供给，实施牧民定居
三江源草原草甸湿地生态功能区		长江、黄河、澜沧江的发源地，有“中华水塔”之称，是全球大江大河、冰川、雪山及高原生物多样性最集中的地区之一，其径流、冰川、冻土、湖泊等构成的整个生态系统对全球气候变化有巨大的调节作用。目前草原退化、湖泊萎缩、鼠害严重，生态系统功能受到严重破坏	封育草原，治理退化草原，减少载畜量，涵养水源，恢复湿地，实施生态移民
若尔盖草原湿地生态功能区		位于黄河与长江水系的分水地带，湿地泥炭层深厚，对黄河流域的水源涵养、水文调节和生物多样性维护有重要作用。目前湿地疏干垦殖和过度放牧导致草原退化、沼泽萎缩、水位下降	停止开垦，禁止过度放牧，恢复草原植被，保持湿地面积，保护珍稀动物
甘南黄河重要水源补给生态功能区		青藏高原东端面积最大的高原沼泽泥炭湿地，在维系黄河流域水资源和生态安全方面有重要作用。目前草原退化沙化严重，森林和湿地面积锐减，水土流失加剧，生态环境恶化	加强天然林、湿地和高原野生动植物保护，实施退牧还草、退耕还林还草、牧民定居和生态移民
祁连山冰川与水源涵养生态功能区		冰川储量大，对维系甘肃河西走廊和内蒙古西部绿洲的水源具有重要作用。目前草原退化严重，生态环境恶化，冰川萎缩	围栏封育天然植被，降低载畜量，涵养水源，防止水土流失，重点加强石羊河流域下游民勤地区的生态保护和综合治理

区域	类型	综合评价	发展方向
南岭山地森林及生物多样性生态功能区	水源涵养	长江流域与珠江流域的分水岭，是湘江、赣江、北江、西江等的重要源头区，有丰富的亚热带植被。目前原始森林植被破坏严重，滑坡、山洪等灾害时有发生	禁止非保护性采伐，保护和恢复植被，涵养水源，保护珍稀动物
黄土高原丘陵沟壑水土保持生态功能区	水土保持	黄土堆积深厚、范围广大，土地沙漠化敏感程度高，对黄河中下游生态安全具有重要作用。目前坡面土壤侵蚀和沟道侵蚀严重，侵蚀产沙易淤积河道、水库	控制开发强度，以小流域为单元综合治理水土流失，建设淤地坝
大别山水土保持生态功能区		淮河中游、长江下游的重要水源补给区，土壤侵蚀敏感程度高。目前山地生态系统退化，水土流失加剧，加大了中下游洪涝灾害发生率	实施生态移民，降低人口密度，恢复植被
桂黔滇喀斯特石漠化防治生态功能区		属于以岩溶环境为主的特殊生态系统，生态脆弱性极高，土壤一旦流失，生态恢复难度极大。目前生态系统退化问题突出，植被覆盖率低，石漠化面积加大	封山育林育草，种草养畜，实施生态移民，改变耕作方式
三峡库区水土保持生态功能区		我国最大的水利枢纽工程库区，具有重要的洪水调蓄功能，水环境质量对长江中下游生产生活有重大影响。目前森林植被破坏严重，水土保持功能减弱，土壤侵蚀量和入库泥沙量增大	巩固移民成果，植树造林，恢复植被，涵养水源，保护生物多样性
塔里木河荒漠化防治生态功能区	防风固沙	南疆主要用水源，对流域绿洲开发和人民生活至关重要，沙漠化和盐渍化敏感程度高。目前水资源过度利用，生态系统退化明显，胡杨木等天然植被退化严重，绿色走廊受到威胁	合理利用地表水和地下水，调整农牧业结构，加强药材开发管理，禁止过度开垦，恢复天然植被，防止沙化面积扩大
阿尔金草原荒漠化防治生态功能区		气候极为干旱，地表植被稀少，保存着完整的高原自然生态系统，拥有许多极为珍贵的特有物种，土地沙漠化敏感程度极高。目前鼠害肆虐，土地荒漠化加速，珍稀动植物的生存受到威胁	控制放牧和旅游区域范围，防范盗猎，减少人类活动干扰
呼伦贝尔草原草甸生态功能区		以草原草甸为主，产草量高，但土壤质地粗疏，多大风天气，草原生态系统脆弱。目前草原过度开发造成草场沙化严重，鼠虫害频发	禁止过度开垦、不适当樵采和超载过牧，退牧还草，防治草场退化沙化
科尔沁草原生态功能区		地处温带半湿润与半干旱过渡带，气候干燥，多大风天气，土地沙漠化敏感程度极高。目前草场退化、盐渍化和土壤贫瘠化严重，为我国北方沙尘暴的主要沙源地，对东北和华北地区生态安全构成威胁	根据沙化程度采取针对性强的治理措施

区域	类型	综合评价	发展方向
浑善达克沙漠化防治生态功能区	防风固沙	以固定、半固定沙丘为主，干旱频发，多大风天气，是北京乃至华北地区沙尘的主要来源地。目前土地沙化严重，干旱缺水，对华北地区生态安全构成威胁	采取植物和工程措施，加强综合治理
阴山北麓草原生态功能区		气候干旱，多大风天气，水资源贫乏，生态环境极为脆弱，风蚀沙化土地比重高。目前草原退化严重，为沙尘暴的主要沙源地，对华北地区生态安全构成威胁	封育草原，恢复植被，退牧还草，降低人口密度
川滇森林及生物多样性生态功能区	生物多样性维护	原始森林和野生珍稀动植物资源丰富，是大熊猫、羚牛、金丝猴等重要物种的栖息地，在生物多样性维护方面具有十分重要的意义。目前山地生态环境问题突出，草原超载过牧，生物多样性受到威胁	保护森林、草原植被，在已明确的保护区域保护生物多样性和多种珍稀动植物基因库
秦巴生物多样性生态功能区		包括秦岭、大巴山、神农架等亚热带北部和亚热带—暖温带过渡的地带，生物多样性丰富，是许多珍稀动植物的分布区。目前水土流失和地质灾害问题突出，生物多样性受到威胁	减少林木采伐，恢复山地植被，保护野生物种
藏东南高原边缘森林生态功能区		主要以分布在海拔 900～2 500 m 的亚热带常绿阔叶林为主，山高谷深，天然植被仍处于原始状态，对生态系统保育和森林资源保护具有重要意义	保护自然生态系统
藏西北羌塘高原荒漠生态功能区		高原荒漠生态系统保存较为完整，拥有藏羚羊、黑颈鹤等珍稀特有物种。目前土地沙化面积扩大，病虫害和溶洞滑塌等灾害增多，生物多样性受到威胁	加强草原草甸保护，严格草畜平衡，防范盗猎，保护野生动物
三江平原湿地生态功能区		原始湿地面积大，湿地生态系统类型多样，在蓄洪防洪、抗旱、调节局部地区气候、维护生物多样性、控制土壤侵蚀等方面具有重要作用。目前湿地面积减小和破碎化，面源污染严重，生物多样性受到威胁	扩大保护范围，控制农业开发和城市建设强度，改善湿地环境
武陵山区生物多样性及水土保持生态功能区		属于典型亚热带植物分布区，拥有多种珍稀濒危物种。是清江和澧水的发源地，对减少长江泥沙具有重要作用。目前土壤侵蚀较严重，地质灾害较多，生物多样性受到威胁	扩大天然林保护范围，巩固退耕还林成果，恢复森林植被和生物多样性
海南岛中部山区热带雨林生态功能区		热带雨林、热带季雨林的原生地，我国小区域范围内生物物种十分丰富的地区之一，也是我国最大的热带植物园和最丰富的物种基因库之一。目前由于过度开发，雨林面积大幅减少，生物多样性受到威胁	加强热带雨林保护，遏制山地生态环境恶化

——水土保持型。大力推行节水灌溉和雨水集蓄利用，发展旱作节水农业。限制陡坡垦殖和超载过牧。加强小流域综合治理，实行封山禁牧，恢复退化植被。加强对能源和矿产资源开发及建设项目的监管，加大矿山环境整治修复力度，最大限度地减少人为因素造成新的水土流失。拓宽农民增收渠道，解决农民长远生计，巩固水土流失治理、退耕还林、退牧还草成果。

——防风固沙型。转变畜牧业生产方式，实行禁牧休牧，推行舍饲圈养，以草定畜，严格控制载畜量。加大退耕还林、退牧还草力度，恢复草原植被。加强对内陆河流的规划和管理，保护沙区湿地，禁止发展高耗水工业。对主要沙尘源区、沙尘暴频发区实行封禁管理。

——生物多样性维护型。禁止对野生动植物进行滥捕滥采，保持并恢复野生动植物物种和种群的平衡，实现野生动植物资源的良性循环和永续利用。加强防御外来物种入侵的能力，防止外来有害物种对生态系统的侵害。保护自然生态系统与重要物种栖息地，防止生态建设导致栖息环境的改变。

③ 开发管制原则。

——对各类开发活动进行严格管制，尽可能减少对自然生态系统的干扰，不得损害生态系统的稳定和完整性。

——开发矿产资源、发展适宜产业和建设基础设施，都要控制在尽可能小的空间范围之内，并做到天然草地、林地、水库水面、河流水面、湖泊水面等绿色生态空间面积不减少。控制新增公路、铁路建设规模，必须新建的，应事先规划好动物迁徙通道。在有条件的地区之间，要通过水系、绿带等构建生态廊道，避免形成“生态孤岛”。

——严格控制开发强度，逐步减少农村居民点占用的空间，腾出更多的空间用于维系生态系统的良性循环。城镇建设与工业开发要依托现有资源环境承载能力相对较强的城镇集中布局、据点式开发，禁止成片蔓延式扩张。原则上不再新建各类开发区和扩大现有工业开发区的面积，已有的工业开发区要逐步改造成为低消耗、可循环、少排放、“零污染”的生态型工业区。

——实行更加严格的产业准入环境标准，严把项目准入关。在不损害生态系统功能的前提下，因地制宜地适度发展旅游、农林牧产品生产和加工、观光休闲农业等产业，积极发展服务业，根据不同地区的情况，保持一定的经济增长速度和财政自给能力。

——在现有城镇布局基础上进一步集约开发、集中建设，重点规划和建设资源环境承载能力相对较强的县城和中心镇，提高综合承载能力。引导一部分人口向城市化地区转移，一部分人口向区域内的县城和中心镇转移。生态移民点应尽量集中布局到县城和中心镇，避免新建孤立的村落式移民社区。

——加强县城和中心镇的道路、供排水、垃圾污水处理等基础设施建设。在条件适宜的地区，积极推广沼气、风能、太阳能、地热能等清洁能源，努力解决农村特别是山区、高原、草原和海岛地区农村的能源需求。在有条件的地区建设一批节能环保的生态型社区。健全公共服务体系，改善教育、医疗、文化等设施条件，提高公共服务供给能力和水平。

6. 国家层面禁止开发区域的功能定位和管制原则

（1）功能定位。国家禁止开发区域的功能定位是：我国保护自然文化资源的重要区域，珍稀动植物基因资源保护地。

根据法律法规和有关方面的规定，国家禁止开发区域共 1 443 处，总面积约 120 万 km^2，占全国陆地国土面积的 12.5%。今后新设立的国家级自然保护区、世界文化自然遗产、国家级风景名胜区、国家森林公园、国家地质公园，自动进入国家禁止开发区域名录（表 6-2）。

表 6-2　国家禁止开发区域基本情况

类型	个数	面积/万 km^2	占陆地国土面积比重/%
国家级自然保护区	319	92.85	9.67
世界文化自然遗产	40	3.72	0.39
国家级风景名胜区	208	10.17	1.06
国家森林公园	738	10.07	1.05
国家地质公园	138	8.56	0.89
合计	1 443	120	12.5

注：本表统计结果截至 2010 年 10 月 31 日。总面积中已扣除部分相互重叠的面积。

（2）管制原则。国家禁止开发区域要依据法律法规规定和相关规划实施强制性保护，严格控制人为因素对自然生态和文化自然遗产原真性、完整性的干扰，严禁不符合主体功能定位的各类开发活动，引导人口逐步有序转移，实现污染物“零排放”，提高环境质量。

① 国家级自然保护区。要依据《中华人民共和国自然保护区条例》、本规划确定的原则和自然保护区规划进行管理。

——按核心区、缓冲区和实验区分类管理。核心区，严禁任何生产建设活动；缓冲区，除必要的科学实验活动外，严禁其他任何生产建设活动；实验区，除必要的科学实验以及符合自然保护区规划的旅游、种植业和畜牧业等活动外，严禁其他生产建设活动。

——按核心区、缓冲区、实验区的顺序，逐步转移自然保护区的人口。绝大多数自然保护区核心区应逐步实现无人居住，缓冲区和实验区也应较大幅度减少人口。

——根据自然保护区的实际情况，实行异地转移和就地转移两种转移方式，一部分人口转移到自然保护区以外，一部分人口就地转为自然保护区管护人员。

——在不影响自然保护区主体功能的前提下，对范围较大、目前核心区人口较多的，可以保持适量的人口规模和适度的农牧业活动，同时通过生活补助等途径，确保人民生活水平稳步提高。

——交通、通信、电网等基础设施要慎重建设，能避则避，必须穿越的，要符合自然保护区规划，并进行保护区影响专题评价。新建公路、铁路和其他基础设施不得穿越自然保护区核心区，尽量避免穿越缓冲区。

② 世界文化自然遗产。要依据《保护世界文化和自然遗产公约》《实施世界遗产公约操作指南》、本规划确定的原则和文化自然遗产规划进行管理。

——加强对遗产原真性的保护，保持遗产在艺术、历史、社会和科学方面的特殊价值。加强对遗产完整性的保护，保持遗产未被人扰动过的原始状态。

③ 国家级风景名胜区。要依据《风景名胜区条例》、本规划确定的原则和风景名胜区规划进行管理。

——严格保护风景名胜区内一切景物和自然环境，不得破坏或随意改变。

——严格控制人工景观建设。

——禁止在风景名胜区从事与风景名胜资源无关的生产建设活动。

——建设旅游设施及其他基础设施等必须符合风景名胜区规划，逐步拆除违反规划建设的设施。

——根据资源状况和环境容量对旅游规模进行有效控制，不得对景物、水体、植被及其他野生动植物资源等造成损害。

④ 国家森林公园。要依据《中华人民共和国森林法》《中华人民共和国森林法实施条例》《中华人民共和国野生植物保护条例》《森林公园管理办法》、本规划确定的原则和森林公园规划进行管理。

——除必要的保护设施和附属设施外，禁止从事与资源保护无关的任何生产建设活动。

——在森林公园内以及可能对森林公园造成影响的周边地区，禁止进行采石、取土、开矿、放牧以及非抚育和更新性采伐等活动。

——建设旅游设施及其他基础设施等必须符合森林公园规划，逐步拆除违反规划建设的设施。

——根据资源状况和环境容量对旅游规模进行有效控制，不得对森林及其他野生动植物资源等造成损害。

——不得随意占用、征用和转让林地。

⑤ 国家地质公园。要依据《世界地质公园网络工作指南》、本规划确定的原则和地质公园规划进行管理。

——除必要的保护设施和附属设施外，禁止其他生产建设活动。

——在地质公园及可能对地质公园造成影响的周边地区，禁止进行采石、取土、开矿、放牧、砍伐以及其他对保护对象有损害的活动。

——未经管理机构批准，不得在地质公园范围内采集标本和化石。

7. 国家主体功能区环境政策的有关内容

为贯彻落实党的十八届三中全会关于坚定不移实施主体功能区制度的战略部署，完善主体功能区综合配套政策体系，2015年7月，原环境保护部、国家发展和改革委员会印发《关于贯彻实施国家主体功能区环境政策的若干意见》（环发[2015]92号，简称《意见》）。主要内容包括：

（1）禁止开发区域环境政策

按照依法管理、强制保护的原则，执行最严格的生态环境保护措施，保持环境质量的自然本底状况，恢复和维护区域生态系统结构和功能的完整性，保持生态环境质量、生物多样性状况和珍稀物种的自然繁衍，保障未来可持续生存发展空间。

① 优化保护区管理体制机制。将国家级自然保护区的全部、国家级风景名胜区、国家森林公园、国家地质公园、世界文化自然遗产等区域的生态功能极重要区纳入生态保护红线的管控范围，明确其空间分布界线和管控要求。优化自然保护区空间布局，积极推进中东部地区自然保护区建设，将河湖、海洋和草原生态系统及地质遗迹、小种群物种的保护作为新建自然保护区的重点。按照自然地理单元和多物种的栖息地综合保护原则，对已建自然保护区进行整合，通过建立生态廊道，增强自然保护区间的连通性，完善自然保护区建设管理的体制和机制。严格执行饮用水源保护制度，开展饮用水水源地环境风险排查，加强环境应急管理，推进饮用水水源一级保护区内的土地依法征收，依法取缔饮用水水源保护区内排污企业和排污口。引导人口逐步有序转移，按核心区、缓冲区、实验区的顺序，逐步转移自然保护区的人口，实现核心区无人居住，缓冲区和实验区人口大幅度减少。以政府投资为主，推进自然保护区内保护设施的建设，配备充足的人员和装备，加强生态保护技术培训，保障日常保护工作运行的经费。

② 严控各类开发建设活动。不得新建工业企业和矿产开发企业，2020 年底前迁出或关闭排放污染物以及有可能对环境安全造成隐患的现有各类企业事业单位和其他生产经营者，并加强相关企业迁出前的环境管理以及迁出后企业原址的风险评估。禁止新建铁路、公路和其他基础设施穿越自然保护区和风景名胜区核心区和缓冲区，尽量避免穿越实验区。严格控制风景名胜区、森林公园、湿地公园内人工景观建设。除文化自然遗产保护、森林草原防火、应急救援外，禁止在自然保护区核心区和缓冲区进行包括旅游、种植和野生动植物繁育在内的开发活动。环境影响评价必须科学预测其对敏感物种和敏感、脆弱生态系统的影响，并以不影响敏感物种生存、繁衍及生态系统的科学文化价值为目标，提出保护和恢复方案。

③ 持续推进生态保护补偿及考核评价制。着眼于激励生态环境保护行为，制定和落实科学的生态补偿制度和专项财政转移支付制度，使保护者得到补偿与激励。

着力实施重大生态修复工程建设，加强环境公共服务设施建设。率先探索编制自然资源资产负债表与考评体系。构建生态环境资产核算框架体系，将生态保护补偿机制建设工作纳入地方政府的绩效考核，完善现有政绩考核制度，对领导干部实行自然资源资产离任审计，建立生态环境损害责任终身追究制。

（2）重点生态功能区环境政策

按照生态优先、适度发展的原则，着力推进生态保育，增强区域生态服务功能和生态系统的抗干扰能力，夯实生态屏障，坚决遏制生态系统退化的趋势。

① 划定并严守生态保护红线。在重点生态功能区、生态环境敏感区和脆弱区等区域划定生态保护红线，实行严格保护，确保生态功能不降低、面积不减少、性质不改变；科学划定森林、草原、湿地、海洋等领域生态保护红线。

② 实行更加严格的产业准入标准。严格限制区内“两高一资”产业落地，禁止高水资源消耗产业在水源涵养生态功能区布局，限制土地资源高消耗产业在水土保持生态功能区发展，降低防风固沙生态功能区的农牧业开发强度，禁止生物多样性维护生态功能区的大规模水电开发和林纸一体化产业发展。在不损害生态系统功能的前提下，因地制宜地发展旅游、农林牧产品生产和加工、观光休闲农业及风电、太阳能等新能源产业。原则上不再新建各类产业园区，严禁随意扩大现有产业园区范围。以工业为主的产业园区应加快完成园区的循环化改造，鼓励推进低消耗、可循环、少排放的生态型工业区建设，对不符合主体功能定位的现有产业，通过设备折旧补贴、设备贷款担保、迁移补贴、土地置换、关停补偿等手段，实施搬迁或关闭。严格执行排污许可管理制度，从严控制污染物排放总量，将排污许可管理制度允许的排放量作为污染物排放总量的管理依据，实现污染物排放总量持续下降。

③ 持续推进生态建设与生态修复重大工程。实施好生物多样性重大工程、风沙源治理、小流域综合治理、退耕还林还草、退牧还草等生态修复工程。推进国家级自然保护区建设。推进荒漠化、石漠化、水土流失综合治理，扩大森林、草原、湖泊、湿地面积，提高森林覆盖率，水土流失和荒漠化得到有效控制，野生动植物物种得到恢复和增加，保护生物多样性。严禁盲目引入外来物种，严格控制转基因物种环境释放活动。

④ 推进实施生态保护补偿及监测考评机制。逐步加大政府投资对生态环境保护方面的支持力度，重点用于国家重点生态功能区特别是中西部和东北地区国家重点生态功能区的发展。对国家支持的建设项目，适当提高中央政府补助比例。完善生态环境监测体系，实施生态环境质量监测、评价和考核。在生态系统服务功能十分重要的区域优先建立天地一体化的生态环境监管机制。取消重点生态功能区的地区生产总值考核，加强区域生态功能、可持续发展能力的评估与考核，并将结果向社会公布。

⑤ 切实落实环境分区管治 。青藏高原生态屏障区，要重点保护好多样、独特的生态系统，发挥涵养大江大河水源和调节气候的作用。黄土高原—川滇生态屏障区，要重点加强水土流失防治和天然植被保护，发挥保障长江、黄河中下游地区生态安全的作用。东北森林带，要重点保护好森林资源和生物多样性，发挥东北平原生态安全屏障的作用。北方防沙带，要重点加强防护林建设、草原保护和防风固沙，对暂不具备管治条件的沙化土地实行封禁保护，发挥“三北”地区生态安全屏障的作用。南方丘陵山地带，要重点加强植被修复和水土流失防治，发挥华南和西南地区生态安全屏障的作用。

（3）重点开发区域环境政策

按照强化管治、集约发展的原则，加强环境管理与管治，大幅降低污染物排放强度，改善环境质量。

① 切实加强城市环境管理。推动建立基于环境承载能力的城市环境功能分区管理制度，加强特征污染物控制。划定城市生态保护红线，促进形成有利于污染控制和降低居民健康风险的城市空间格局。保护对区域生态系统服务功能极重要的基础生态用地，将区域开敞空间与城市绿地系统有机结合起来，加强生态用地的连通性。

② 深化主要污染物排放总量控制和环境影响评价制度。排污许可允许的主要污染物排放量须满足国家主要污染物排放总量削减任务和区域环境质量标准要求。严格依法开展规划环境影响评价，探索建立区域污染物行业排放总量管理模式，在建设项目环评和规划环评中推进人群健康影响评价。制定建设项目分类管理目录，提出鼓励发展的产业目录和产业发展的环保负面清单。

③ 加强环境综合整治。大力实施大气环境综合整治、水环境综合整治、近岸海域环境综合整治、土壤污染管治、重金属污染管治、环境噪声影响严重区管治等环境综合整治工程，严格化学品环境管理，强化城镇污水、垃圾收集与处理设施建设，加强环境管理和监督力度，提高各类治污设施的效率，强化对企业污染物稳定达标排放的监管，开展污染防治对环境、人群健康影响的效果评估。

④ 强化环境风险管理。要建立区域环境风险评估和风险防控制度。区域内以工业为主的开发区，要根据环境风险评估建立风险预警和风险控制机制，制定突发环境事件应急预案，针对高危企业开展环境污染健康影响评估，建设项目和现有企业开展环境风险评估和制定突发环境事件应急预案，强化对其相关工作的监管。对于环境污染问题突出或者居民反映强烈的高环境健康风险的区域开展环境与健康调查，采取有效措施降低环境健康损害风险，确保不发生大规模环境污染损害健康的事件。

⑤ 切实落实环境分区管治。呼包鄂榆、关中—天水、兰州—西宁、宁夏沿黄、天山北坡等区域要严格限制高耗水行业发展，提高水资源利用效率。成渝、黔中、滇中、藏中南等区域需严控有色金属产业项目审批，积极推动有色金属采冶的环境

健康风险评估。要重视饮用水安全及水污染产生的环境健康问题和矿产资源开发带来的人群健康风险问题。控制采暖期煤烟型大气污染，加强草原生态系统保护，加强地下水保护，改善天山北坡山地水源涵养功能。成渝、黔中、滇中、藏中南等区域要强化酸雨污染防治，加强流域水土流失和水污染防治，加强石漠化治理、高原湖泊保护、大江大河防护林建设，保护和增强藏中南地区生态系统多样性及适应气候变化能力，优化并合理布局水电开发，开展有色金属采冶的环境健康风险评估。哈长地区要强化对石油等资源开发活动的生态环境监管，提升发展原油、石化产业，强化科技创新、综合服务功能。加强采暖期城市大气污染管治，推进松花江、嫩江流域、辽河流域和近岸海域污染防治，加强采煤沉陷区综合管治和矿山环境修复，强化长白山森林和水源保护，开展松嫩平原湿地修复，防治丘陵黑土地区水土流失，加快封山育林、植树造林和冷水性鱼类资源保护。太原城市群、中原经济区等区域要重视煤化工产业发展造成的土壤环境健康风险，优化发展煤炭、化工产业链，承接环渤海地区产业转移。要有效维护区域环境承载能力，加强区域大气污染管治联防联控，强化水污染管治，加强采煤沉陷区的生态恢复，推进平原地区和沙化地区的土地管治，重视空气污染带来的人群健康风险问题。冀中南地区要严格控制钢铁建材产业，积极稳妥进行产业改造。要加强水环境污染治理，加强南水北调中线引江干支渠、城市河道人工湿地建设，构建由防护林、城市绿地、区域生态水网等构成的生态格局。武汉城市圈、环长株潭城市群、鄱阳湖生态经济区、江淮地区等区域要把区域资源承载能力和生态环境容量作为承接产业转移的重要依据，严格资源节约和环保准入门槛。要加强长江、湘江、汉江、淮河和洞庭湖、巢湖、东湖、梁子湖、磁湖等重点水域的水资源保护和水环境污染防治，加强鄱阳湖生态经济区生态环境保护，加强大别山水土保持和水源涵养功能，重视土壤污染产生的人群健康问题。东陇海地区要优化港口产业集群，积极支持环境友好型企业发展，维护沿海区域环境健康。要加强自然保护区、重要湿地、滩涂以及水源保护区等的保护，加强淮河流域综合管治，加强入海河流小流域综合整治和近岸海域污染防治，实施矿山废弃地环境综合整治与生态修复，构建东部沿海防护林带、北部山区森林、南部平原林网有机融合的生态格局。北部湾地区、海峡西岸经济区要发展高效优质生态农业，转变养殖业发展方式，合理开发北部湾渔业资源，发展农产品精深加工业，深化闽台农业合作，建设特色农产品生产与加工出口示范基地，发展特色优势产业。要加强对自然保护区、生态公益林、水源保护区等的保护，加强防御台风、风暴潮等极端气候事件能力建设，构建以沿海红树林、珊瑚礁、港湾湿地为主体的沿海生态带和海洋特别保护区。

（4）优化开发区域环境政策

按照严控污染、优化发展的原则，引导城市集约紧凑、绿色低碳发展，减少工矿建设空间和农村生活空间，扩大服务业、交通、城市居住、公共设施空间，扩大绿色生态空间。

①加强城市环境质量管理。优化城市生产、生活、生态空间，划定城市生态保护红线和最小生态安全距离，优化提升城市群生态保护空间，促进形成有利于污染控制和降低居民健康风险的城市空间格局。推进城市总体规划环境影响评价和人群健康风险评估，探索环境健康损害赔偿机制。编制实施城市环境总体规划，优化城市功能分区，控制城市蔓延扩张，扩大城市绿色生态空间，加强城市公园绿地、绿道网、绿化隔离带和城际生态廊道建设。

② 严格污染物排放总量控制制度。有效控制区域性复合型大气污染，现有存量污染源通过结构调整、转型升级或提标改造削减排放量。新、改、扩建项目要按照《建设项目主要污染物排放总量指标审核及管理暂行办法》的要求，严格落实替代削减方案。推行煤炭消费总量控制制度，建立新上项目煤炭消费减量替代和污染物减排“双挂钩”机制。积极推进火电、钢铁、水泥等重点行业大气污染物与温室气体协同控制。建立绩效标杆和领跑者制度。严格执行排污许可管理制度，从严控制污染物排放总量，将排污许可管理制度允许的排放量作为污染物排放总量的管理依据，实现污染物排放总量持续下降。

③ 推行环保负面清单制度。全面深入实施节能减排，化解资源环境瓶颈制约，积极开展适应气候变化工作，提升城市综合适应能力，新建项目清洁生产应达到国际先进水平，新建产业园区应按生态工业园区标准进行规划建设。禁止新建钢铁、水泥熟料、平板玻璃、电解铝、船舶等产能过剩行业新增产能项目。有序发展天然气调峰电站，原则上不再新建天然气发电项目。新建项目禁止配套建设自备燃煤电站，除热电联产外，禁止审批新建燃煤发电项目。现有多台燃煤机组装机容量合计达到 30 万千瓦以上的，可按照煤炭等量替代的原则建设为大容量燃煤机组。对火电、钢铁、石化、水泥、有色、化工等行业按照相关规定执行污染物特别排放限值，或严于国家标准有关污染物排放限值的地方标准。

④ 加强土壤环境保护工作。严格污染场地开发利用和流转的审批，新增建设用地和现有建设用地改变用途，未按要求开展土壤污染状况调查评估的，有关部门不得办理供地等相关手续；加强未开发利用污染场地的环境管理，开展对周边环境和人体健康的风险评估，定期发布重污染场地环境健康风险评估结果，防范风险。对于污染场地修复后再利用的区域，需要开展常规环境健康综合监测和 10 年以上的环境健康风险追踪评估。加强城镇辐射环境质量监督管理。

⑤ 切实落实环境分区管治。京津冀地区要加强生态环境保护，联防联控环境污染，建立一体化的环境准入和退出机制，构建区域生态环境监测网络；强化大气污染治理，确定大气环境质量底线，协同推进碳排放控制，加快推进低碳城镇化；实施清洁水行动，开展饮用水水源地保护，整治环渤海湾环境污染，推进土壤与地下水治理和农村环境改善工程；优化生态安全格局，划定生态保护红线，明确生态廊

道，建设坝上高原生态防护区、燕山—太行山生态涵养区、低平原生态修复区和沿海生态防护区等。辽中南地区要加强东部山地水源涵养和饮用水水源地保护，加快采煤沉陷区综合管治及矿山生态修复，加强辽河流域和近海海域污染防治，强化城市煤烟型空气污染管治，构建由长白山余脉、辽河、鸭绿江、滨海湿地和沿海防护林构成的生态廊道。山东半岛地区要划定地下水禁采区和限采区并实施严格保护，强化工业颗粒物和粉尘管治，加快封山育林、提高森林覆盖率，构建片状生态网络和沿海生态廊道。长江三角洲地区要加强饮用水水源地保护，重点保护集中式饮用水水源地水质安全，遏制地下水超采，重点整治长江、太湖、淮河、钱塘江和城市水体污染；健全区域大气污染联防联控机制，改善区域大气环境质量；加强沿江沿海防护林体系建设，增强生态服务功能，保障生态安全。珠江三角洲地区推进二氧化硫、氮氧化物、颗粒物和挥发性有机物等多种污染物协同减排，强化区域大气污染联防联控；加强江河治理和水生态保护的基础设施建设，构建城乡一体的污水和垃圾处理系统；加强饮用水水源地保护和农业面源污染防治，重点防治畜禽、水产养殖污染；加快推进珠江水系、沿海重要绿化带和北部连绵山体为主要框架的区域生态安全体系建设，严格保护红树林湿地生态系统。

八、全国海洋主体功能区规划

2015 年 8 月 1 日，国务院印发《全国海洋主体功能区规划》（国发〔2015〕42 号）。该规划是《全国主体功能区规划》的重要组成部分，是推进形成海洋主体功能区布局的基本依据，是海洋空间开发的基础性和约束性规划。

1．主体功能区划分

海洋主体功能区按开发内容可分为产业与城镇建设、农渔业生产、生态环境服务三种功能。依据主体功能，将海洋空间划分为以下四类区域：

（1）优化开发区域，是指现有开发利用强度较高，资源环境约束较强，产业结构亟需调整和优化的海域。

（2）重点开发区域，是指在沿海经济社会发展中具有重要地位，发展潜力较大，资源环境承载能力较强，可以进行高强度集中开发的海域。

（3）限制开发区域，是指以提供海洋水产品为主要功能的海域，包括用于保护海洋渔业资源和海洋生态功能的海域。

（4）禁止开发区域，是指对维护海洋生物多样性，保护典型海洋生态系统具有重要作用的海域，包括海洋自然保护区、领海基点所在岛屿等。

2．内水和领海主体功能区限制开发区域管理要求

我国已明确公布的内水和领海面积 38 万 km^2，是海洋开发活动的核心区域，也是坚持陆海统筹、实现人口资源环境协调发展的关键区域。限制开发区域包括海洋渔业保障区、海洋特别保护区和海岛及其周边海域。

（1）发展方向与开发原则

实施分类管理，在海洋渔业保障区，实施禁渔区、休渔期管制，加强水产种质资源保护，禁止开展对海洋经济生物繁殖生长有较大影响的开发活动；在海洋特别保护区，严格限制不符合保护目标的开发活动，不得擅自改变海岸、海底地形地貌及其他自然生态环境状况；在海岛及其周边海域，禁止以建设实体坝方式连接岛礁，严格限制无居民海岛开发和改变海岛自然岸线的行为，禁止在无居民海岛弃置或者向其周边海域倾倒废水和固体废物。

（2）海洋渔业保障区管理要求

包括传统渔场、海水养殖区和水产种质资源保护区。在传统渔场，要继续实行捕捞渔船数量和功率总量控制制度，严格执行伏季休渔制度，调整捕捞作业结构，促进渔业资源逐步恢复和合理利用；加强重要渔业资源保护，开展增殖放流，改善渔业资源结构。在海水养殖区，要推广健康养殖模式，推进标准化建设；发展设施渔业，拓展深水养殖，推进以海洋牧场建设为主要形式的区域综合开发。加强水产种质资源保护区建设和管理，在种质资源主要生长繁殖区，划定一定面积海域及其毗邻岛礁，用于保障种质资源繁殖生长，提高种群数量和质量。

（3）海洋特别保护区管理要求

我国现有国家级海洋特别保护区 23 个，总面积约 2 859 km^2。加强海洋特别保护区建设和管理，严格控制开发规模和强度，集约利用海洋资源，保持海洋生态系统完整性，提高生态服务功能。在重要河口区域，禁止采挖海砂、围填海等破坏河口生态功能的开发活动；在重要滨海湿地区域，禁止开展围填海、城市建设开发等改变海域自然属性、破坏湿地生态系统功能的开发活动；在重要砂质岸线，禁止开展可能改变或影响沙滩自然属性的开发建设活动，岸线向海一侧 3.5 km 范围内禁止开展采挖海砂、围填海、倾倒废物等可能引发沙滩蚀退的开发活动；在重要渔业海域，禁止开展围填海及可能截断洄游通道等开发活动。适度发展渔业和旅游业。

（4）海岛及其周边海域管理要求

加强交通通信、电力供给、人畜饮水、污水处理等设施建设，支持可再生能源、海水淡化、雨水集蓄和再生水回用等技术应用，改善居民基本生产、生活条件，提高基础教育、公共卫生、劳动就业、社会保障等公共服务能力。发展海岛特色经济，合理调整产业发展规模，支持渔业产业调整和结构优化，因地制宜发展生态旅游、生态养殖、休闲渔业等。保护海岛生态系统，维护海岛及其周边海域生态平衡。对开发利用程度较高、生态环境遭受破坏的海岛，实施生态修复。适度控制海岛居住人口规模，对发展成本高、生存环境差的边远海岛居民实施易地安置。加强对建有导航、观测等公益性设施海岛的保护和管理。充分利用现有科技资源，在具有科研价值的海岛建立试验基地。从事科研活动，不得对海岛及其周边海域生态环境造成损害。

3．内水和领海主体功能区禁止开发区域管理要求

包括各级各类海洋自然保护区、领海基点所在岛礁等。

（1）管制原则

对海洋自然保护区依法实行强制性保护，实施分类管理；对领海基点所在地实施严格保护，任何单位和个人不得破坏或擅自移动领海基点标志。

（2）海洋自然保护区管理要求

我国现有国家级海洋自然保护区 34 个，总面积约 1.94 万 km^2。在保护区核心区和缓冲区内不得开展任何与保护无关的工程建设活动，海洋基础设施建设原则上不得穿越保护区，涉及保护区的航道、管线和桥梁等基础设施经严格论证并批准后方可实施。在保护区内开展科学研究，要合理选择考察线路。对具有特殊保护价值的海岛、海域等，要依法设立海洋自然保护区或扩大现有保护区面积。

九、中共中央国务院关于全面加强生态环境保护坚决打好污染防治攻坚战的意见

为深入学习贯彻习近平新时代中国特色社会主义思想和党的十九大精神，决胜全面建成小康社会，全面加强生态环境保护，打好污染防治攻坚战，提升生态文明，建设美丽中国，2018 年 6 月中共中央、国务院印发《关于全面加强生态环境保护坚决打好污染防治攻坚战的意见》（中发〔2018〕17 号）。主要内容如下：

1．总体目标

到 2020 年，生态环境质量总体改善，主要污染物排放总量大幅减少，环境风险得到有效管控，生态环境保护水平同全面建成小康社会目标相适应。

2．基本原则

（1）坚持保护优先。落实生态保护红线、环境质量底线、资源利用上线硬约束，深化供给侧结构性改革，推动形成绿色发展方式和生活方式，坚定不移走生产发展、生活富裕、生态良好的文明发展道路。

（2）强化问题导向。以改善生态环境质量为核心，针对流域、区域、行业特点，聚焦问题、分类施策、精准发力，不断取得新成效，让人民群众有更多获得感。

（3）突出改革创新。深化生态环境保护体制机制改革，统筹兼顾、系统谋划，强化协调、整合力量，区域协作、条块结合，严格环境标准，完善经济政策，增强科技支撑和能力保障，提升生态环境治理的系统性、整体性、协同性。

（4）注重依法监管。完善生态环境保护法律法规体系，健全生态环境保护行政执法和刑事司法衔接机制，依法严惩重罚生态环境违法犯罪行为。

（5）推进全民共治。政府、企业、公众各尽其责、共同发力，政府积极发挥主导作用，企业主动承担环境治理主体责任，公众自觉践行绿色生活。

3. 坚决打赢蓝天保卫战

（1）加强工业企业大气污染综合治理。

全面整治“散乱污”企业及集群，实行拉网式排查和清单式、台账式、网格化管理，分类实施关停取缔、整合搬迁、整改提升等措施，京津冀及周边区域2018年年底前完成，其他重点区域2019年年底前完成。坚决关停用地、工商手续不全并难以通过改造达标的企业，限期治理可以达标改造的企业，逾期依法一律关停。强化工业企业无组织排放管理，推进挥发性有机物排放综合整治，开展大气氨排放控制试点。到2020年，挥发性有机物排放总量比2015年下降10%以上。重点区域和大气污染严重城市加大钢铁、铸造、炼焦、建材、电解铝等产能压减力度，实施大气污染物特别排放限值。加大排放高、污染重的煤电机组淘汰力度，在重点区域加快推进。到2020年，具备改造条件的燃煤电厂全部完成超低排放改造，重点区域不具备改造条件的高污染燃煤电厂逐步关停。推动钢铁等行业超低排放改造。

（2）大力推进散煤治理和煤炭消费减量替代。

增加清洁能源使用，拓宽清洁能源消纳渠道，落实可再生能源发电全额保障性收购政策。安全高效发展核电。推动清洁低碳能源优先上网。加快重点输电通道建设，提高重点区域接受外输电比例。因地制宜、加快实施北方地区冬季清洁取暖五年规划。鼓励余热、浅层地热能等清洁能源取暖。加强煤层气（煤矿瓦斯）综合利用，实施生物天然气工程。到2020年，京津冀及周边、汾渭平原的平原地区基本完成生活和冬季取暖散煤替代；北京、天津、河北、山东、河南及珠三角区域煤炭消费总量比2015年均下降10%左右，上海、江苏、浙江、安徽及汾渭平原煤炭消费总量均下降5%左右；重点区域基本淘汰每小时35蒸吨以下燃煤锅炉。推广清洁高效燃煤锅炉。

4. 着力打好碧水保卫战

深入实施水污染防治行动计划，扎实推进河长制湖长制，坚持污染减排和生态扩容两手发力，加快工业、农业、生活污染源和水生态系统整治，保障饮用水安全，消除城市黑臭水体，减少污染严重水体和不达标水体。

（1）打好水源地保护攻坚战。加强水源水、出厂水、管网水、末梢水的全过程管理。划定集中式饮用水水源保护区，推进规范化建设。强化南水北调水源地及沿线生态环境保护。深化地下水污染防治。全面排查和整治县级及以上城市水源保护区内的违法违规问题，长江经济带于2018年年底前、其他地区于2019年年底前完成。单一水源供水的地级及以上城市应当建设应急水源或备用水源。定期监（检）测、评估集中式饮用水水源、供水单位供水和用户水龙头水质状况，县级及以上城市至少每季度向社会公开一次。

（2）打好城市黑臭水体治理攻坚战。实施城镇污水处理“提质增效”三年行动，加快补齐城镇污水收集和处理设施短板，尽快实现污水管网全覆盖、全收集、全处理。完善污水处理收费政策，各地要按规定将污水处理收费标准尽快调整到位，原则上应补偿到污水处理和污泥处置设施正常运营并合理盈利。对中西部地区，中央财政给予适当支持。加强城市初期雨水收集处理设施建设，有效减少城市面源污染。到 2020 年，地级及以上城市建成区黑臭水体消除比例达 90%以上。鼓励京津冀、长三角、珠三角区域城市建成区尽早全面消除黑臭水体。

（3）打好长江保护修复攻坚战。开展长江流域生态隐患和环境风险调查评估，划定高风险区域，从严实施生态环境风险防控措施。优化长江经济带产业布局和规模，严禁污染型产业、企业向上中游地区转移。排查整治入河入湖排污口及不达标水体，市、县级政府制定实施不达标水体限期达标规划。到 2020 年，长江流域基本消除劣Ⅴ类水体。强化船舶和港口污染防治，现有船舶到 2020 年全部完成达标改造，港口、船舶修造厂环卫设施、污水处理设施纳入城市设施建设规划。加强沿河环湖生态保护，修复湿地等水生态系统，因地制宜建设人工湿地水质净化工程。实施长江流域上中游水库群联合调度，保障干流、主要支流和湖泊基本生态用水。

（4）打好渤海综合治理攻坚战。以渤海海区的渤海湾、辽东湾、莱州湾、辽河口、黄河口等为重点，推动河口海湾综合整治。全面整治入海污染源，规范入海排污口设置，全部清理非法排污口。严格控制海水养殖等造成的海上污染，推进海洋垃圾防治和清理。率先在渤海实施主要污染物排海总量控制制度，强化陆海污染联防联控，加强入海河流治理与监管。实施最严格的围填海和岸线开发管控，统筹安排海洋空间利用活动。渤海禁止审批新增围填海项目，引导符合国家产业政策的项目消化存量围填海资源，已审批但未开工的项目要依法重新进行评估和清理。

（5）打好农业农村污染治理攻坚战。以建设美丽宜居村庄为导向，持续开展农村人居环境整治行动，实现全国行政村环境整治全覆盖。到 2020 年，农村人居环境明显改善，村庄环境基本干净整洁有序，东部地区、中西部城市近郊区等有基础、有条件的地区人居环境质量全面提升，管护长效机制初步建立；中西部有较好基础、基本具备条件的地区力争实现 90%左右的村庄生活垃圾得到治理，卫生厕所普及率达到 85%左右，生活污水乱排乱放得到管控。减少化肥农药使用量，制修订并严格执行化肥农药等农业投入品质量标准，严格控制高毒高风险农药使用，推进有机肥替代化肥、病虫害绿色防控替代化学防治和废弃农膜回收，完善废旧地膜和包装废弃物等回收处理制度。到 2020 年，化肥农药使用量实现零增长。坚持种植和养殖相结合，就地就近消纳利用畜禽养殖废弃物。合理布局水产养殖空间，深入推进水产健康养殖，开展重点江河湖库及重点近岸海域破坏生态环境的养殖方式综合整治。到 2020 年，全国畜禽粪污综合利用率达到 75%以上，规模养殖场粪污处理设施装备配套率达到 95%以上。

十、水污染行动计划及相关要求

水环境保护事关人民群众切身利益，事关全面建成小康社会，事关实现中华民族伟大复兴中国梦。当前，我国一些地区水环境质量差、水生态受损重、环境隐患多等问题十分突出，影响和损害群众健康，不利于经济社会持续发展。为切实加大水污染防治力度，保障国家水安全，2015 年 4 月 2 日，国务院印发《水污染防治行动计划》（国发〔2015〕17 号）。主要内容如下：

1. 总体要求

全面贯彻党的十八大和十八届二中、三中、四中全会精神，大力推进生态文明建设，以改善水环境质量为核心，按照"节水优先、空间均衡、系统治理、两手发力"原则，贯彻"安全、清洁、健康"方针，强化源头控制，水陆统筹、河海兼顾，对江河湖海实施分流域、分区域、分阶段科学治理，系统推进水污染防治、水生态保护和水资源管理。坚持政府市场协同，注重改革创新；坚持全面依法推进，实行最严格环保制度；坚持落实各方责任，严格考核问责；坚持全民参与，推动节水洁水人人有责，形成"政府统领、企业施治、市场驱动、公众参与"的水污染防治新机制，实现环境效益、经济效益与社会效益多赢，为建设"蓝天常在、青山常在、绿水常在"的美丽中国而奋斗。

2. 工作目标

到 2020 年，全国水环境质量得到阶段性改善，污染严重水体较大幅度减少，饮用水安全保障水平持续提升，地下水超采得到严格控制，地下水污染加剧趋势得到初步遏制，近岸海域环境质量稳中趋好，京津冀、长三角、珠三角等区域水生态环境状况有所好转。到 2030 年，力争全国水环境质量总体改善，水生态系统功能初步恢复。到 21 世纪中叶，生态环境质量全面改善，生态系统实现良性循环。

3. 全面控制污染物排放

① 狠抓工业污染防治。取缔"十小"企业。全面排查装备水平低、环保设施差的小型工业企业。2016 年底前，按照水污染防治法律法规要求，全部取缔不符合国家产业政策的小型造纸、制革、印染、染料、炼焦、炼硫、炼砷、炼油、电镀、农药等严重污染水环境的生产项目。

专项整治十大重点行业。制定造纸、焦化、氮肥、有色金属、印染、农副食品加工、原料药制造、制革、农药、电镀等行业专项治理方案，实施清洁化改造。新建、改建、扩建上述行业建设项目实行主要污染物排放等量或减量置换。2017 年底前，造纸行业力争完成纸浆无元素氯漂白改造或采取其他低污染制浆技术，钢铁企业焦炉完成干熄焦技术改造，氮肥行业尿素生产完成工艺冷凝液水解解析技术改造，印染行业实施低排水染整工艺改造，制药（抗生素、维生素）行业实施绿色酶法生产技术改造，制革行业实施铬减量化和封闭循环利用技术改造。

集中治理工业集聚区水污染。强化经济技术开发区、高新技术产业开发区、出口加工区等工业集聚区污染治理。集聚区内工业废水必须经预处理达到集中处理要求，方可进入污水集中处理设施。新建、升级工业集聚区应同步规划、建设污水、垃圾集中处理等污染治理设施。2017 年底前，工业集聚区应按规定建成污水集中处理设施，并安装自动在线监控装置，京津冀、长三角、珠三角等区域提前一年完成；逾期未完成的，一律暂停审批和核准其增加水污染物排放的建设项目，并依照有关规定撤销其园区资格。

② 强化城镇生活污染治理。加快城镇污水处理设施建设与改造。现有城镇污水处理设施，要因地制宜进行改造，2020 年底前达到相应排放标准或再生利用要求。敏感区域（重点湖泊、重点水库、近岸海域汇水区域）城镇污水处理设施应于 2017 年底前全面达到一级 A 排放标准。建成区水体水质达不到地表水Ⅳ类标准的城市，新建城镇污水处理设施要执行一级 A 排放标准。按照国家新型城镇化规划要求，到 2020 年，全国所有县城和重点镇具备污水收集处理能力，县城、城市污水处理率分别达到 85%、95%左右。京津冀、长三角、珠三角等区域提前一年完成。

全面加强配套管网建设。强化城中村、老旧城区和城乡结合部污水截流、收集。现有合流制排水系统应加快实施雨污分流改造，难以改造的，应采取截流、调蓄和治理等措施。新建污水处理设施的配套管网应同步设计、同步建设、同步投运。除干旱地区外，城镇新区建设均实行雨污分流，有条件的地区要推进初期雨水收集、处理和资源化利用。到 2017 年，直辖市、省会城市、计划单列市建成区污水基本实现全收集、全处理，其他地级城市建成区于 2020 年底前基本实现。

推进污泥处理处置。污水处理设施产生的污泥应进行稳定化、无害化和资源化处理处置，禁止处理处置不达标的污泥进入耕地。非法污泥堆放点一律予以取缔。现有污泥处理处置设施应于 2017 年底前基本完成达标改造，地级及以上城市污泥无害化处理处置率应于 2020 年底前达到 90%以上。

③ 推进农业农村污染防治。防治畜禽养殖污染。科学划定畜禽养殖禁养区，2017 年底前，依法关闭或搬迁禁养区内的畜禽养殖场（小区）和养殖专业户，京津冀、长三角、珠三角等区域提前一年完成。现有规模化畜禽养殖场（小区）要根据污染防治需要，配套建设粪便污水贮存、处理、利用设施。散养密集区要实行畜禽粪便污水分户收集、集中处理利用。自 2016 年起，新建、改建、扩建规模化畜禽养殖场（小区）要实施雨污分流、粪便污水资源化利用。

控制农业面源污染。制定实施全国农业面源污染综合防治方案。推广低毒、低残留农药使用补助试点经验，开展农作物病虫害绿色防控和统防统治。实行测土配方施肥，推广精准施肥技术和机具。完善高标准农田建设、土地开发整理等标准规范，明确环保要求，新建高标准农田要达到相关环保要求。敏感区域和大中型灌区，要利用现有沟、塘、窖等，配置水生植物群落、格栅和透水坝，建设生态沟渠、污水净化塘、地表径流集蓄池等设施，净化农田排水及地表径流。到 2020 年，测土配方施肥技术推广覆盖率达到 90%以上，化肥利用率提高到 40%以上，农作物病虫害统防统治覆盖率达到 40%以上；京津冀、长三角、珠三角等区域提前一年完成。

调整种植业结构与布局。在缺水地区试行退地减水。地下水易受污染地区要优先种植需肥需药量低、环境效益突出的农作物。地表水过度开发和地下水超采问题较严重，且农业用水比重较大的甘肃、新疆（含新疆生产建设兵团）、河北、山东、河南等五省（区），要适当减少用水量较大的农作物种植面积，改种耐旱作物和经济林；2018 年底前，对 3 300 万亩（1 亩=666.67 m^2）灌溉面积实施综合治理，退减水量 37 亿 m^3 以上。

加快农村环境综合整治。以县级行政区域为单元，实行农村污水处理统一规划、统一建设、统一管理，有条件的地区积极推进城镇污水处理设施和服务向农村延伸。深化“以奖促治”政策，实施农村清洁工程，开展河道清淤疏浚，推进农村环境连片整治。到 2020 年，新增完成环境综合整治的建制村 13 万个。

④ 加强船舶港口污染控制。积极治理船舶污染。依法强制报废超过使用年限的船舶。分类分级修订船舶及其设施、设备的相关环保标准。2018 年起投入使用的沿海船舶、2021 年起投入使用的内河船舶执行新的标准；其他船舶于 2020 年底前完成改造，经改造仍不能达到要求的，限期予以淘汰。航行于我国水域的国际航线船舶，要实施压载水交换或安装压载水灭活处理系统。规范拆船行为，禁止冲滩拆解。

增强港口码头污染防治能力。编制实施全国港口、码头、装卸站污染防治方案。加快垃圾接收、转运及处理处置设施建设，提高含油污水、化学品洗舱水等接收处置能力及污染事故应急能力。位于沿海和内河的港口、码头、装卸站及船舶修造厂，分别于 2017 年底前和 2020 年底前达到建设要求。港口、码头、装卸站的经营人应制定防治船舶及其有关活动污染水环境的应急计划。

4. 推动经济结构转型升级

① 调整产业结构。依法淘汰落后产能。自 2015 年起，各地要依据部分工业行业淘汰落后生产工艺装备和产品指导目录、产业结构调整指导目录及相关行业污染物排放标准，结合水质改善要求及产业发展情况，制定并实施分年度的落后产能淘汰方案，报工业和信息化部、生态环境部备案。未完成淘汰任务的地区，暂停审批和核准其相关行业新建项目。

严格环境准入。根据流域水质目标和主体功能区规划要求，明确区域环境准入条件，细化功能分区，实施差别化环境准入政策。建立水资源、水环境承载能力监测评价体系，实行承载能力监测预警，已超过承载能力的地区要实施水污染物削减方案，加快调整发展规划和产业结构。到 2020 年，组织完成市、县域水资源、水环境承载能力现状评价。

② 优化空间布局。合理确定发展布局、结构和规模。充分考虑水资源、水环境承载能力，以水定城、以水定地、以水定人、以水定产。重大项目原则上布局在优化开发区和重点开发区，并符合城乡规划和土地利用总体规划。鼓励发展节水高效现代农业、低耗水高新技术产业以及生态保护型旅游业，严格控制缺水地区、水污染严重地区和敏感区域高耗水、高污染行业发展，新建、改建、扩建重点行业建设项目实行主要污染物排放减量置换。七大重点流域干流沿岸，要严格控制石油加工、化学原料和化学制品制造、医药制造、化学纤维制造、有色金属冶炼、纺织印染等项目环境风险，合理布局生产装置及危险化学品仓储等设施。

推动污染企业退出。城市建成区内现有钢铁、有色金属、造纸、印染、原料药制造、化工等污染较重的企业应有序搬迁改造或依法关闭。

积极保护生态空间。严格城市规划蓝线管理，城市规划区范围内应保留一定比例的水域面积。新建项目一律不得违规占用水域。严格水域岸线用途管制，土地开发利用应按照有关法律法规和技术标准要求，留足河道、湖泊和滨海地带的管理和保护范围，非法挤占的应限期退出。

③ 推进循环发展。加强工业水循环利用。推进矿井水综合利用，煤炭矿区的补充用水、周边地区生产和生态用水应优先使用矿井水，加强洗煤废水循环利用。鼓励钢铁、纺织印染、造纸、石油石化、化工、制革等高耗水企业废水深度处理回用。

促进再生水利用。以缺水及水污染严重地区城市为重点，完善再生水利用设施，工业生产、城市绿化、道路清扫、车辆冲洗、建筑施工以及生态景观等用水，要优先使用再生水。推进高速公路服务区污水处理和利用。具备使用再生水条件但未充分利用的钢铁、火电、化工、制浆造纸、印染等项目，不得批准其新增取水许可。自 2018 年起，单体建筑面积超过 2 万 m^2 的新建公共建筑，北京市 2 万 m^2、天津市 5 万 m^2、河北省 10 万 m^2 以上集中新建的保障性住房，应安装建筑中水设施。积极推动其他新建住房安装建筑中水设施。到 2020 年，缺水城市再生水利用率达到 20%以上，京津冀区域达到 30%以上。

推动海水利用。在沿海地区电力、化工、石化等行业，推行直接利用海水作为循环冷却等工业用水。在有条件的城市，加快推进淡化海水作为生活用水补充水源。

5．切实加强水环境管理

① 强化环境质量目标管理。明确各类水体水质保护目标，逐一排查达标状况。未达到水质目标要求的地区要制定达标方案，将治污任务逐一落实到汇水范围内的排污单位，明确防治措施及达标时限，方案报上一级人民政府备案，自 2016 年起，定期向社会公布。对水质不达标的区域实施挂牌督办，必要时采取区域限批等措施。

② 深化污染物排放总量控制。完善污染物统计监测体系，将工业、城镇生活、农业、移动源等各类污染源纳入调查范围。选择对水环境质量有突出影响的总氮、

总磷、重金属等污染物，研究纳入流域、区域污染物排放总量控制约束性指标体系。

③ 严格环境风险控制。防范环境风险。定期评估沿江河湖库工业企业、工业集聚区环境和健康风险，落实防控措施。评估现有化学物质环境和健康风险，2017 年底前公布优先控制化学品名录，对高风险化学品生产、使用进行严格限制，并逐步淘汰替代。

稳妥处置突发水环境污染事件。地方各级人民政府要制定和完善水污染事故处置应急预案，落实责任主体，明确预警预报与响应程序、应急处置及保障措施等内容，依法及时公布预警信息。（生态环境部牵头，住房和城乡建设部、水利部、农业农村部、卫生和计划生育委员会等参与）

④ 全面推行排污许可。依法核发排污许可证。2015 年底前，完成国控重点污染源及排污权有偿使用和交易试点地区污染源排污许可证的核发工作，其他污染源于 2017 年底前完成。

加强许可证管理。以改善水质、防范环境风险为目标，将污染物排放种类、浓度、总量、排放去向等纳入许可证管理范围。禁止无证排污或不按许可证规定排污。强化海上排污监管，研究建立海上污染排放许可证制度。2017 年底前，完成全国排污许可证管理信息平台建设。

6．全力保障水生态环境安全

① 保障饮用水水源安全。从水源到水龙头全过程监管饮用水安全。地方各级人民政府及供水单位应定期监测、检测和评估本行政区域内饮用水水源、供水厂出水和用户水龙头水质等饮水安全状况，地级及以上城市自 2016 年起每季度向社会公开。自 2018 年起，所有县级及以上城市饮水安全状况信息都要向社会公开。

强化饮用水水源环境保护。开展饮用水水源规范化建设，依法清理饮用水水源保护区内违法建筑和排污口。单一水源供水的地级及以上城市应于 2020 年底前基本完成备用水源或应急水源建设，有条件的地方可以适当提前。加强农村饮用水水源保护和水质检测。

防治地下水污染。定期调查评估集中式地下水型饮用水水源补给区等区域环境状况。石化生产存贮销售企业和工业园区、矿山开采区、垃圾填埋场等区域应进行必要的防渗处理。加油站地下油罐应于 2017 年底前全部更新为双层罐或完成防渗池设置。报废矿井、钻井、取水井应实施封井回填。公布京津冀等区域内环境风险大、严重影响公众健康的地下水污染场地清单，开展修复试点。

② 深化重点流域污染防治。编制实施七大重点流域水污染防治规划。研究建立流域水生态环境功能分区管理体系。对化学需氧量、氨氮、总磷、重金属及其他影响人体健康的污染物采取针对性措施，加大整治力度。汇入富营养化湖库的河流应实施总氮排放控制。到 2020 年，长江、珠江总体水质达到优良，松花江、黄河、淮河、辽河在轻度污染基础上进一步改善，海河污染程度得到缓解。三峡库区水质保

持良好，南水北调、引滦入津等调水工程确保水质安全。太湖、巢湖、滇池富营养化水平有所好转。白洋淀、乌梁素海、呼伦湖、艾比湖等湖泊污染程度减轻。环境容量较小、生态环境脆弱，环境风险高的地区，应执行水污染物特别排放限值。各地可根据水环境质量改善需要，扩大特别排放限值实施范围。

加强良好水体保护。对江河源头及现状水质达到或优于Ⅲ类的江河湖库开展生态环境安全评估，制定实施生态环境保护方案。东江、滦河、千岛湖、南四湖等流域于 2017 年底前完成。浙闽片河流、西南诸河、西北诸河及跨界水体水质保持稳定。

③ 加强近岸海域环境保护。实施近岸海域污染防治方案。重点整治黄河口、长江口、闽江口、珠江口、辽东湾、渤海湾、胶州湾、杭州湾、北部湾等河口海湾污染。沿海地级及以上城市实施总氮排放总量控制。研究建立重点海域排污总量控制制度。规范入海排污口设置，2017 年底前全面清理非法或设置不合理的入海排污口。到 2020 年，沿海省（区、市）入海河流基本消除劣于Ⅴ类的水体。提高涉海项目准入门槛。

推进生态健康养殖。在重点河湖及近岸海域划定限制养殖区。实施水产养殖池塘、近海养殖网箱标准化改造，鼓励有条件的渔业企业开展海洋离岸养殖和集约化养殖。积极推广人工配合饲料，逐步减少冰鲜杂鱼饲料使用。加强养殖投入品管理，依法规范、限制使用抗生素等化学药品，开展专项整治。到 2015 年，海水养殖面积控制在 220 万 hm^2 左右。

严格控制环境激素类化学品污染。2017 年底前完成环境激素类化学品生产使用情况调查，监控评估水源地、农产品种植区及水产品集中养殖区风险，实施环境激素类化学品淘汰、限制、替代等措施。

④ 整治城市黑臭水体。采取控源截污、垃圾清理、清淤疏浚、生态修复等措施，加大黑臭水体治理力度，每半年向社会公布治理情况。地级及以上城市建成区应于 2015 年底前完成水体排查，公布黑臭水体名称、责任人及达标期限；于 2017 年底前实现河面无大面积漂浮物，河岸无垃圾，无违法排污口；于 2020 年底前完成黑臭水体治理目标。直辖市、省会城市、计划单列市建成区要于 2017 年底前基本消除黑臭水体。

⑤ 保护水和湿地生态系统。加强河湖水生态保护，科学划定生态保护红线。禁止侵占自然湿地等水源涵养空间，已侵占的要限期予以恢复。强化水源涵养林建设与保护，开展湿地保护与修复，加大退耕还林、还草、还湿力度。加强滨河（湖）带生态建设，在河道两侧建设植被缓冲带和隔离带。加大水生野生动植物类自然保护区和水产种质资源保护区保护力度，开展珍稀濒危水生生物和重要水产种质资源的就地和迁地保护，提高水生生物多样性。2017 年底前，制定实施七大重点流域水生生物多样性保护方案。

保护海洋生态。加大红树林、珊瑚礁、海草床等滨海湿地、河口和海湾典型生态系统，以及产卵场、索饵场、越冬场、洄游通道等重要渔业水域的保护力度，实施增殖放流，建设人工鱼礁。开展海洋生态补偿及赔偿等研究，实施海洋生态修复。认真执行围填海管制计划，严格围填海管理和监督，重点海湾、海洋自然保护区的核心区及缓冲区、海洋特别保护区的重点保护区及预留区、重点河口区域、重要滨海湿地区域、重要砂质岸线及沙源保护海域、特殊保护海岛及重要渔业海域禁止实施围填海，生态脆弱敏感区、自净能力差的海域严格限制围填海。严肃查处违法围填海行为，追究相关人员责任。将自然海岸线保护纳入沿海地方政府政绩考核。到2020年，全国自然岸线保有率不低于35%（不包括海岛岸线）。

7. 强化公众参与和社会监督

① 依法公开环境信息。综合考虑水环境质量及达标情况等因素，国家每年公布最差、最好的10个城市名单和各省（区、市）水环境状况。对水环境状况差的城市，经整改后仍达不到要求的，取消其环境保护模范城市、生态文明建设示范区、节水型城市、园林城市、卫生城市等荣誉称号，并向社会公告。

各省（区、市）人民政府要定期公布本行政区域内各地级市（州、盟）水环境质量状况。国家确定的重点排污单位应依法向社会公开其产生的主要污染物名称、排放方式、排放浓度和总量、超标排放情况，以及污染防治设施的建设和运行情况，主动接受监督。研究发布工业集聚区环境友好指数、重点行业污染物排放强度、城市环境友好指数等信息。

② 加强社会监督。为公众、社会组织提供水污染防治法规培训和咨询，邀请其全程参与重要环保执法行动和重大水污染事件调查。公开曝光环境违法典型案件。健全举报制度，充分发挥“12369”环保举报热线和网络平台作用。限期办理群众举报投诉的环境问题，一经查实，可给予举报人奖励。通过公开听证、网络征集等形式，充分听取公众对重大决策和建设项目的意见。积极推行环境公益诉讼。

③ 构建全民行动格局。树立“节水洁水，人人有责”的行为准则。加强宣传教育，把水资源、水环境保护和水情知识纳入国民教育体系，提高公众对经济社会发展和环境保护客观规律的认识。依托全国中小学节水教育、水土保持教育、环境教育等社会实践基地，开展环保社会实践活动。支持民间环保机构、志愿者开展工作。倡导绿色消费新风尚，开展环保社区、学校、家庭等群众性创建活动，推动节约用水，鼓励购买使用节水产品和环境标志产品。

关于落实水污染防治行动计划实施区域差别化环境准入的有关要求，可参见附录《关于落实〈水污染防治行动计划〉实施区域差别化环境准入的指导意见》（环环评〔2016〕190号）详细了解。

十一、打赢蓝天保卫战三年行动计划及相关要求

2018年6月，国务院正式印发《打赢蓝天保卫战三年行动计划》（国发[2018]22

号），对未来三年国家大气污染防治工作进行部署。主要内容如下：

1．目标指标

经过 3 年努力，大幅减少主要大气污染物排放总量，协同减少温室气体排放，进一步明显降低细颗粒物（PM2.5）浓度，明显减少重污染天数，明显改善环境空气质量，明显增强人民的蓝天幸福感。

到 2020 年，二氧化硫、氮氧化物排放总量分别比 2015 年下降 15%以上；PM2.5 未达标地级及以上城市浓度比 2015 年下降 18%以上，地级及以上城市空气质量优良天数比率达到 80%，重度及以上污染天数比率比 2015 年下降 25%以上；提前完成“十三五”目标任务的省份，要保持和巩固改善成果；尚未完成的，要确保全面实现“十三五”约束性目标；北京市环境空气质量改善目标应在“十三五”目标基础上进一步提高。

2．调整优化产业结构，推进产业绿色发展

① 优化产业布局。各地完成生态保护红线、环境质量底线、资源利用上线、环境准入清单编制工作，明确禁止和限制发展的行业、生产工艺和产业目录。修订完善高耗能、高污染和资源型行业准入条件，环境空气质量未达标城市应制订更严格的产业准入门槛。积极推行区域、规划环境影响评价，新、改、扩建钢铁、石化、化工、焦化、建材、有色等项目的环境影响评价，应满足区域、规划环评要求。（生态环境部牵头，发展改革委、工业和信息化部、自然资源部参与，地方各级人民政府负责落实。以下均需地方各级人民政府落实，不再列出）

加大区域产业布局调整力度。加快城市建成区重污染企业搬迁改造或关闭退出，推动实施一批水泥、平板玻璃、焦化、化工等重污染企业搬迁工程；重点区域城市钢铁企业要切实采取彻底关停、转型发展、就地改造、域外搬迁等方式，推动转型升级。重点区域禁止新增化工园区，加大现有化工园区整治力度。各地已明确的退城企业，要明确时间表，逾期不退城的予以停产。（工业和信息化部、发展改革委、生态环境部等按职责负责）

② 严控“两高”行业产能。重点区域严禁新增钢铁、焦化、电解铝、铸造、水泥和平板玻璃等产能；严格执行钢铁、水泥、平板玻璃等行业产能置换实施办法；新、改、扩建涉及大宗物料运输的建设项目，原则上不得采用公路运输。（工业和信息化部、发展改革委牵头，生态环境部等参与）

加大落后产能淘汰和过剩产能压减力度。严格执行质量、环保、能耗、安全等法规标准。修订《产业结构调整指导目录》，提高重点区域过剩产能淘汰标准。重点区域加大独立焦化企业淘汰力度，京津冀及周边地区实施“以钢定焦”，力争 2020 年炼焦产能与钢铁产能比达到 0.4 左右。严防“地条钢”死灰复燃。2020 年，河北省钢铁产能控制在 2 亿吨以内；列入去产能计划的钢铁企业，需一并退出配套的烧结、焦炉、高炉等设备。（发展改革委、工业和信息化部牵头，生态环境部、财政部、

市场监管总局等参与）

③ 强化“散乱污”企业综合整治。全面开展“散乱污”企业及集群综合整治行动。根据产业政策、产业布局规划，以及土地、环保、质量、安全、能耗等要求，制定“散乱污”企业及集群整治标准。实行拉网式排查，建立管理台账。按照“先停后治”的原则，实施分类处置。列入关停取缔类的，基本做到“两断三清”（切断工业用水、用电，清除原料、产品、生产设备）；列入整合搬迁类的，要按照产业发展规模化、现代化的原则，搬迁至工业园区并实施升级改造；列入升级改造类的，树立行业标杆，实施清洁生产技术改造，全面提升污染治理水平。建立“散乱污”企业动态管理机制，坚决杜绝“散乱污”企业项目建设和已取缔的“散乱污”企业异地转移、死灰复燃。京津冀及周边地区 2018 年底前全面完成；长三角地区、汾渭平原 2019 年底前基本完成；全国 2020 年底前基本完成。（生态环境部、工业和信息化部牵头，发展改革委、市场监管总局、自然资源部等参与）

④ 深化工业污染治理。持续推进工业污染源全面达标排放，将烟气在线监测数据作为执法依据，加大超标处罚和联合惩戒力度，未达标排放的企业一律依法停产整治。建立覆盖所有固定污染源的企业排放许可制度，2020 年底前，完成排污许可管理名录规定的行业许可证核发。（生态环境部负责）

推进重点行业污染治理升级改造。重点区域二氧化硫、氮氧化物、颗粒物、挥发性有机物（VOCs）全面执行大气污染物特别排放限值。推动实施钢铁等行业超低排放改造，重点区域城市建成区内焦炉实施炉体加罩封闭，并对废气进行收集处理。强化工业企业无组织排放管控。开展钢铁、建材、有色、火电、焦化、铸造等重点行业及燃煤锅炉无组织排放排查，建立管理台账，对物料（含废渣）运输、装卸、储存、转移和工艺过程等无组织排放实施深度治理，2018 年底前京津冀及周边地区基本完成治理任务，长三角地区和汾渭平原 2019 年底前完成，全国 2020 年底前基本完成。（生态环境部牵头，发展改革委、工业和信息化部参与）

推进各类园区循环化改造、规范发展和提质增效。大力推进企业清洁生产。对开发区、工业园区、高新区等进行集中整治，限期进行达标改造，减少工业集聚区污染。完善园区集中供热设施，积极推广集中供热。有条件的工业集聚区建设集中喷涂工程中心，配备高效治污设施，替代企业独立喷涂工序。（发展改革委牵头，工业和信息化部、生态环境部、科技部、商务部等参与）

⑤ 大力培育绿色环保产业。壮大绿色产业规模，发展节能环保产业、清洁生产产业、清洁能源产业，培育发展新动能。积极支持培育一批具有国际竞争力的大型节能环保龙头企业，支持企业技术创新能力建设，加快掌握重大关键核心技术，促进大气治理重点技术装备等产业化发展和推广应用。积极推行节能环保整体解决方案，加快发展合同能源管理、环境污染第三方治理和社会化监测等新业态，培育一批高水平、专业化节能环保服务公司。（发展改革委牵头，工业和信息化部、生态环

境部、科技部等参与）

3．加快调整能源结构，构建清洁低碳高效能源体系

①有效推进北方地区清洁取暖。坚持从实际出发，宜电则电、宜气则气、宜煤则煤、宜热则热，确保北方地区群众安全取暖过冬。集中资源推进京津冀及周边地区、汾渭平原等区域散煤治理，优先以乡镇或区县为单元整体推进。2020年采暖季前，在保障能源供应的前提下，京津冀及周边地区、汾渭平原的平原地区基本完成生活和冬季取暖散煤替代；对暂不具备清洁能源替代条件的山区，积极推广洁净煤，并加强煤质监管，严厉打击销售使用劣质煤行为。燃气壁挂炉能效不得低于2级水平。（能源局、发展改革委、财政部、生态环境部、住房城乡建设部牵头，市场监管总局等参与）

抓好天然气产供储销体系建设。力争2020年天然气占能源消费总量比重达到10%。新增天然气量优先用于城镇居民和大气污染严重地区的生活和冬季取暖散煤替代，重点支持京津冀及周边地区和汾渭平原，实现“增气减煤”。“煤改气”坚持“以气定改”，确保安全施工、安全使用、安全管理。有序发展天然气调峰电站等可中断用户，原则上不再新建天然气热电联产和天然气化工项目。限时完成天然气管网互联互通，打通“南气北送”输气通道。加快储气设施建设步伐，2020年采暖季前，地方政府、城镇燃气企业和上游供气企业的储备能力达到量化指标要求。建立完善调峰用户清单，采暖季实行“压非保民”。（发展改革委、能源局牵头，生态环境部、财政部、住房城乡建设部等参与）

加快农村“煤改电”电网升级改造。制定实施工作方案。电网企业要统筹推进输变电工程建设，满足居民采暖用电需求。鼓励推进蓄热式等电供暖。地方政府对“煤改电”配套电网工程建设应给予支持，统筹协调“煤改电”、“煤改气”建设用地。（能源局、发展改革委牵头，生态环境部、自然资源部参与）

②重点区域继续实施煤炭消费总量控制。到2020年，全国煤炭占能源消费总量比重下降到58%以下；北京、天津、河北、山东、河南五省（直辖市）煤炭消费总量比2015年下降10%，长三角地区下降5%，汾渭平原实现负增长；新建耗煤项目实行煤炭减量替代。按照煤炭集中使用、清洁利用的原则，重点削减非电力用煤，提高电力用煤比例，2020年全国电力用煤占煤炭消费总量比重达到55%以上。继续推进电能替代燃煤和燃油，替代规模达到1000亿度以上。（发展改革委牵头，能源局、生态环境部参与）

制定专项方案，大力淘汰关停环保、能耗、安全等不达标的30万千瓦以下燃煤机组。对于关停机组的装机容量、煤炭消费量和污染物排放量指标，允许进行交易或置换，可统筹安排建设等容量超低排放燃煤机组。重点区域严格控制燃煤机组新增装机规模，新增用电量主要依靠区域内非化石能源发电和外送电满足。限时完成重点输电通道建设，在保障电力系统安全稳定运行的前提下，到2020年，京津冀、

长三角地区接受外送电量比例比 2017 年显著提高。（能源局、发展改革委牵头，生态环境部等参与）

③ 开展燃煤锅炉综合整治。加大燃煤小锅炉淘汰力度。县级及以上城市建成区基本淘汰每小时 10 蒸吨及以下燃煤锅炉及茶水炉、经营性炉灶、储粮烘干设备等燃煤设施，原则上不再新建每小时 35 蒸吨以下的燃煤锅炉，其他地区原则上不再新建每小时 10 蒸吨以下的燃煤锅炉。环境空气质量未达标城市应进一步加大淘汰力度。重点区域基本淘汰每小时 35 蒸吨以下燃煤锅炉，每小时 65 蒸吨及以上燃煤锅炉全部完成节能和超低排放改造；燃气锅炉基本完成低氮改造；城市建成区生物质锅炉实施超低排放改造。（生态环境部、市场监管总局牵头，发展改革委、住房城乡建设部、工业和信息化部、能源局等参与）

加大对纯凝机组和热电联产机组技术改造力度，加快供热管网建设，充分释放和提高供热能力，淘汰管网覆盖范围内的燃煤锅炉和散煤。在不具备热电联产集中供热条件的地区，现有多台燃煤小锅炉的，可按照等容量替代原则建设大容量燃煤锅炉。2020 年底前，重点区域 30 万千瓦及以上热电联产电厂供热半径 15 公里范围内的燃煤锅炉和落后燃煤小热电全部关停整合。（能源局、发展改革委牵头，生态环境部、住房城乡建设部等参与）

④ 提高能源利用效率。继续实施能源消耗总量和强度双控行动。健全节能标准体系，大力开发、推广节能高效技术和产品，实现重点用能行业、设备节能标准全覆盖。重点区域新建高耗能项目单位产品（产值）能耗要达到国际先进水平。因地制宜提高建筑节能标准，加大绿色建筑推广力度，引导有条件地区和城市新建建筑全面执行绿色建筑标准。进一步健全能源计量体系，持续推进供热计量改革，推进既有居住建筑节能改造，重点推动北方采暖地区有改造价值的城镇居住建筑节能改造。鼓励开展农村住房节能改造。（发展改革委、住房城乡建设部、市场监管总局牵头，能源局、工业和信息化部等参与）

⑤加快发展清洁能源和新能源。到 2020 年，非化石能源占能源消费总量比重达到 15%。有序发展水电，安全高效发展核电，优化风能、太阳能开发布局，因地制宜发展生物质能、地热能等。在具备资源条件的地方，鼓励发展县域生物质热电联产、生物质成型燃料锅炉及生物天然气。加大可再生能源消纳力度，基本解决弃水、弃风、弃光问题。（能源局、发展改革委、财政部负责）

十二、土壤污染防治行动计划及配套管理办法

土壤是经济社会可持续发展的物质基础，关系人民群众身体健康，关系美丽中国建设，保护好土壤环境是推进生态文明建设和维护国家生态安全的重要内容。当前，我国土壤环境总体状况堪忧，部分地区污染较为严重，已成为全面建成小康社会的突出短板之一。为切实加强土壤污染防治，逐步改善土壤环境质量，2016 年 5

月28日国务院印发《土壤污染防治行动计划》。据此，原环境保护部制定了《污染地块土壤环境管理办法（试行）》、《工矿用地土壤环境管理办法（试行）》、《农用地土壤环境管理办法（试行）》。《土壤污染防治行动计划》主要内容如下：

1. 实施农用地分类管理，保障农业生产环境安全

① 划定农用地土壤环境质量类别。按污染程度将农用地划为三个类别，未污染和轻微污染的划为优先保护类，轻度和中度污染的划为安全利用类，重度污染的划为严格管控类，以耕地为重点，分别采取相应管理措施，保障农产品质量安全。2017年底前，发布农用地土壤环境质量类别划分技术指南。以土壤污染状况详查结果为依据，开展耕地土壤和农产品协同监测与评价，在试点基础上有序推进耕地土壤环境质量类别划定，逐步建立分类清单，2020年底前完成。划定结果由各省级人民政府审定，数据上传全国土壤环境信息化管理平台。根据土地利用变更和土壤环境质量变化情况，定期对各类别耕地面积、分布等信息进行更新。有条件的地区要逐步开展林地、草地、园地等其他农用地土壤环境质量类别划定等工作。

② 切实加大保护力度。各地要将符合条件的优先保护类耕地划为永久基本农田，实行严格保护，确保其面积不减少、土壤环境质量不下降，除法律规定的重点建设项目选址确实无法避让外，其他任何建设不得占用。产粮（油）大县要制定土壤环境保护方案。高标准农田建设项目向优先保护类耕地集中的地区倾斜。推行秸秆还田、增施有机肥、少耕免耕、粮豆轮作、农膜减量与回收利用等措施。继续开展黑土地保护利用试点。农村土地流转的受让方要履行土壤保护的责任，避免因过度施肥、滥用农药等掠夺式农业生产方式造成土壤环境质量下降。各省级人民政府要对本行政区域内优先保护类耕地面积减少或土壤环境质量下降的县（市、区），进行预警提醒并依法采取环评限批等限制性措施。

防控企业污染。严格控制在优先保护类耕地集中区域新建有色金属冶炼、石油加工、化工、焦化、电镀、制革等行业企业，现有相关行业企业要采用新技术、新工艺，加快提标升级改造步伐。

③ 着力推进安全利用。根据土壤污染状况和农产品超标情况，安全利用类耕地集中的县（市、区）要结合当地主要作物品种和种植习惯，制定实施受污染耕地安全利用方案，采取农艺调控、替代种植等措施，降低农产品超标风险。强化农产品质量检测。加强对农民、农民合作社的技术指导和培训。2017年底前，出台受污染耕地安全利用技术指南。到2020年，轻度和中度污染耕地实现安全利用的面积达到4 000万亩。

④ 全面落实严格管控。加强对严格管控类耕地的用途管理，依法划定特定农产品禁止生产区域，严禁种植食用农产品；对威胁地下水、饮用水水源安全的，有关县（市、区）要制定环境风险管控方案，并落实有关措施。研究将严格管控类耕地纳入国家新一轮退耕还林还草实施范围，制定实施重度污染耕地种植结构调整或退

耕还林还草计划。继续在湖南长株潭地区开展重金属污染耕地修复及农作物种植结构调整试点。实行耕地轮作休耕制度试点。到 2020 年，重度污染耕地种植结构调整或退耕还林还草面积力争达到 2 000 万亩。

⑤ 加强林地草地园地土壤环境管理。严格控制林地、草地、园地的农药使用量，禁止使用高毒、高残留农药。完善生物农药、引诱剂管理制度，加大使用推广力度。优先将重度污染的牧草地集中区域纳入禁牧休牧实施范围。加强对重度污染林地、园地产出食用农（林）产品质量检测，发现超标的，要采取种植结构调整等措施。

2．强化未污染土壤保护，严控新增土壤污染

① 加强未利用地环境管理。按照科学有序原则开发利用未利用地，防止造成土壤污染。拟开发为农用地的，有关县（市、区）人民政府要组织开展土壤环境质量状况评估；不符合相应标准的，不得种植食用农产品。各地要加强纳入耕地后备资源的未利用地保护，定期开展巡查。依法严查向沙漠、滩涂、盐碱地、沼泽地等非法排污、倾倒有毒有害物质的环境违法行为。加强对矿山、油田等矿产资源开采活动影响区域内未利用地的环境监管，发现土壤污染问题的，要及时督促有关企业采取防治措施。推动盐碱地土壤改良，自 2017 年起，在新疆生产建设兵团等地开展利用燃煤电厂脱硫石膏改良盐碱地试点。

② 防范建设用地新增污染。排放重点污染物的建设项目，在开展环境影响评价时，要增加对土壤环境影响的评价内容，并提出防范土壤污染的具体措施；需要建设的土壤污染防治设施，要与主体工程同时设计、同时施工、同时投产使用；有关环境保护部门要做好有关措施落实情况的监督管理工作。自 2017 年起，有关地方人民政府要与重点行业企业签订土壤污染防治责任书，明确相关措施和责任，责任书向社会公开。

③ 强化空间布局管控。加强规划区划和建设项目布局论证，根据土壤等环境承载能力，合理确定区域功能定位、空间布局。鼓励工业企业集聚发展，提高土地节约集约利用水平，减少土壤污染。严格执行相关行业企业布局选址要求，禁止在居民区、学校、医疗和养老机构等周边新建有色金属冶炼、焦化等行业企业；结合推进新型城镇化、产业结构调整和化解过剩产能等，有序搬迁或依法关闭对土壤造成严重污染的现有企业。结合区域功能定位和土壤污染防治需要，科学布局生活垃圾处理、危险废物处置、废旧资源再生利用等设施和场所，合理确定畜禽养殖布局和规模。

3．加强污染源监管，做好土壤污染预防工作，严控工矿污染

加强日常环境监管。各地要根据工矿企业分布和污染排放情况，确定土壤环境重点监管企业名单，实行动态更新，并向社会公布。列入名单的企业每年要自行对其用地进行土壤环境监测，结果向社会公开。有关环境保护部门要定期对重点监管企业和工业园区周边开展监测，数据及时上传全国土壤环境信息化管理平台，结果作为环境执法和风险预警的重要依据。适时修订国家鼓励的有毒有害原料（产品）替代品目录。加强电器电子、汽车等工业产品中有害物质控制。有色金属冶炼、石油加工、化工、焦化、电镀、制革等行业企业拆除生产设施设备、构筑物和污染治理设施，要事先制定残留污染物清理和安全处置方案，并报所在地县级环境保护、工业和信息化部门备案；要严格按照有关规定实施安全处理处置，防范拆除活动污染土壤。2017 年底前，发布企业拆除活动污染防治技术规定。

严防矿产资源开发污染土壤。自 2017 年起，内蒙古、江西、河南、湖北、湖南、广东、广西、四川、贵州、云南、陕西、甘肃、新疆等省（区）矿产资源开发活动集中的区域，执行重点污染物特别排放限值。全面整治历史遗留尾矿库，完善覆膜、压土、排洪、堤坝加固等隐患治理和闭库措施。有重点监管尾矿库的企业要开展环境风险评估，完善污染治理设施，储备应急物资。加强对矿产资源开发利用活动的辐射安全监管，有关企业每年要对本矿区土壤进行辐射环境监测。

加强涉重金属行业污染防控。严格执行重金属污染物排放标准并落实相关总量控制指标，加大监督检查力度，对整改后仍不达标的企业，依法责令其停业、关闭，并将企业名单向社会公开。继续淘汰涉重金属重点行业落后产能，完善重金属相关行业准入条件，禁止新建落后产能或产能严重过剩行业的建设项目。按计划逐步淘汰普通照明白炽灯。提高铅酸蓄电池等行业落后产能淘汰标准，逐步退出落后产能。制定涉重金属重点工业行业清洁生产技术推行方案，鼓励企业采用先进适用生产工艺和技术。2020 年重点行业的重点重金属排放量要比 2013 年下降 10%。

加强工业废物处理处置。全面整治尾矿、煤矸石、工业副产石膏、粉煤灰、赤泥、冶炼渣、电石渣、铬渣、砷渣以及脱硫、脱硝、除尘产生固体废物的堆存场所，完善防扬散、防流失、防渗漏等设施，制定整治方案并有序实施。加强工业固体废物综合利用。对电子废物、废轮胎、废塑料等再生利用活动进行清理整顿，引导有关企业采用先进适用加工工艺、集聚发展，集中建设和运营污染治理设施，防止污染土壤和地下水。自 2017 年起，在京津冀、长三角、珠三角等地区的部分城市开展污水与污泥、废气与废渣协同治理试点。

4. 开展污染治理与修复，改善区域土壤环境质量

① 明确治理与修复主体。按照“谁污染，谁治理”原则，造成土壤污染的单位或个人要承担治理与修复的主体责任。责任主体发生变更的，由变更后继承其债权、债务的单位或个人承担相关责任；土地使用权依法转让的，由土地使用权受让人或双方约定的责任人承担相关责任。责任主体灭失或责任主体不明确的，由所在地县级人民政府依法承担相关责任。

② 制定治理与修复规划。各省（区、市）要以影响农产品质量和人居环境安全的突出土壤污染问题为重点，制定土壤污染治理与修复规划，明确重点任务、责任

单位和分年度实施计划，建立项目库，2017 年底前完成。规划报原环境保护部备案。京津冀、长三角、珠三角地区要率先完成。

③ 有序开展治理与修复。确定治理与修复重点。各地要结合城市环境质量提升和发展布局调整，以拟开发建设居住、商业、学校、医疗和养老机构等项目的污染地块为重点，开展治理与修复。在江西、湖北、湖南、广东、广西、四川、贵州、云南等省份污染耕地集中区域优先组织开展治理与修复；其他省份要根据耕地土壤污染程度、环境风险及其影响范围，确定治理与修复的重点区域。到 2020 年，受污染耕地治理与修复面积达到 1 000 万亩。

强化治理与修复工程监管。治理与修复工程原则上在原址进行，并采取必要措施防止污染土壤挖掘、堆存等造成二次污染；需要转运污染土壤的，有关责任单位要将运输时间、方式、线路和污染土壤数量、去向、最终处置措施等，提前向所在地和接收地环境保护部门报告。工程施工期间，责任单位要设立公告牌，公开工程基本情况、环境影响及其防范措施；所在地环境保护部门要对各项环境保护措施落实情况进行检查。工程完工后，责任单位要委托第三方机构对治理与修复效果进行评估，结果向社会公开。实行土壤污染治理与修复终身责任制，2017 年底前，出台有关责任追究办法。

④ 监督目标任务落实。各省级环境保护部门要定期向原环境保护部报告土壤污染治理与修复工作进展；原环境保护部要会同有关部门进行督导检查。各省（区、市）要委托第三方机构对本行政区域各县（市、区）土壤污染治理与修复成效进行综合评估，结果向社会公开。2017 年底前，出台土壤污染治理与修复成效评估办法。

5．工矿用地土壤环境污染重点监管单位污染防控的要求

为加强工矿用地土壤和地下水环境保护监督管理，防治工矿用地土壤和地下水污染，2018 年 05 月，生态环境部印发《工矿用地土壤环境管理办法（试行）》（部令第 3 号）。

（1）土壤环境污染重点监管单位（以下简称重点单位）包括：

① 有色金属冶炼、石油加工、化工、焦化、电镀、制革等行业中应当纳入排污许可重点管理的企业；

② 有色金属矿采选、石油开采行业规模以上企业；

③ 其他根据有关规定纳入土壤环境污染重点监管单位名录的企事业单位。

（2）污染防控要求

① 重点单位新、改、扩建项目，应当在开展建设项目环境影响评价时，按照国家有关技术规范开展工矿用地土壤和地下水环境现状调查，编制调查报告，并按规定上报环境影响评价基础数据库。重点单位应当将前款规定的调查报告主要内容通过其网站等便于公众知晓的方式向社会公开。

② 重点单位新、改、扩建项目用地应当符合国家或者地方有关建设用地土壤污

染风险管控标准。重点单位通过新、改、扩建项目的土壤和地下水环境现状调查，发现项目用地污染物含量超过国家或者地方有关建设用地土壤污染风险管控标准的，土地使用权人或者污染责任人应当参照污染地块土壤环境管理有关规定开展详细调查、风险评估、风险管控、治理与修复等活动。

③ 重点单位建设涉及有毒有害物质的生产装置、储罐和管道，或者建设污水处理池、应急池等存在土壤污染风险的设施，应当按照国家有关标准和规范的要求，设计、建设和安装有关防腐蚀、防泄漏设施和泄漏监测装置，防止有毒有害物质污染土壤和地下水。

④ 重点单位现有地下储罐储存有毒有害物质的，应当在本办法公布后一年之内，将地下储罐的信息报所在地设区的市级生态环境主管部门备案。重点单位新、改、扩建项目地下储罐储存有毒有害物质的，应当在项目投入生产或者使用之前，将地下储罐的信息报所在地设区的市级生态环境主管部门备案。地下储罐的信息包括地下储罐的使用年限、类型、规格、位置和使用情况等。

⑤ 重点单位应当建立土壤和地下水污染隐患排查治理制度，定期对重点区域、重点设施开展隐患排查。发现污染隐患的，应当制定整改方案，及时采取技术、管理措施消除隐患。隐患排查、治理情况应当如实记录并建立档案。重点区域包括涉及有毒有害物质的生产区，原材料及固体废物的堆存区、储放区和转运区等；重点设施包括涉及有毒有害物质的地下储罐、地下管线，以及污染治理设施等。

⑥ 重点单位应当按照相关技术规范要求，自行或者委托第三方定期开展土壤和地下水监测，重点监测存在污染隐患的区域和设施周边的土壤、地下水，并按照规定公开相关信息。

⑦ 重点单位在隐患排查、监测等活动中发现工矿用地土壤和地下水存在污染迹象的，应当排查污染源，查明污染原因，采取措施防止新增污染，并参照污染地块土壤环境管理有关规定及时开展土壤和地下水环境调查与风险评估，根据调查与风险评估结果采取风险管控或者治理与修复等措施。

⑧ 重点单位拆除涉及有毒有害物质的生产设施设备、构筑物和污染治理设施的，应当按照有关规定，事先制定企业拆除活动污染防治方案，并在拆除活动前十五个工作日报所在地县级生态环境、工业和信息化主管部门备案。企业拆除活动污染防治方案应当包括被拆除生产设施设备、构筑物和污染治理设施的基本情况、拆除活动全过程土壤污染防治的技术要求、针对周边环境的污染防治要求等内容。重点单位拆除活动应当严格按照有关规定实施残留物料和污染物、污染设备和设施的安全处理处置，并做好拆除活动相关记录，防范拆除活动污染土壤和地下水。拆除活动相关记录应当长期保存。

⑨ 重点单位突发环境事件应急预案应当包括防止土壤和地下水污染相关内容。重点单位突发环境事件造成或者可能造成土壤和地下水污染的，应当采取应急措施

避免或者减少土壤和地下水污染；应急处置结束后，应当立即组织开展环境影响和损害评估工作，评估认为需要开展治理与修复的，应当制定并落实污染土壤和地下水治理与修复方案。

⑩ 重点单位终止生产经营活动前，应当参照污染地块土壤环境管理有关规定，开展土壤和地下水环境初步调查，编制调查报告，及时上传全国污染地块土壤环境管理信息系统。重点单位应当将前款规定的调查报告主要内容通过其网站等便于公众知晓的方式向社会公开。土壤和地下水环境初步调查发现该重点单位用地污染物含量超过国家或者地方有关建设用地土壤污染风险管控标准的，应当参照污染地块土壤环境管理有关规定开展详细调查、风险评估、风险管控、治理与修复等活动。

6. 污染地块土壤环境管理的要求

为加强污染地块环境保护监督管理，防控污染地块环境风险， 2016 年 12 月，原环境保护部印发《污染地块土壤环境管理办法（试行）》（部令第 42 号，简称《办法》）。

《办法》指出，造成土壤污染的单位或者个人应当按照“谁污染，谁治理”的原则承担治理与修复的主体责任。责任主体发生变更的，由变更后继承其债权、债务的单位或者个人承担相关责任。责任主体灭失或者责任主体不明确的，由所在地县级人民政府依法承担相关责任。土地使用权依法转让的，由土地使用权受让人或者双方约定的责任人承担相关责任。土地使用权终止的，由原土地使用权人对其使用该地块期间所造成的土壤污染承担相关责任。土壤污染治理与修复实行终身责任制。

《办法》对污染地块提出如下风险管控要求：

① 污染地块土地使用权人应当根据风险评估结果，并结合污染地块相关开发利用计划，有针对性地实施风险管控。

对暂不开发利用的污染地块，实施以防止污染扩散为目的的风险管控。

对拟开发利用为居住用地和商业、学校、医疗、养老机构等公共设施用地的污染地块，实施以安全利用为目的的风险管控。

② 污染地块土地使用权人应当按照国家有关环境标准和技术规范，编制风险管控方案，及时上传污染地块信息系统，同时抄送所在地县级人民政府，并将方案主要内容通过其网站等便于公众知晓的方式向社会公开。

风险管控方案应当包括管控区域、目标、主要措施、环境监测计划以及应急措施等内容。

③ 土地使用权人应当按照风险管控方案要求，采取以下主要措施：及时移除或者清理污染源；采取污染隔离、阻断等措施，防止污染扩散；开展土壤、地表水、地下水、空气环境监测；发现污染扩散的，及时采取有效补救措施。

④ 因采取风险管控措施不当等原因，造成污染地块周边的土壤、地表水、地下水或者空气污染等突发环境事件的，土地使用权人应当及时采取环境应急措施，并

向所在地县级以上环境保护主管部门和其他有关部门报告。

⑤ 对暂不开发利用的污染地块，由所在地县级环境保护主管部门配合有关部门提出划定管控区域的建议，报同级人民政府批准后设立标识、发布公告，并组织开展土壤、地表水、地下水、空气环境监测。

7. 农用地土壤污染预防的相关要求

为加强农用地土壤环境保护监督管理，保护农用地土壤环境，管控农用地土壤环境风险，保障农产品质量安全，2017 年 9 月，原环境保护部和原农业部印发《农用地土壤环境管理办法（试行）》（部令第 46 号），其中规定：

① 排放污染物的企业事业单位和其他生产经营者应当采取有效措施，确保废水、废气排放和固体废物处理、处置符合国家有关规定要求，防止对周边农用地土壤造成污染。

从事固体废物和化学品储存、运输、处置的企业，应当采取措施防止固体废物和化学品的泄露、渗漏、遗撒、扬散污染农用地。

② 县级以上地方环境保护主管部门应当加强对企业事业单位和其他生产经营者排污行为的监管，将土壤污染防治作为环境执法的重要内容。

设区的市级以上地方环境保护主管部门应当根据本行政区域内工矿企业分布和污染排放情况，确定土壤环境重点监管企业名单，上传农用地环境信息系统，实行动态更新，并向社会公布。

③ 从事规模化畜禽养殖和农产品加工的单位和个人，应当按照相关规范要求，确定废物无害化处理方式和消纳场地。

县级以上地方环境保护主管部门、农业主管部门应当依据法定职责加强畜禽养殖污染防治工作，指导畜禽养殖废弃物综合利用，防止畜禽养殖活动对农用地土壤环境造成污染。

④ 县级以上地方农业主管部门应当加强农用地土壤污染防治知识宣传，提高农业生产者的农用地土壤环境保护意识，引导农业生产者合理使用肥料、农药、兽药、农用薄膜等农业投入品，根据科学的测土配方进行合理施肥，鼓励采取种养结合、轮作等良好农业生产措施。

⑤ 禁止在农用地排放、倾倒、使用污泥、清淤底泥、尾矿（渣）等可能对土壤造成污染的固体废物。

农田灌溉用水应当符合相应的水质标准，防止污染土壤、地下水和农产品。禁止向农田灌溉渠道排放工业废水或者医疗污水。向农田灌溉渠道排放城镇污水以及未综合利用的畜禽养殖废水、农产品加工废水的，应当保证其下游最近的灌溉取水点的水质符合农田灌溉水质标准。

十三、农业农村污染治理攻坚战行动计划及相关要求

治理农业农村污染，是实施乡村振兴战略的重要任务，事关全面建成小康社会，事关农村生态文明建设。为深入贯彻全国生态环境保护大会和中央财经委员会第一次会议精神，加快解决农业农村突出环境问题，打好农业农村污染治理攻坚战，2018年11月，生态环境部、农业农村部联合印发《农业农村污染治理攻坚战行动计划》。主要内容如下：

1．着力解决养殖业污染

推进养殖生产清洁化和产业模式生态化。优化调整畜禽养殖布局，推进畜禽养殖标准化示范创建升级，带动畜牧业绿色可持续发展。引导生猪生产向粮食主产区和环境容量大的地区转移。推广节水、节料等清洁养殖工艺和干清粪、微生物发酵等实用技术，实现源头减量。严格规范兽药、饲料添加剂的生产和使用，严厉打击生产企业违法违规使用兽用抗菌药物的行为。推进水产生态健康养殖，实施水产养殖池塘标准化改造。

加强畜禽粪污资源化利用。推进畜禽粪污资源化利用，实现生猪等畜牧大县整县畜禽粪污资源化利用。鼓励和引导第三方处理企业将养殖场户畜禽粪污进行专业化集中处理。加强畜禽粪污资源化利用技术集成，因地制宜推广粪污全量收集还田利用等技术模式。到2020年，全国畜禽粪污综合利用率达到75%以上。

严格畜禽规模养殖环境监管。将规模以上畜禽养殖场纳入重点污染源管理，对年出栏生猪 5 000 头（其他畜禽种类折合猪的养殖规模）以上和涉及环境敏感区的畜禽养殖场（小区）执行环评报告书制度，其他畜禽规模养殖场执行环境影响登记表制度，对设有排污口的畜禽规模养殖场实施排污许可制度。将符合有关标准和要求的还田利用量作为统计污染物削减量的重要依据。推动畜禽养殖场配备视频监控设施，记录粪污处理、运输和资源化利用等情况，防止粪污偷运偷排。完善畜禽规模养殖场直联直报信息系统，构建统一管理、分级使用、共享直联的管理平台。南方水网地区要以水环境质量改善为导向，加快畜禽粪污资源化利用，着力提升畜禽粪污综合利用率和规模养殖场粪污处理设施装备配套率。到2019年，大型规模养殖场实现粪污处理设施装备全配套；到2020年，所有规模养殖场粪污处理设施装备配套率达到95%以上。

加强水产养殖污染防治和水生生态保护。优化水产养殖空间布局，依法科学划定禁止养殖区、限制养殖区和养殖区。推进水产生态健康养殖，积极发展大水面生态增养殖、工厂化循环水养殖、池塘工程化循环水养殖、连片池塘尾水集中处理模式等健康养殖方式，推进稻渔综合种养等生态循环农业。推动出台水产养殖尾水排放标准，加快推进养殖节水减排。发展不投饵滤食性、草食性鱼类增养殖，实现以渔控草、以渔抑藻、以渔净水。严控河流、近岸海域投饵网箱养殖。大力推进以长

江为重点的水生生物保护行动，修复水生生态环境，加强水域环境监测。

2．有效防控种植业污染

持续推进化肥、农药减量增效。深入推进测土配方施肥和农作物病虫害统防统治与全程绿色防控，提高农民科学施肥用药意识和技能，推动化肥、农药使用量实现负增长。集成推广化肥机械深施、种肥同播、水肥一体等绿色高效技术，应用生态调控、生物防治、理化诱控等绿色防控技术。制修订并严格执行化肥农药等农业投入品质量标准，严格控制高毒高风险农药使用，研发推广高效缓控释肥料、高效低毒低残留农药、生物肥料、生物农药等新型产品和先进施肥施药机械。加快培育社会化服务组织，开展统配统施、统防统治等服务。协同推进果菜茶有机肥替代化肥示范县和果菜茶病虫害全程绿色防控示范县建设，发挥种植大户、家庭农场、专业合作社等新型农业经营主体的示范作用，带动绿色高效技术更大范围应用。到2020年，全国主要农作物化肥农药使用量实现负增长，化肥、农药利用率均达到40%以上，测土配方施肥技术覆盖率达到90%以上，全国主要农作物绿色防控覆盖率达到30%以上、主要农作物病虫害专业化统防统治覆盖率达到40%以上，鄱阳湖和洞庭湖周边地区化肥、农药使用量比2015年减少10%以上。

加强秸秆、农膜废弃物资源化利用。切实加强秸秆禁烧管控，强化地方各级政府秸秆禁烧主体责任。重点区域建立网格化监管制度，在夏收和秋收阶段加大监管力度。东北地区要针对秋冬季秸秆集中焚烧问题，制定专项工作方案，加强科学有序疏导。严防因秸秆露天焚烧造成区域性重污染天气。坚持堵疏结合，加大政策支持力度，整县推进秸秆全量化综合利用，优先开展就地还田。在秸秆综合利用领域尽快取得一批突破性科研成果，加强示范推广。到2020年，全国秸秆综合利用率达到85%以上。

在重点用膜地区，整县推进农膜回收利用，推广地膜减量增效技术，做好100个地膜回收利用示范县建设。加大新修订的地膜国家标准宣传贯彻力度，从源头保障地膜可回收性。完善废旧地膜等回收处理制度，试点“谁生产、谁回收”的地膜生产者责任延伸制度，实现地膜生产企业统一供膜、统一回收。加大研发力度，争取在降解地膜应用配套技术、高强度地膜替代产品、地膜回收机械、地膜综合利用技术等方面尽快取得一批突破性科研成果。到2020年，全国农膜回收率达到80%以上，河北、辽宁、山东、河南、甘肃、新疆等农膜使用量较高省份力争实现废弃农膜全面回收利用。

大力推进种植产业模式生态化。发展节水农业，实施“华北节水压采、西北节水增效、东北节水增粮、南方节水减排”战略，加强节水灌溉工程建设和节水改造，选育抗旱节水品种，发展旱作农业，推广水肥一体化等节水技术。在东北、西北、黄淮海等区域，推进规模化高效节水灌溉。到2020年，基本完成大型灌区、重点中型灌区续建配套和节水改造任务，农业灌溉用水量控制在3 720亿m^3以内，农田灌溉水有效利用系数达到 0.55 以上，有效减少农田退水对水体的污染。开展种植产业模式生态化试点，推进国家农业可持续发展试验示范区创建，大力发展绿色、有机农产品。推进一二三产业融合发展，发挥生态资源优势，发展休闲农业和乡村旅游。

实施耕地分类管理。在土壤污染状况详查的基础上，有序推进耕地土壤环境质量类别划定，2020 年底前建立分类清单。根据土壤污染状况和农产品超标情况，安全利用类耕地集中的县（市、区）要结合当地主要作物品种和种植习惯，制定实施受污染耕地安全利用方案，采取农艺调控、替代种植等措施，降低农产品超标风险。加强对严格管控类耕地的用途管理，依法划定特定农产品禁止生产区域，严禁种植食用农产品；实施重度污染耕地种植结构调整或退耕还林还草。

开展涉镉等重金属重点行业企业排查整治。以耕地重金属污染问题突出区域和铅、锌、铜等有色金属采选及冶炼集中区域为重点，聚焦涉镉等重金属重点行业企业，开展排查整治行动，切断污染物进入农田的途径。对难以有效切断重金属污染途径，且土壤重金属污染严重、农产品重金属超标问题突出的耕地，要及时划入严格管控类，实施严格管控措施，降低农产品镉等重金属超标风险。

十四、关于推进城镇人口密集区危险化学品生产企业搬迁改造的指导意见

为加快推进城镇人口密集区危险化学品生产企业搬迁改造，2017 年 9 月，国务院发布《关于推进城镇人口密集区危险化学品生产企业搬迁改造的指导意见》（国办发〔2017〕77 号）。

1. 总体目标

到 2025 年，城镇人口密集区现有不符合安全和卫生防护距离要求的危险化学品生产企业就地改造达标、搬迁进入规范化工园区或关闭退出，企业安全和环境风险大幅降低。其中：中小型企业和存在重大风险隐患的大型企业 2018 年底前全部启动搬迁改造，2020 年底前完成；其他大型企业和特大型企业 2020 年底前全部启动搬迁改造，2025 年底前完成。

2. 强化搬迁改造安全环保管理

地方各级人民政府要加强项目审批、选址、安全、环保等管理措施，严禁搬迁改造企业在原址新建、扩建危险化学品项目。要督促企业依法开展搬迁改造项目安全和环境影响评价，严格执行建设项目安全设施和污染防治设施“三同时”（同时设计、同时施工、同时投入生产和使用）制度，及时组织项目竣工验收，确保项目建成投产后满足安全和环保要求。依法依规及时向就地改造、异地迁建后的企业核发安全生产许可证和排污许可证。对正在实施搬迁改造的企业加大监督检查力度，确保企业搬迁改造期间不出现安全和环保问题。搬迁改造企业拆除危险化学品生产装

置、构筑物和防污染设施，要事先制定废弃危险化学品、残留污染物清理和安全处置方案，采取切实有效措施，防范拆除活动造成人员伤亡和环境污染；要加强剧毒化学品、易制爆化学品安全管理，严防丢失被盗。要加强腾退土地污染风险管控和治理修复，确保腾退土地符合规划用地土壤环境质量标准。

十五、涉及自然保护区中开发建设活动监督管理的规定

为进一步加强对涉及自然保护区开发建设活动的监督管理，严肃查处各种违法违规行为，2015 年 5 月 6 日，原环境保护部、国家发展和改革委员会、财政部、原国土资源部、住房和城乡建设部、水利部、原农业部、原国家林业局、中国科学院、国家海洋局发布《关于进一步加强涉及自然保护区开发建设活动监督管理的规定》（环发〔2015〕57 号），其中规定：

1. 严格执行有关法律法规

自然保护区属于禁止开发区域，严禁在自然保护区内开展不符合功能定位的开发建设活动。地方各有关部门要严格执行《自然保护区条例》等相关法律法规，禁止在自然保护区核心区、缓冲区开展任何开发建设活动，建设任何生产经营设施；在实验区不得建设污染环境、破坏自然资源或自然景观的生产设施。

2. 坚决整治各种违法开发建设活动

禁止在自然保护区内进行开矿、开垦、挖沙、采石等法律明令禁止的活动，对在核心区和缓冲区内违法开展的水（风）电开发、房地产、旅游开发等活动，要立即予以关停或关闭，限期拆除，并实施生态恢复。对于实验区内未批先建、批建不符的项目，要责令停止建设或使用，并恢复原状。对违法排放污染物和影响生态环境的项目，要责令限期整改；整改后仍不达标的，要坚决依法关停或关闭。对自然保护区内已设置的商业探矿权、采矿权和取水权，要限期退出；对自然保护区设立之前已存在的合法探矿权、采矿权和取水权，以及自然保护区设立之后各项手续完备且已征得保护区主管部门同意设立的探矿权、采矿权和取水权，要分类提出差别化的补偿和退出方案，在保障探矿权、采矿权和取水权人合法权益的前提下，依法退出自然保护区核心区和缓冲区。在保障原有居民生存权的条件下，保护区内原有居民的自用房建设应符合土地管理相关法律规定和自然保护区分区管理相关规定，新建、改建房应沿用当地传统居民风格，不应对自然景观造成破坏。对不符合自然保护区相关管理规定但在设立前已合法存在的其他历史遗留问题，要制定方案，分步推动解决。对于开发活动造成重大生态破坏的，要暂停审批项目所在区域内建设项目环境影响评价文件，并依法追究相关单位和人员的责任。

3. 加强对涉及自然保护区建设项目的监督管理

地方各有关部门依据各自职责，切实加强涉及自然保护区建设项目的准入审查。建设项目选址（线）应尽可能避让自然保护区，确因重大基础设施建设和自然条件

等因素限制无法避让的，要严格执行环境影响评价等制度，涉及国家级自然保护区的，建设前须征得省级以上自然保护区主管部门同意，并接受监督。对经批准同意在自然保护区内开展的建设项目，要加强对项目施工期和运营期的监督管理，确保各项生态保护措施落实到位。保护区管理机构要对项目建设进行全过程跟踪，开展生态监测，发现问题应当及时处理和报告。

4. 严格自然保护区范围和功能区调整

地方各有关部门要认真执行《国家级自然保护区调整管理规定》，从严控制自然保护区调整。对自然保护区造成生态破坏的不合理调整，应当予以撤销。擅自调整的，要责令限期整改，恢复原状，并依法追究相关单位和人员的责任。各地要抓紧制定和完善本省（区、市）地方级自然保护区的调整管理规定，不得随意改变自然保护区的性质、范围和功能区划，环境保护部将会同其他自然保护区主管部门完善地方级自然保护区调整备案制度，开展事后监督。

5. 完善自然保护区管理制度和政策措施

地方各有关部门应当加强自然保护区制度建设，研究建立考核和责任追究制度，实行任期目标管理。国家级自然保护区由其所在地的省级人民政府有关自然保护区行政主管部门或者国务院有关自然保护区行政主管部门管理。认真落实《国务院办公厅关于做好自然保护区管理有关工作的通知》（国办发〔2010〕63 号）要求，保障自然保护区建设管理经费，完善自然保护区生态补偿政策。对自然保护区内土地、海域和水域等不动产实施统一登记，加强管理，落实用途管制。禁止社会资本进入自然保护区探矿，保护区内探明的矿产只能作为国家战略储备资源。要加强地方级自然保护区的基础调查、规划和日常管理工作，依法确认自然保护区的范围和功能区划，予以公告并勘界立标，加强日常监管，鼓励公众参与，共同做好保护工作。

十六、生物多样性保护优先区域的相关规定

为贯彻落实《中国生物多样性保护战略与行动计划（2011—2030 年）》，加强生物多样性保护优先区域保护，提升我国生物多样性管理水平，原环境保护部于 2015 年 12 月 31 日印发了《关于做好生物多样性保护优先区域有关工作的通知》（环发〔2015〕177 号），对于加强优先区域监管方面，主要内容如下：

严格按照有关法律法规和规划的要求开展优先区域保护和管理，根据优先区域生物多样性特点和社会经济发展状况，研究制定保护和管理措施，形成“一区一策”，努力做到区域内自然生态系统功能不下降，生物资源不减少。

优先区域内新增规划和项目的环境影响评价要将生物多样性影响评价作为重要内容。新增各类开发建设利用规划应与优先区域保护规划相协调。新增项目选址要尽可能避开生态敏感区及重要物种栖息地，针对可能对生物多样性造成的不利影响，提出相关保护与恢复措施。加强涉及优先区域建设项目环境保护事中事后监管以及

环境影响后评价管理，对实际产生的不利影响以及生态保护和风险防范措施的有效性进行跟踪监测和验证评价，并提出补救方案或者改进措施。

优先区域内要优化城镇开发建设活动的规模、结构和布局，严格控制高耗能、高排放行业发展，新引入的行业、企业不得对优先区域生物多样性造成影响。城镇开发建设活动要避免占用重要物种原生境，不得破坏古树名木，保护城市生物多样性。城镇绿化应优先选用本地物种资源，科学规范外来物种引进，防止外来物种入侵。

十七、国家危险废物名录

2016年6月，《国家危险废物名录》（2016版）由原环境保护部联合国家发展和改革委员会、公安部向社会发布，自2016年8月1日起施行。新版名录修订坚持问题导向，遵循连续性、实用性、动态性等原则，不仅调整了危险废物名录，还增加了《危险废物豁免管理清单》。

1. 列入名录危险废物范围的原则规定

（1）具有下列情形之一的固体废物（包括液态废物），列入该名录：

① 具有腐蚀性、毒性、易燃性、反应性或者感染性等一种或者几种危险特性的。

② 不排除具有危险特性，可能对环境或者人体健康造成有害影响，需要按照危险废物进行管理的。

（2）医疗废物属于危险废物。医疗废物分类按照《医疗废物分类目录》执行。

（3）列入《危险化学品目录》的化学品废弃后属于危险废物。

2. 危险废物可以实行豁免管理的相关规定

列入本名录附录《危险废物豁免管理清单》中的危险废物，在所列的豁免环节，且满足相应的豁免条件时，可以按照豁免内容的规定实行豁免管理。

3. 对不明确是否具有危险特性的固体废物的鉴别认定和管理规定

（1）对不明确是否具有危险特性的固体废物，应当按照国家规定的危险废物鉴别标准和鉴别方法予以认定。

（2）经鉴别具有危险特性的，属于危险废物，应当根据其主要有害成分和危险特性确定所属废物类别，并按代码“900-000-××”（××为危险废物类别代码）进行归类管理。

（3）经鉴别不具有危险特性的，不属于危险废物。

十八、“十三五”挥发性有机物污染防治工作方案

为全面加强挥发性有机物（VOCs）污染防治工作，强化重点地区、重点行业、重点污染物的减排，提高管理的科学性、针对性和有效性，促进环境空气质量持续改善，2017年9月13日，原环境保护部印发《“十三五”挥发性有机物污染防治工

作方案》(环大气〔2017〕121 号)。

1．主要目标

到 2020 年，建立健全以改善环境空气质量为核心的 VOCs 污染防治管理体系，实施重点地区、重点行业 VOCs 污染减排，排放总量下降 10%以上。通过与 NO_x 等污染物的协同控制，实现环境空气质量持续改善。

2．严格建设项目环境准入

提高 VOCs 排放重点行业环保准入门槛，严格控制新增污染物排放量。重点地区要严格限制石化、化工、包装印刷、工业涂装等高 VOCs 排放建设项目。新建涉 VOCs 排放的工业企业要入园区。未纳入《石化产业规划布局方案》的新建炼化项目一律不得建设。严格涉 VOCs 建设项目环境影响评价，实行区域内 VOCs 排放等量或倍量削减替代，并将替代方案落实到企业排污许可证中，纳入环境执法管理。新、改、扩建涉 VOCs 排放项目，应从源头加强控制，使用低（无）VOCs 含量的原辅材料，加强废气收集，安装高效治理设施。

3．加快实施工业源 VOCs 污染防治

（1）全面实施石化行业达标排放。

石油炼制、石油化工、合成树脂等行业应严格按照排放标准要求，全面加强精细化管理，确保稳定达标排放。

全面开展泄漏检测与修复（LDAR），建立健全管理制度，重点加强搅拌器、泵、压缩机等动密封点，以及低点导淋、取样口、高点放空、液位计、仪表连接件等静密封点的泄漏管理。严格控制储存、装卸损失，优先采用压力罐、低温罐、高效密封的浮顶罐，采用固定顶罐的应安装顶空联通置换油气回收装置；有机液体装卸必须采取全密闭底部装载、顶部浸没式装载等方式，汽油、航空汽油、石脑油、煤油等高挥发性有机液体装卸过程采取高效油气回收措施，使用具有油气回收接口的车船。强化废水处理系统等逸散废气收集治理，废水集输、储存、处理处置过程中的集水井（池）、调节池、隔油池、曝气池、气浮池、浓缩池等高浓度 VOCs 逸散环节应采用密闭收集措施，并回收利用，难以利用的应安装高效治理设施。加强有组织工艺废气治理，工艺弛放气、酸性水罐工艺尾气、氧化尾气、重整催化剂再生尾气等工艺废气优先回收利用，难以利用的，应送火炬系统处理，或采用催化焚烧、热力焚烧等销毁措施。

加强非正常工况排放控制。在确保安全前提下，非正常工况排放的有机废气严禁直接排放，有火炬系统的，送入火炬系统处理，禁止熄灭火炬长明灯；无火炬系统的，应采用冷凝、吸收、吸附等处理措施，降低排放。加强操作管理，减少非计划停车及事故工况发生频次；对事故工况，企业应开展事后评估并及时向当地环境保护主管部门报告。

（2）加快推进化工行业 VOCs 综合治理。

加大制药、农药、煤化工（含现代煤化工、炼焦、合成氨等）、橡胶制品、涂料、油墨、胶粘剂、染料、化学助剂（塑料助剂和橡胶助剂）、日用化工等化工行业 VOCs 治理力度。京津冀大气污染传输通道城市 2017 年底前基本完成。

推广使用低（无）VOCs 含量、低反应活性的原辅材料和产品。农药行业要加快替代轻芳烃等溶剂，大力推广水基化类制剂；制药行业鼓励使用低（无）VOCs 含量或低反应活性的溶剂；橡胶制品行业推广使用新型偶联剂、粘合剂等产品，推广使用石蜡油等全面替代普通芳烃油、煤焦油等助剂。优化生产工艺方案。农药行业加快水相法合成、生物酶法拆分等技术开发推广；制药行业加快生物酶合成法等技术开发推广；橡胶制品行业推广采用串联法混炼、常压连续脱硫工艺。

参照石化行业 VOCs 治理任务要求，全面推进化工企业设备动静密封点、储存、装卸、废水系统、有组织工艺废气和非正常工况等源项整治。现代煤化工行业全面实施 LDAR，制药、农药、炼焦、涂料、油墨、胶粘剂、染料等行业逐步推广 LDAR 工作。加强无组织废气排放控制，含 VOCs 物料的储存、输送、投料、卸料，涉及 VOCs 物料的生产及含 VOCs 产品分装等过程应密闭操作。反应尾气、蒸馏装置不凝尾气等工艺排气，工艺容器的置换气、吹扫气、抽真空排气等应进行收集治理。

（3）加大工业涂装 VOCs 治理力度。

全面推进集装箱、汽车、木质家具、船舶、工程机械、钢结构、卷材等制造行业工业涂装 VOCs 排放控制，在重点地区还应加强其他交通设备、电子、家用电器制造等行业工业涂装 VOCs 排放控制。重点地区力争 2018 年底前完成，京津冀大气污染传输通道城市 2017 年底前基本完成。

① 集装箱制造行业。钢制集装箱在整箱打砂、箱内涂装、箱外涂装、底架涂装和木地板涂装等工序全面使用水性涂料。对一次打砂工序，推广采用辊涂涂装工艺；加强有机废气收集和处理，并配套建设吸附回收、吸附燃烧等高效治理设施。

② 汽车制造行业。推进整车制造、改装汽车制造、汽车零部件制造等领域 VOCs 排放控制。推广使用高固体分、水性涂料，配套使用“三涂一烘”“两涂一烘”或免中涂等紧凑型涂装工艺；推广静电喷涂等高效涂装工艺，鼓励企业采用自动化、智能化喷涂设备替代人工喷涂；配置密闭收集系统，整车制造企业有机废气收集率不低于 90%，其他汽车制造企业不低于 80%；对喷漆废气建设吸附燃烧等高效治理设施，对烘干废气建设燃烧治理设施，实现达标排放。

③ 木质家具制造行业。大力推广使用水性、紫外光固化涂料，到 2020 年底前，替代比例达到 60%以上；全面使用水性胶粘剂，到 2020 年底前，替代比例达到 100%。在平面板式木质家具制造领域，推广使用自动喷涂或辊涂等先进工艺技术。加强废气收集与处理，有机废气收集效率不低于 80%；建设吸附燃烧等高效治理设施，实现达标排放。

④ 船舶制造行业。推广使用高固体分涂料，机舱内部、上建内部推广使用水性涂料。优化涂装工艺，将涂装工序提前至分段涂装阶段，2020 年底前，60%以上的涂装作业实现密闭喷涂施工；推广使用高压无气喷涂、静电喷涂等高效涂装技术。强化车间废气收集与处理，有机废气收集率不低于 80%，建设吸附燃烧等高效治理设施，实现达标排放。

⑤ 工程机械制造行业。推广使用高固体分、粉末涂料，到 2020 年底前，使用比例达到 30%以上；试点推行水性涂料。积极采用自动喷涂、静电喷涂等先进涂装技术。加强有机废气收集与治理，有机废气收集率不低于 80%，建设吸附燃烧等高效治理设施，实现达标排放。

⑥ 钢结构制造行业。大力推广使用高固体分涂料，到 2020 年底前，使用比例达到 50%以上；试点推行水性涂料。大力推广高压无气喷涂、空气辅助无气喷涂、热喷涂等涂装技术，限制空气喷涂使用。逐步淘汰钢结构露天喷涂，推进钢结构制造企业在车间内作业，建设废气收集与治理设施。

⑦ 卷材制造行业。全面推广使用自动辊涂技术；加强烘烤废气收集，有机废气收集率达到 90%以上，配套建设燃烧等治理设施，实现达标排放。

（4）深入推进包装印刷行业 VOCs 综合治理。

推广使用低（无）VOCs 含量的绿色原辅材料和先进生产工艺、设备，加强无组织废气收集，优化烘干技术，配套建设末端治理措施，实现包装印刷行业 VOCs 全过程控制。重点地区力争 2018 年底前完成，京津冀大气污染传输通道城市 2017 年底前基本完成。

加强源头控制。大力推广使用水性、大豆基、能量固化等低（无）VOCs 含量的油墨和低（无）VOCs 含量的胶粘剂、清洗剂、润版液、洗车水、涂布液，到 2019 年底前，低（无）VOCs 含量绿色原辅材料替代比例不低于 60%。对塑料软包装、纸制品包装等，推广使用柔印等低（无）VOCs 排放的印刷工艺。在塑料软包装领域，推广应用无溶剂、水性胶等环境友好型复合技术，到 2019 年底前，替代比例不低于 60%。

加强废气收集与处理。对油墨、胶粘剂等有机原辅材料调配和使用等，要采取车间环境负压改造、安装高效集气装置等措施，有机废气收集率达到 70%以上。对转运、储存等，要采取密闭措施，减少无组织排放。对烘干过程，要采取循环风烘干技术，减少废气排放。对收集的废气，要建设吸附回收、吸附燃烧等高效治理设施，确保达标排放。

（5）因地制宜推进其他工业行业 VOCs 综合治理。

各地应结合本地产业结构特征和 VOCs 治理重点，因地制宜选择其他工业行业开展 VOCs 治理。电子行业应重点加强溶剂清洗、光刻、涂胶、涂装等工序 VOCs 排放控制；制鞋行业应重点加强鞋面拼接、成型、组底、喷漆、发泡、注塑、印刷、清洗等工序 VOCs 排放治理；纺织印染行业应重点加强化纤纺丝、热定型、涂层等工序 VOCs 排放治理；木材加工行业应重点加强干燥、涂胶、热压过程 VOCs 排放治理。

十九、关于加强涉重金属行业污染防控的意见

《重金属污染综合防治“十二五”规划》实施以来，重金属污染防治取得积极成效。但重金属污染防控总体形势依然不容乐观，一些地区重金属污染严重，威胁群众健康和农产品质量安全，社会反映强烈。为加强涉重金属行业污染防控，2018 年 4 月，生态环境部印发《关于加强涉重金属行业污染防控的意见》（环土壤〔2018〕22 号）。主要内容如下：

1．目标任务

到 2020 年，全国重点行业的重点重金属污染物排放量比 2013 年下降 10%；集中解决一批威胁群众健康和农产品质量安全的突出重金属污染问题，进一步遏制“血铅事件”、粮食镉超标风险；建立企事业单位重金属污染物排放总量控制制度。

2．工作重点

重点行业包括重有色金属矿（含伴生矿）采选业（铜、铅锌、镍钴、锡、锑和汞矿采选业等）、重有色金属冶炼业（铜、铅锌、镍钴、锡、锑和汞冶炼等）、铅蓄电池制造业、皮革及其制品业（皮革鞣制加工等）、化学原料及化学制品制造业（电石法聚氯乙烯行业、铬盐行业等）、电镀行业。重点重金属污染物包括铅、汞、镉、铬和类金属砷。进一步聚焦铅锌矿采选、铜矿采选以及铅锌冶炼、铜冶炼等涉铅、涉镉行业；进一步聚焦铅、镉减排，在各重点重金属污染物排放量下降前提下，原则上优先削减铅、镉；进一步聚焦群众反映强烈的重金属污染区域。

3．严格环境准入

各省（区、市）环保厅（局）要对本省（区、市）的所有新、改、扩建涉重金属重点行业项目进行统筹考虑。新、改、扩建涉重金属重点行业建设项目必须遵循重点重金属污染物排放“减量置换”或“等量替换”的原则，应在本省（区、市）行政区域内有明确具体的重金属污染物排放总量来源。无明确具体总量来源的，各级环保部门不得批准相关环境影响评价文件。

对全口径清单内的企业落实减排措施和工程削减的重点重金属污染物排放量，经监测并可核实的，可作为涉重金属行业新、改、扩建企业重金属污染物排放总量的来源；实施总量替代的，其替代方案应纳入全口径清单企业信息。

严格控制在优先保护类耕地集中区域新、改、扩建增加重金属污染物排放的项目。现有相关行业企业要采用新技术、新工艺，加快提标升级改造步伐。